suhrkamp taschenbuch 624

Marcel Griaule (1898-1956) erhielt 1927, nach dem Studium der Ethnologie bei Marcel Mauss, seinen ersten Forschungsauftrag für Äthiopien. Während einer Forschungsreise 1931-1933 von Dakar nach Djibouti entdeckt Griaule in einer der chaotischsten Felslandschaften Afrikas das Volk der Dogon, das er in den folgenden Jahren immer wieder besucht. 1942 erhält er den ersten Lehrstuhl Frankreichs für Ethnologie an der Sorbonne. Als Griaule 1956 einem Herzversagen erliegt, veranstalten die Dogon ihm zu Ehren eine eindrucksvolle Totenfeier nach ihrem Ritus. Wichtige Veröffentlichungen: *Les Flambeurs d'hommes* (1934) wurde mit dem Prix Gringoire ausgezeichnet, *La Peau de l'ours* (1936), *Jeux dogons* (1938), *Masques dogons* (1938), *Les Sâo légendaires* (1943), *Arts de l'Afrique Noire* (1947), *Dieu d'Eau* (1948, dt. *Schwarze Genesis,* 1970), *Le Renard Pâle* (zusammen mit G. Dieterlen, 1965), u. a.

Dieses Buch verdankt seine Entstehung einem glücklichen Zufall.

Fünfzehn Jahre lang hatte der französische Ethnologe Griaule bei den Dogon im Nigerbogen geforscht, Tänze und Riten und ethnologisches Material aufgenommen und vergeblich nach dem gedanklichen Zusammenhang gesucht. Da begegnet er einem alten Dogon, einem blinden Mythenkenner, der ihm in 33 Tagen in einer mythischen Bildsprache das Weltbild dieses afrikanischen Volkes als ein geschlossenes, in sich logisches Weltbild deutet. Da sind Same, Wort und Wasser identisch und göttlich, und eine konsequente Sexualsymbolik gibt jeder menschlichen Geste Form und Sinn.

Griaule kommentiert die Berichte des alten Dogon gelegentlich, im wesentlichen aber reproduziert er genau die Worte des afrikanischen Weisen. Seit der Veröffentlichung dieser Gespräche ist es nicht mehr möglich, die Existenz einer genuinen afrikanischen Philosophie zu leugnen.

Dieses 1970 erstmals deutsch erschienene Buch, das Afrikas Denken erschließt, »gehört vor allem in die Hände der Politiker, der Entwicklungshelfer, der Kaufleute – aller derer jedenfalls, die irgendwie mit Afrika zu tun haben«. *Saarbrücker Zeitung*

Marcel Griaule
Schwarze Genesis

Ein afrikanischer Schöpfungsbericht

Aus dem Französischen
von Janheinz Jahn

Suhrkamp

Die französische Originalausgabe erschien 1948
unter dem Titel *Dieu d'Eau* bei Les Editions du Chêne, Paris

suhrkamp taschenbuch 624
Erste Auflage 1980

Satz: LibroSatz, Kriftel
Druck: Nomos Verlagsgesellschaft, Baden-Baden
Printed in Germany
Umschlag nach Entwürfen von
Willy Fleckhaus und Rolf Staudt

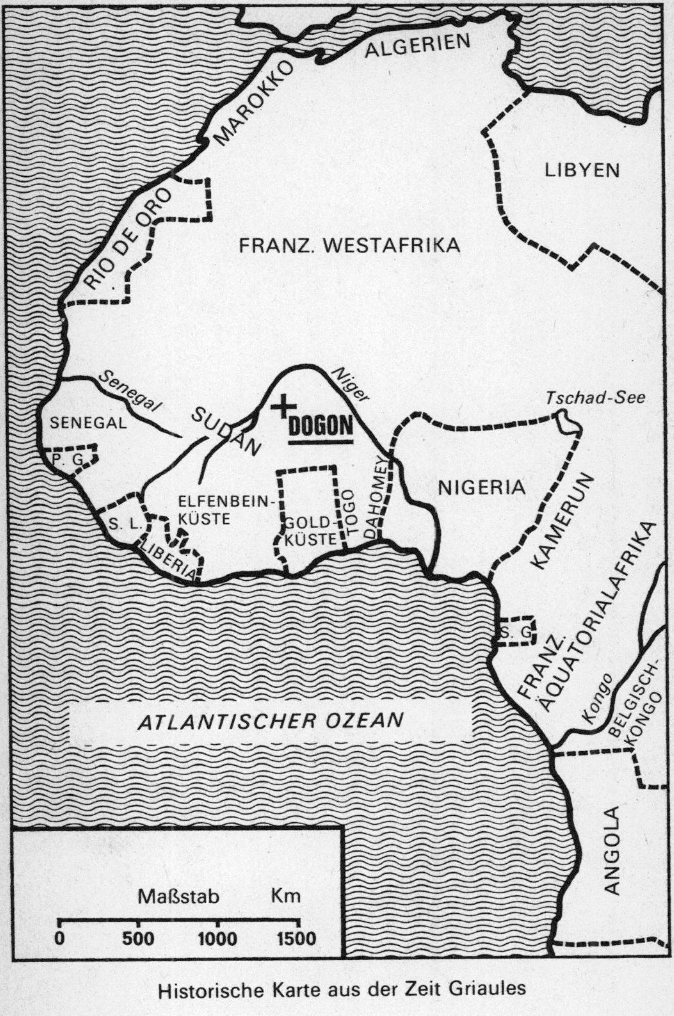

Historische Karte aus der Zeit Griaules

Inhalt

Einleitung

Der erste Aufenthalt von Marcel Griaule bei den Dogon geht auf das Jahr 1931 zurück. Der Weg der von Dakar nach Djibuti reisenden Forschergruppe führte an den Klippen von Bandiagara vorbei, einer damals fast unbekannten Gegend, die als wild, ja gefährlich galt. Dieser erste Kontakt sollte entscheidend werden.

Kaum in Sanga angekommen, wohnte die Forschergruppe dem gewaltigen Schauspiel der Beerdigung eines Jägers bei. Eine lange Reihe wohlbekannter Arbeiten sollte daraus entstehen, die Frucht der viele Monate lang von Marcel Griaule und seinen Mitarbeitern bis 1939 verfolgten Feldstudien. Da der Krieg diese Untersuchungen unterbrach, konnte erst 1946 eine neue Reise unternommen werden.

Der große Ethnologe versprach sich von der Wiederaufnahme der Untersuchung gewiß auch neue Dokumente. Aber im wesentlichen wollte er die bereits erworbenen Kenntnisse überprüfen und sie bestätigt bekommen – Kenntnisse, die für die ethnologische Forschung von damals bereits beträchtlich waren. Die Dogon entschieden es anders und gaben Griaule durch die Stimme eines alten, blinden Jägers Gelegenheit, die Perspektive seiner Untersuchung völlig neu zu überdenken. Obwohl dessen Enthüllungen die vorausgegangenen Arbeiten bestätigten, ließen sie die Erkenntnisse doch in einem ganz anderen Licht erscheinen und öffneten nicht nur für die Kultur der Dogon, sondern auch für die benachbarten Kulturen einen neuen Zugang.

Um sein Buch »Schwarze Genesis« recht zu würdigen, muß man es sowohl mit seinem Erscheinungsdatum 1948 wie auch mit seinem Kontext in Beziehung setzen. Die absichtlich nichtwissenschaftliche Darbietung und der bewußt literarische Stil gehen auf den Wunsch des Autors zurück, »eine Arbeit, die gewöhnlich nur den Eingeweihten vorbehalten wird, einem nicht spezialisierten Publikum zu unterbreiten«. Daher fehlen Fußnoten, Anmerkungen und Originaltexte in Dogon, die man vermissen mag, die aber dem Werk einen ganz anderen Charakter gegeben hätten. Marcel Griaule war so überrascht von dem Reichtum und der geordneten Vielfalt der Vorstellungen, die ihm da enthüllt wurden, daß er ihnen eine ebenso weite Verbreitung wünschte wie den Mythen der Antike. Außerdem wollte er die zu wenig bekannten oder sogar verachteten afrikanischen Kulturen rehabilitieren und damit jenen alten Mann ehren, der als erster den Mut gehabt hatte, der Welt der Weißen eine Kosmogonie zu enthüllen, die ebenso reich war wie die eines Hesiod und die darüber hinaus noch den Vorteil hatte, daß sie lebte.

Dieses doppelte Ziel wurde erreicht. Unzählige Laien haben »Schwarze Genesis« mit Begeisterung gelesen, und der Name von Ogotemmeli ist für viele zum Symbol afrikanischer Weisheit geworden.

Aber dieses Buch hat nicht nur das Verdienst der Gemeinverständlichkeit und ist nicht nur deshalb interessant, weil es den afrikanischen Kulturen Ehre erweist. Wenn es heute wieder aufgelegt wird, so deshalb, weil es in der Geschichte der ethnologischen Entdeckungen eine Revolution bezeichnet. Diesem Buch verdanken wir die wesentlichen Deutungen, die heute klassisch geworden sind und die in der Zeit seines Erscheinens keineswegs selbstverständlich waren. Wir wollen nur auf die bedeutendsten hinweisen:

1. Die kulturelle Bedeutung des Mythos und der Kosmologie

Man hat Marcel Griaule später vorgeworfen, er habe von da an seine Arbeiten ausschließlich auf den Mythos konzentriert und in ihm die Rechtfertigung aller Institutionen der Dogon erblickt. Doch diese Entdeckung ist darum um so wichtiger. Welchen Platz man dem Mythos auch in einer Kultur zuweisen mag, man kann heute den afrikanischen Mythos weder leugnen noch ihn auf lächerliche Fragmente reduzieren.

2. Das symbolische Denken

Das gewaltige, komplizierte und logische Netz der symbolischen Entsprechungen, die die Welt erklären, wird in »Schwarze Genesis« zum erstenmal deutlich. Die symbolische Deutung der Zahlen, besonders der sexuelle Wert der Drei und der Vier, die Bedeutung der Sieben für die Hochzeit und das

Wort sind ebenso klassisch geworden wie die symbolische Bedeutung der handwerklichen Techniken und der Gedanke, daß die technische Entwicklung der Menschheit der des Wortes entspricht.

3. Die Begriffe, die die Persönlichkeit betreffen

In »Schwarze Genesis« wird das Grundproblem der Dualität des menschlichen Wesens aufgeworfen, die einerseits den sozialen Rang der Zwillinge, andererseits die Bräuche der Beschneidung und der Exzision als Mittel erklärt, mit denen die Gesellschaft die ursprüngliche Zwitterhaftigkeit heilen und die Fruchtbarkeit des Menschen gewährleisten will. Die Bedeutung des Ödipuskomplexes als Quelle persönlicher und sozialer Störungen, die zu so entscheidenden Weiterungen führen sollte, zeichnet sich in diesem Buch schon deutlich ab.

4. Das Wort

Durch das ganze Buch hindurch erscheint die Zivilisation der Dogon als eine Zivilisation des Wortes. Die Natur des Wortes, sein göttlicher Ursprung, seine sowohl metaphysische wie soziale Rolle, seine Beziehungen zu den Elementen des Kosmos und zu den Elementen der Person – all das sind sowohl neue wie ursprüngliche Feststellungen, welche die Aufmerksamkeit der Forscher auf die Bedeutung dieser Begriffe in traditionellen Kulturen hinlenken sollten.

Wenn man dieses Buch aufmerksam wieder liest, bemerkt man, daß hier bereits alle Probleme gestellt wurden, die Marcel Griaule oder seine Mitarbeiter später weiterentwickelten oder die andere Forscher in andersartigen Kulturen untersuchten.

Auf dem Weg der Entdeckungen der Afrikanistik und im Werk des Autors ist »Schwarze Genesis« jedoch nur eine Etappe, eine Einweihungsstufe, die es ja auch für die Dogon nur war. In der Folge ist Marcel Griaule viel weiter gegangen, wie es die späteren Arbeiten bezeugen, vor allem das monumentale Werk »Renard Pâle«, in dem er die Gesamtschau der Mythen und der Dogonkultur niederlegen wollte, an dessen Vollendung ihn jedoch der zu früh eingetretene Tod hinderte. Germaine Dieterlen hat davon gerade den ersten Band vorgelegt. Wenn man ihn liest, läßt sich abmessen, welchen Weg Griaule zurückgelegt hat. Marcel Griaule hat wie Ogotemmeli »jene lebendigen Worte hinterlassen, die es anderen erlauben, den Faden der Enthüllungen fortzuspinnen«.

Geneviève Calame-Griaule

Vorwort

In einer der chaotischsten Felslandschaften Afrikas lebt eine Bevölkerung kriegerischer Bauern, die als eine der letzten im französischen Herrschaftsgebiet ihre Unabhängigkeit verlor. Bei den meisten Weißen Westafrikas gelten die Dogon als die gefährlichsten, ja rückständigsten Menschen der Föderation. Sie sollen noch Menschenopfer darbringen und sich in ihrem schwierigen Gelände besonders gut gegen äußere Einflüsse verteidigen können. Literaten schrieben immer wieder die kleinen Ängste ihrer angeblich so tollkühnen Ausflüge auf. Wegen solcher Legenden und wegen angeblicher Aufstände, die oft nur auf Mißverständnissen fußten, hat man zuweilen ganze Dörfer ins Exil geschickt.

Kurz, die Dogon bildeten eines der schönsten Beispiele wilder Primitivität. Und diese Meinung wird von gewissen schwarzen Mohammedanern geteilt, die ebensowenig wie die Weißen jene ihrer Stammesbrüder anerkennen wollen, die den Überlieferungen der Ahnen treugeblieben sind. Nur Beamte, welche die schwere Aufgabe auf sich nahmen, diese Menschen zu verwalten, haben sie lieben gelernt.

Der Autor dieses Buches und seine zahlreichen Mitarbeiter besuchen die Dogon seit fünfzehn Jahren. Sie haben Arbeiten über sie veröffentlicht, die die Dogon heute zum bekanntesten Volk des französischen Sudan machen: »Die Seele der Dogon« (von Germaine Dieterlen, 1941), »Ihre Wahlsprüche« (von de Ganay, 1941), »Ihre Masken« (von Marcel Griaule, 1938) haben der Wissenschaft den Beweis erbracht, daß die Schwarzen nach komplexen, aber wohlgeordneten Vorstellungen und gemäß einem System von Einrichtungen und Riten leben, in dem nichts dem Zufall oder der Phantasie überlassen ist. Diese Arbeiten lenkten schon vor zehn Jahren die Aufmerksamkeit auf neue Tatsachen bezüglich jener »Lebenskraft«, mit der uns die Soziologen seit einem halben Jahrhundert beschäftigen. Sie demonstrierten daran die hohe Bedeutung des Begriffs der Persönlichkeit, der selbst an die Begriffe der Gesellschaft, des Universums, der Göttlichkeit gebunden ist.

So öffnete die Ontologie der Dogon den Ethnologen neue Horizonte und stellte das Problem auf eine breitere Basis.

Zudem hat ein weitverbreitetes Buch über die »Bantu-Philosophie« von Pater Placidius Tempels (1945) vergleichbare Vorstellungen analysiert und die Frage aufgeworfen, ob man das Denken der Bantu als philosophisches System bezeichnen kann. Was die Dogon betrifft, so kann man nach fünfzehn Jahren zäher und methodischer Forschung in den Felsklippen von Bandiagara antworten: Diese Menschen leben gemäß einer Kosmogonie, einer Metaphysik, einer Religion, die sie mit den antiken Völkern auf eine Ebene stellt und die jeder Christologe mit Gewinn studieren sollte.

Dieses Lehrgebäude wurde dem Autor von einem leibhaftigen Menschen anvertraut, von Ogotemmeli aus Unter-Ogol, einem durch einen Unfall erblindeten Jäger, der sich dank seines Gebrechens lang und gründlich bilden konnte. Begabt mit außergewöhnlicher Intelligenz, einer trotz seines Zustands noch sichtbaren Tüchtigkeit und einer Weisheit, deren Ruf sich im ganzen Lande verbreitete, hatte er begriffen, worauf die ethnologischen Arbeiten der Weißen abzielten, und fünfzehn Jahre lang auf die Gelegenheit gewartet, ihnen sein Wissen zu enthüllen. Sicher wollte er, daß sich diese Weißen bereits mit den wichtigsten Vorschriften, Sitten und Riten vertraut gemacht hätten.

Im Oktober 1946 rief er den Autor zu sich, und während dreiunddreißig Tagen entwickelten sich unvergeßliche Gespräche, welche das Gerippe eines Weltsystems bloßlegten, dessen Kenntnis alle Vorstellungen, die man sich bis dahin über die Mentalität der Schwarzen und die Mentalität der Primitiven im allgemeinen gemacht hatte, über den Haufen warfen.

Die Versuchung liegt nahe zu glauben, es handele sich dabei um eine esoterische Lehre. Auf den ersten Blick und ohne die Einzelheiten zu beachten, haben einige Kritiker sogar behauptet, es handele sich da um individuelle Spekulationen ohne weitere Bedeutung – es waren die gleichen Leute übrigens, die mit Vergnügen ihr Leben damit zubringen, über die so offensichtlich individuellen Ideen eines Platon oder eines Julian Apostata dahinzuspekulieren.

Obwohl sie in ihrer Gesamtheit nur den Ältesten und gewissen Eingeweihten bekannt ist, ist diese Lehre doch nicht esoterisch, denn jeder Mensch kann sie sich im Alter zu eigen gemacht haben. Andererseits kennen die Totempriester aller Altersstufen die ihre Sparte betreffenden Teile. Außerdem werden die Riten, die diesen Glaubensvorstellungen entsprechen, vom ganzen Volk praktiziert.

Gewiß kennt diese Bevölkerung nicht immer die tiefere Bedeutung seiner Gebärden und Gebete, aber darin gleicht sie nur allen anderen Völkern. Man erklärt auch das christliche Dogma der Transsubstantiation nicht für esoterisch, weil der Mann auf der Straße oft diese Vokabel nicht kennt und von der Sache selbst nur einen schwachen Schimmer hat.

Ein ähnlicher Vorbehalt ließe sich darüber aufstellen, wieweit diese Lehre die Mentalität der Schwarzen im allgemeinen erklärt und repräsentiert. Man könnte behaupten, daß das, was für die Dogon gilt, für die anderen Bevölkerungen des Sudan nicht gälte.

Hierauf können der Autor und seine Mitarbeiter mit Bestimmtheit antworten: Das Denken der Bambara beruht auf einer ebenso geordneten Metaphysik, deren Grundprinzipien ebenso reich sind und sich mit denen der Dogon vergleichen lassen. Die Arbeiten von Frau Dieterlen und von Frau de Ganay legen dafür Zeugnis ab. Das gleiche gilt für die Boso, die am Niger fischen, für die Kurumba im Zentrum der Nigerschleife, für die rätselhaften Schmiede der gleichen Gegenden, bei denen die Untersuchungen gerade erst begonnen haben.

Es handelt sich also nicht um ein isoliertes Denksystem, sondern eher um das erste Beispiel einer in Zukunft immer längeren Kette.

Der Autor möchte zweierlei erreichen: Einerseits eine Arbeit, die gewöhnlich nur den Eingeweihten vorbehalten wird, ohne den üblichen wissenschaftlichen Apparat einem nicht spezialisierten Publikum unterbreiten. Andererseits möchte er den ersten Schwarzen Französisch-Westafrikas ehren, der der weißen Welt eine Kosmogonie enthüllt hat, die ebenso reich ist wie die von Hesiod, dem Dichter einer verstorbenen Welt, und eine Metaphysik, die den Vorteil hat, sich in tausend Riten und Gesten unter heute lebendigen Menschen abzuspielen.

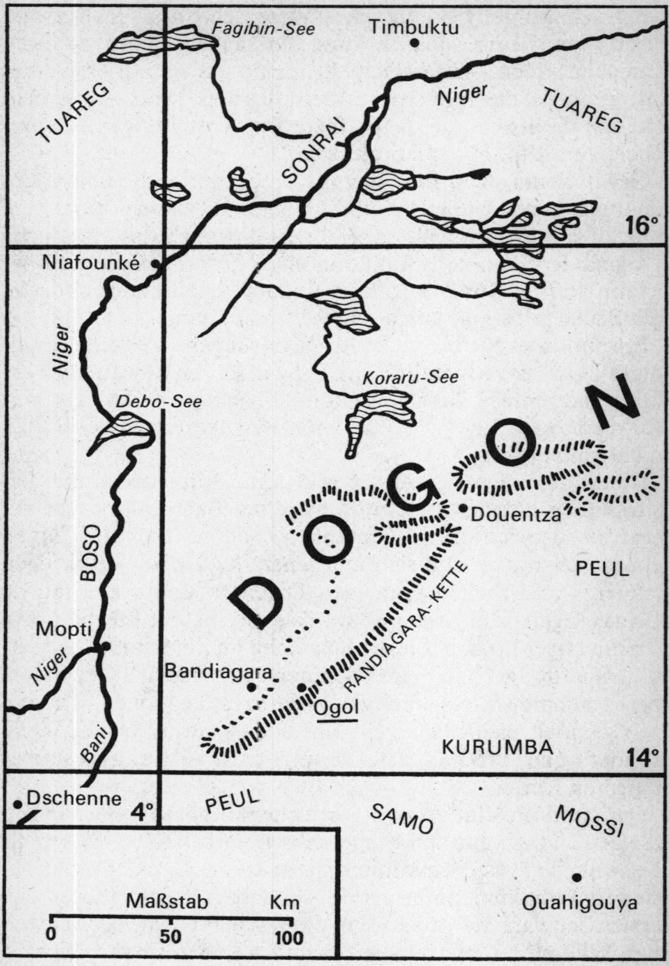
Fagibin-See
Timbuktu
TUAREG
SONRAI
Niger
TUAREG
16°
Niafounké
Niger
Koraru-See
Debo-See
DOGON
Douentza
BOSO
PEUL
RANDIAGARA-KETTE
Mopti
Niger
Bandiagara
Ogol
Bani
KURUMBA
14°
Dschenne
4°
PEUL
SAMO
MOSSI
Ouahigouya
Maßstab
Km
0
50
100

Ober-Ogol und Unter-Ogol

Aus der Ebene von Gondo hatte sich plötzlich die Sonne erhoben und die Terrassen von Unter-Ogol erleuchtet. Die Vögel waren verstummt, ließen der Sonne das Wort. Im Hof der Karawanserei, die ganz einem sudanesischen Lagerplatz glich, verstrichen die letzten Minuten des Friedens. Um einen vergessenen Teller, auf dem vom Vorabend etwas Nahrung zurückgeblieben war, deuteten Spuren von Eselshufen die nächtlichen Besucher an. Vier Pferdeäpfel, sauber wie Ausstellungsstücke, hätten für die Sammlungen eines Museums (Abteilung Säugetiere) zusammengetragen sein können, denn zu dieser Stunde waren sie noch nicht das Ziel der Mistkäfer. Im Hof des Personals formte ein großer Felsblock von graurosa Farbe leicht hingeneigt einen niedrigen Tisch vor dem viereckigen Gebäude aus zerbröckelnder Erde, das der Sonne den Rücken zukehrte und dessen sämtliche Öffnungen sich dem Tal von Dolo zukehrten.

An den Horizonten waren keine Gebirge zu erkennen. Wäre man auf eine Terrasse gestiegen, hätte man im Osten vielleicht den Sporn des Ninu sehen können, der das Geröll von Banani überragt.

Man war eben völlig eingefügt in dieses Meer aus in höchster Aufwallung erstarrtem Sandstein mit seinen langen, tiefen, sandigen Tälern und seinen abgeplatteten Wogenkämmen aus Felsen, die das Licht zurückwarfen. Man war geschützt durch die Dichte dieses Landes, das trocken dalag und dessen Gesicht und Leib versteinert waren von Zentnern von Sand, die die Luft heranschleppte.

In dem allen Winden offenen Halbschatten des fenster- und türflügellosen Gebäudes regte sich das erste Leben des frühen Morgens. Die vier unter dem Leichentuch ihrer Moskitonetze ausgestreckten Europäer tauschten die üblichen Kalauer aus. Auf der Hofseite erschien in der rosagelblichen Lichtschwemme ein von der Sonne Geblendeter zwischen den beiden Pfeilern der Umschließungsmauer. Er blieb einen Augenblick stehen, um die Szenerie zu betrachten, die das Ergebnis der Nacht war: den Napf, die Spuren des Esels, die in den

Staub gestürzte Mattenwand, die die Küche abschirmte. Schließlich verhielt sein Blick auf dem Fenster des Verschlags und bemerkte die Unordnung der Hirsestengel, die dazu bestimmt waren, die Katzen abzuhalten.

Menyu war ein sanfter Schwarzer aus Ober-Ogol, der die vier Fremden, die er seit langem kannte, mit Hingabe bediente. Er unterdrückte einen Fluch und ging, während seine Arme in seinem weißen, weitärmeligen Kaftan schaukelten, auf das Unheil zu.

Die Bewegung nahm zu. Der Kellner Apurali tauschte mit seinem Kollegen unaufhörliche Grußformeln aus. Andere Dogon kamen dazu und bevölkerten den Hof: Frauen, ihr Kind auf dem Rücken, wegen der Augenbehandlung, ein am Kopf verletztes Mädchen. Nackte Kinder mit vorgestrecktem Bauch richteten sich ein, um das Schauspiel den ganzen Tag lang zu betrachten. Auf den Mauern, auf dem Felsen in der Mitte, auf den Stufen des Hauses hatten sich die Informanten, die Dolmetscher erwartungsvoll aufgebaut. Gruppenweise traten sie bei Aufruf ihres Namens herbei. Und diese Szene wiederholte die Szene von gestern, die Szene von vorgestern, alle jene Szenen, die seit fünfzehn Jahren bei jedem Besuch der Weißen den Südausläufer von Ober-Ogol belebt hatten.

In einer zurückgezogenen Verandaecke nahm ein Europäer die vorabendliche Untersuchung über ein dunkles Opfer in einer Falte der I-Schlucht wieder auf. Tags zuvor war er in die Höhlen und Sandsteintrichter eingedrungen, war den winkligen Wasserabflüssen gefolgt und hatte die Ruinen erreicht, in denen es nach Wild und Fledermäusen roch. Ein alter Dogon antwortete brockenweise, lieferte eine recht verschlissene Wahrheit, gab nach und nach seine Hartnäckigkeit auf, stieß verlegen oder unter schallendem Gelächter ein paar Lügen hervor und klammerte sich, den Rücken an die Mauer gekauert, an seine Geheimnisse. Seine terrakottafarbene phrygische Mütze fiel ihm über das eine Ohr und verbarg sein blaßschwarzes Gesicht mit den leicht wülstigen Lippen, einer winzigen Nase und den lidlosen Augenbrauen.

Unter der nördlichen Arkade waren die Gesten heftiger. Eine junge Europäerin versuchte, den Chor von vier Dogon zu ordnen, deren jeder einer anderen Familie angehörte und jeweils einen anderen Dialekt sprach. Das Vokabular war reich an ausdrucksvollen Verben, und so wurden die vier zu begeisterten Schauspielern, die die Bedeutungen vormachten und die Beispiele herausschrien.

Das nach Norden gelegene Zimmer glich eher einem Beichtstuhl. Priester des Ahnenkults sprachen dort bescheiden mit einer geduldigen, aber hartnäckigen Europäerin.

Unter der Südarkade schließlich schrieb eine andere Weiße unter dem Diktat eines Bambara mit lebhaften Augen die Gebete an Komo auf:

»Komo, du Töter fetter Leichen!
Leichentuch der Lebendigen!«

Die vier Himmelsrichtungen waren also mit den üblichen Geräuschen angefüllt, mit den gelegentlichen Ausbrüchen, den alltäglichen Entspannungen.

Auf dem handbreiten Damm jedoch, der zwei Felder hohe Hirse voneinander teilte, reiste eine Nachricht auf das Gebäude zu. Diese Nachricht steckte im Kopf des ehrenwerten Gana, des Sohnes des Hogon, des ältesten Mannes von Ogol, der also das religiöse Oberhaupt war. Gana hielt einen Kaustock zwischen den Lippen, den er aber herausnahm, wenn er Bekannte begrüßte. Seine Hose mit tiefhängendem Boden und seine weite Tunika mischten einen Farbton verbrannten Brotes unter die Hirsestengel.

Sein Weg stieß an den Felsen von Ober-Ogol. Er kletterte ihn hinauf und folgte dabei einem Pfad, den tausend und abertausend Füße in den Sandstein gewetzt hatten.

Als er die Umstehenden begrüßt hatte, drang er in den Hof ein und tauchte vor dem Weißen auf. Er lächelte, und seine Ohren näherten sich seinem Hinterkopf.

»Ein Jäger möchte Sie sprechen.«

»Ist er krank?«

Im allgemeinen sind es die Kranken, die unter den Schwarzen einen solchen Wunsch äußern. Ansonsten besteht für den Anblick eines Weißen bei den Schwarzen keinerlei Interesse.

»Nein. Er möchte Ihnen ein Amulett verkaufen.«

»Was für eins?«

»Ein Amulett, das Sie vor zehn Jahren bestellt haben. Gegen Gewehrkugeln.«

»Ich kann mich nicht erinnern an diese . . .«

Der Weiße biß sich die Lippen. Er hatte sofort das Außergewöhnliche dieses Vorgangs begriffen. Er sagte: »Gut«, setzte sein Gespräch mit dem Opferpriester fort und schickte Gana weg, er möge den Gegenstand holen.

Gana trat mit dem Kaustock im Mund wieder auf den schimmernden Pfad, sprang vom Felsen von Ober-Ogol hinunter, durchquerte die Hirse und verlor sich im Gewirr von Unter-Ogol, trat in einen Hof ein und sprach mit leiser Stimme vor einer klaffenden Tür. Eine magere Hand kam aus dem Schatten hervor, um ihm ein trapezförmiges Lederstück entgegenzustrecken, das mit geronnenem Blut bedeckt war. Gana legte nun den Weg wieder in umgekehrter Richtung zurück und stellte sich vor den Weißen.

»Und die Formel? Weißt du die Formel?«

»Welche Formel?«

»Für die Herstellung und Anwendung. Denk nach!«

»Ich kenne sie«, gestand der Opferpriester, während Gana mit abgewandtem Rücken zuhörte.

Und er rezitierte sie unverzüglich dem Weißen, der sie aufschrieb.

Gana wußte mit seinen siebzehn Jahren, daß er sich in die Angelegenheit der Erwachsenen nicht einmischen durfte. Er sprang abermals den Felsen von Ober-Ogol hinab. Aber dieses Mal blieb er auf dem Pfad aufrecht stehen und riß sich seinen Kaustock aus dem Mund, denn ein Dorn war ihm in den Fuß gedrungen. Hinkend setzte er seinen Weg fort, fand den Hof wieder im Gewirr der Gäßchen, setzte sich auf die schwarze Schwelle und redete lange, während er sich den Splitter aus der Zehe zog. Eine langsame Stimme antwortete ihm, der er ehrerbietig zuhörte. Dann machte er sich mit einem leichten Seufzer erneut auf den Weg und befand sich bald wieder auf der Veranda vor dem Weißen, der nun allein war. Nachdem er seinen Kaustock herausgenommen hatte, trug er die Formel vor, wobei er drei Zeilen vergaß, die ihm sein Gegenüber aus dem Notizbuch ablesend vorsagte. Vor Erstaunen ließ Gana einen Augenblick den Unterkiefer hängen.

»Aber wer ist denn dieser alte Jäger?« wurde er gefragt. Er schämte sich und glaubte, man wolle den Kernspruch dieses Mannes wissen.

»Vise«, sagte er, *»Vise karandiang.«*

Und das heißt: »Hetzer, schrecklicher Hetzer«.

1. Tag: Ogotemmeli

Unter-Ogol bestand wie jedes Dogondorf aus einer Anhäufung von Häusern und Speichern. Lehmterrassen und spitze Strohdächer wechselten miteinander ab. Trat man in seinen bald schattigen, bald hellen Gäßchen zwischen die abgeschnittenen Pyramiden, die Prismen, Kuben oder Zylinder der Speicher und Häuser, zwischen die rechteckigen Säulenhallen und die roten und weißen nabelbruchförmigen Altäre, kam man sich vor wie ein Zwerg in einem Puzzlespiel. Alles war von Regen und Hitze wie mit Krakelee überzogen, die Wände aus Kleiberlehm waren mit Rissen übersät wie das Fell von Dickhäutern. Über die Mauern der kleinen Höfe hinweg erblickte man unter den Fundamenten der Speicher Hühner, gelbe Hunde und zuweilen dicke Schildkröten, die Symbole der Patriarchen.

Bog man vom Gäßchen ab, gelangte man vor eine mit der Axt zugehauene Tür, die, obwohl sie neu war, den Eingang aus irdenen Säulen und einem Giebel aus Rundhölzern nicht versperren konnte. Es war eine zwei Schultern breite Tür. Die Holzmaserung war vom Regen wellenförmig ausgewaschen und die Astlöcher öffneten ihre Augen auf den Wellenkämmen. Die Trockenheit, die Hände und die Schnauzen der Ziegen, die dagegenstießen, hatten den Türflügel abgenutzt, der in seiner Angel knarrte, mit dem Geräusch eines Gongs gegen die Mauer schlug und das armselige Höfchen dieses Mannes freigab, des erstaunlichsten Menschen aller Ebenen und Felsen von Oropa bis Nimbe, Asakarba und Tintam.

Der Weiße schritt auf den dürren Misthaufen eines kinderlosen Greises zu. In der Mitte des Hofes erhob sich eine Fassade mit kleinen balkonartigen Vorsprüngen, die im Erdgeschoß von einer niedrigen Tür und im ersten Stock von einer flachen Türfüllung durchbrochen wurde und das Hauptgebäude verbarg. An ihrer Stirnseite öffneten sich zehn Schwalbenlöcher; acht kegelförmige, mit flachen Steinen gezierte Zinnen verzierten die Oberkante. Rechts und links reihten sich wie große Würfel sechs Speicher auf, von denen zwei, dem Nachbarn gehörig, dem Betrachter den Rücken kehrten. Von den vier Gebäuden war das eine leer, das zweite aus den Fugen, das dritte quer durchgeschnitten wie eine zerteilte Frucht. Nur eines lebte, zur Hälfte mit Körnern gefüllt.

Gegenüber zwischen dem Hauptgebäude und den Speichern schloß ein niedriges Haus den Hof ab und dämpfte die sanften Geräusche des Lebens. Auf der Rechten, in einem zum Himmel offenen Verschlag, kreisten, von einem sanften Wirbel mitgerissen, unzählige Küken.

Der Mann, der den Weißen begleitete, stieß seine Grußformeln hervor. Sofort antwortete eine Stimme, deren Worte deutlich voneinander abgesetzt waren.

»Gott führt dich her! Gott führt dich her!«

»Gruß! Wie geht es deinem Leibe?«

Die Stimme näherte sich allmählich. Aus dem Schatten des Inneren hörte man das Tappen von Händen an den Mauern und an dem Holz der Türpfosten. Ein Stock klopfte die Wände ab. Hohl erklang ein Gefäß. Winzige Küken krochen eins nach dem anderen aus einem Katzenloch, hervorgescheucht von dem gewaltigen Leben, das da nahte.

Schließlich erschien eine braune Tunika, an den Nähten aufgerissen und zerfranst wie ein altes Kriegsbanner. Dann beugte sich ein Kopf unter dem Querholz hervor, ein Mann richtete sich zu seiner vollen Größe auf und wandte sein unbeschreibliches Gesicht dem Fremden zu:

»Gruß allen, die Durst haben!« sagte er.

Die dicken Lippen sprachen das reinste Sanga. Man sah nur sie. Nur sie lebten. Der Rest war gleichsam zurückgezogen, um so mehr, als der Kopf sich nach den ersten Worten zur Erde geneigt hatte. Die Wangen, die Backenknochen, die Stirn, die Wimpern waren nur eine einzige Verwüstung. Sie waren von hundert Runzeln durchzogen, die ihnen ein schmerzliches Zucken gaben, als sei das Gesicht von einem zu großen Licht getroffen oder als stünde es unter einem ständigen Steinhagel. Offenbar war aus nächster Nähe darauf geschossen worden. Und die Augen waren tot.

Da die beiden Besucher von draußen kamen und vermutlich in der Hitze gearbeitet hatten, sagte ihnen der Mann, auf den Stock gestützt, schließlich:

»Gruß! Gruß der Müdigkeit! Gruß der Sonne!«

Am längsten dauerte an diesem Tag die Wahl des Ortes, des schmalen Sitzplatzes, des Steins der Unterhaltungen. Vor dem

Wohnhaus riskierte man, selbst wenn der alte Ogotemmeli im Inneren blieb, selbst wenn man ihm den Kopf zustreckte und leise wie bei der Beichte sprach, daß, wie er sagte, »die Frauen ihre ewigen Ohren spitzen«. In dem winzigen von den Nordwinden blankgefegten Höfchen auf der anderen Seite des Hauses mit der Fassade konnte man von den Kindern erspäht werden, die sich in den zusammengefallenen Speichern versteckten. So blieb nur der Hof selbst mit seinem elenden Misthaufen, seinem hohlen Stein, seiner Asche und seiner in der Mitte unheilvoll ausgebuchteten Mauer, die nicht höher war als die Neugierigen.

Ogotemmeli zögerte immer noch. Es gab viel darüber zu sagen, wie unbequem dieser Hof war für eine Unterhaltung zwischen reifen Männern. Der Weiße öffnete nur den Mund, um Ogotemmeli zuzustimmen. Er ließ sich sogar über die Indiskretion des Mauerwerks aus, über die Dummheit der Menschen und natürlich über die unvorstellbare Neugier der Frauen, ihren unstillbaren Durst nach Neuigkeiten. Er war aufs höchste gespannt wegen all dieser Vorbereitungen, die zu dem einfachen Verkauf eines Amuletts in keinem Verhältnis standen.

Schließlich setzte sich Ogotemmeli auf die innere Türschwelle der großen Fassade und zog sich in sich selbst zusammen. Das Gesicht zur Erde geneigt, kreuzte er die Hände über dem Kopf und stützte die Ellenbogen auf die Knie. Er wartete.

Der Weiße begriff allmählich, daß der Verkauf des Amuletts nur ein Vorwand war. In den Gesprächen, die folgen sollten, war davon nie die Rede, und der tiefere Grund dieses Vorwands des alten Mannes sollte niemals enthüllt werden.

Aber aus verschiedenen Einzelheiten ging schließlich hervor, daß Ogotemmeli dem Fremden, der sich vor fünfzehn Jahren zum ersten Mal in diesem Dorf aufgehalten hatte und dem er Vertrauen schenkte, jene Lehren vermitteln wollte, die er einst von seinem Großvater und seinem Vater erhalten hatte.

Ogotemmeli wartete. Er war selbst bestürzt über die Situation, die er hervorgerufen hatte, über diesen Mann, den er nicht sehen konnte. Zwar war er kein Unbekannter für ihn. Seit fünfzehn Jahren hatte er von dieser Gruppe von Weißen reden hören, die unter dessen Führung gekommen war, um auf der bloßen Erde zu schlafen und in den Klippen herumzureiten und dort die Bräuche zu studieren.

Er hatte sogar ihre Arbeiten von Anfang an verfolgt, denn er war mit dem alten Ambibe Babadye, dem Großwürdenträger der Masken, ihrem bevorzugtesten Informanten, der vor kurzem gestorben war, eng befreundet gewesen. Mehrmals hatte im Verlauf dieser fünfzehn Jahre Ambibe bei ihm Rat gesucht und sich Einzelheiten erklären lassen. Auf Grund von dessen Erzählungen und aus allerlei Berichten hatte er sich eine völlig richtige Vorstellung von den Absichten dieses Gesprächspartners gebildet, der seine Forschung mit Leidenschaft zu betreiben schien.

Aber es war ein einzigartiger Fall. Wie sollte man einen Weißen unterweisen? Wie sollte man ihn mit den Dingen, den Riten, den Glaubensvorstellungen voll vertraut machen? Außerdem hatte dieser Weiße bereits die Masken enthüllt. Er kannte ihre geheime Sprache. Er war in allen Richtungen durchs Land gelaufen, und von vielen Einrichtungen wußte er genausoviel wie er selbst. Wie also?

Der Weiße zog ihn aus seiner Bestürzung:

»Als Ihnen Ihr Gewehr vor dem Gesicht explodierte, auf was haben Sie da gezielt?«

»Auf ein Stachelschwein.«

Der Weiße wollte durch diesen Umweg auf die Jagd zu sprechen kommen, auf die Regeln, die die Tierwelt betreffen, und von dort zum Totemismus vordringen.

»Es war ein Unfall«, erklärte der Greis. »Aber es war auch die letzte Warnung. Das Orakel hatte mir gesagt, daß ich mit der Jagd aufhören müsse, wenn ich meine Kinder behalten wolle. Die Jagd ist eine Arbeit des Todes und zieht den Tod an. Ich habe einundzwanzig Kinder gehabt. Mir sind nur fünf geblieben.«

Das große Drama der Sterblichkeit der Schwarzen zeichnete sich ab und die tiefen Sorgen dieser Menschen, die dem Tod wehrlos gegenüberstehen und sich wie alle Menschen dieser Erde an ihre Glaubensvorstellungen klammern. An Glaubensvorstellungen, die trösten und deuten, die aber der Prüfung nicht entgehen können.

Gezeichnet durch dieses Unglück wurde Ogotemmelis Persönlichkeit deutlich, in ihrem Eigenwesen wie in ihren Beziehungen zu den übernatürlichen Kräften. Schon im Alter von fünfzehn Jahren war er von seinem Großvater in die Geheimnisse der Religion eingeweiht worden. Sein Vater hatte nach dem Tod des Greises die Unterweisung fortgesetzt. Es scheint, daß diese Belehrungen mehr als zwanzig Jahre lang andauerten und daß Ogotemmelis Familie zu jenen gehörte, in denen man derartige Dinge nicht leicht nahm.

Ohne Zweifel hatte Ogotemmeli sehr bald seinen wachen Geist und seine große Geschicklichkeit bewiesen. Bis zu seiner Erblindung war er ein vorzüglicher Jäger, der, obwohl seit seiner Kindheit als Folge der Pocken einäugig, mit vollen Händen heimkam, wenn die anderen sich noch in den Schluchten abmühten. Er ließ seiner Jagdtechnik seine tiefe Kenntnis der Natur, der Tiere, der Menschen und der Götter zugute kommen. Nach seinem Unfall hatte er noch mehr gelernt. Auf sich selbst, auf seine Altäre und auf jedes gehörte Wort angewiesen, war er zu einem der mächtigsten Geister der Klippen geworden.

So waren sein Name und sein Kernspruch bekannt in der Ebene wie auf den Geröllhalden. »Der kleinste Bengel sagt sie«, bestätigte man, und die Ratsuchenden liefen ihm die Tür ein, jeden Tag und sogar in der Nacht.

Da sich hinter den Mauern phrygische Mützen zeigten und da die Frauen von ferne Zeichen machten, mußte man für diesen Tag Abschied nehmen und den Platz den Kunden überlassen. Aber die Verbindung war hergestellt und die Gespräche sollten sich nach einer schweigenden Übereinkunft zur passenden Zeit und nach einer Art Programm weiter entwickeln.

2. Tag: Das erste Wort und das Faserkleid

Ogotemmeli setzte sich auf seine Schwelle, schabte an seinem Tabaksbeutel aus festem Leder und streute sich einen gelben Staub auf die Zunge:

»Der Tabak«, sagte er, »gibt den rechten Geist.«

Und er begann das Weltsystem auseinanderzunehmen.

Denn man mußte mit dem Frührot der Dinge anfangen.

Als unwichtige Einzelheit überging Ogotemmeli die Bildung der vierzehn Sonnensysteme, von denen das Volk spricht und die sich wie flache, kreisförmige Erdscheiben hügelförmig übereinanderschichten. Er wollte nur vom nützlichen Sonnensystem sprechen. Er bezog jedoch auch die Sterne in seine Betrachtung ein, obgleich sie nur eine zweitrangige Rolle spielten.

»Es ist wahr«, sagte er, »daß in der Folge der Zeiten die Frauen die Sterne abhingen, um sie ihren Kindern zu geben. Die Kinder durchbohrten sie mit einer Spindel und setzten diese Feuerkreisel in Drehung, um sich zu vergegenwärtigen, wie die Welt funktioniert. Aber das ist nur ein Spiel.«

Die Sterne stammen aus den Erdklumpen, die der Gott Amma, der einzige Gott, in den Raum schleuderte. Er hatte Sonne und Mond geschaffen in einer recht komplizierten Technik, die nicht die erste war, die den Menschen bekannt wurde, aber die erste, die von Gott bezeugt wird: die Töpferei. Die Sonne ist in gewissem Sinn ein Tongeschirr in Weiß, ein für allemal von einer Spirale aus rotem Kupfer in acht Windungen umgeben. Der Mond hat die gleiche Form, doch ist sein Kupfer weiß. Er wird nur viertelweise erhitzt. Die Bewegungen der Gestirne sollten später erklärt werden. Der Raum der Welt sollte nur in großem Umriß erscheinen, denn Ogotemmeli wollte von den Darstellern selbst sprechen.

Trotzdem wollte er einen Begriff von der Größe der Sonne vermitteln.

»Manche Leute«, sagte er, »schätzen die Sonne so groß wie die Karawanserei, und das wären dreißig Ellen. In Wirklichkeit ist sie viel größer. Sie ist viel größer als das gesamte Sangagebiet.«

Und nachdem er einen Augenblick gezögert hatte, fügte er hinzu:

»Und sie ist vielleicht noch viel, viel größer.«

Was die Ausmaße des Mondes betrifft, so wollte er sich damit nicht aufhalten. Er gab sie nie. Der Mond spielte nur eine mittlere Rolle. Man würde darauf zurückkommen. Er deutete jedoch an, während die Schwarzen Geschöpfe des Lichts seien, die bei vollem Sonnenlicht entstanden, seien die Weißen bei Mondschein geschaffen worden und hätten daher ihr larvenartiges Aussehen.

Als er dies sagte, spie Ogotemmeli seinen Tabak aus. Er hatte nichts gegen die Weißen. Er sagte auch nicht, daß er sie bedaure. Er überließ sie ihrem Schicksal in ihren nördlichen Ländern.

Der Gott Amma hatte also einen Lehmkloß genommen. Er drückte ihn in seiner Hand zusammen und schleuderte ihn in den Raum, wie er es mit den Sternen getan hatte. Der Lehm dehnt sich aus, wächst im Norden, der oben ist, verlängert sich im Süden, der unten ist, obwohl sich das alles in der Horizontalen abspielt.

»Die Erde liegt, aber der Norden ist oben.«

Sie streckt sich nach Osten und nach Westen und löst ihre Glieder wie ein Embryo in der Gebärmutter. Sie ist ein Leib, das heißt ein Ding, dessen Glieder sich von der Zentralmasse gelöst haben.

Und dieser Leib ist ein Weib, von Norden nach Süden gerichtet, flach hingelegt, das Gesicht zum Himmel. Ihr Geschlecht ist ein Ameisenhügel, ihre Klitoris ein Termitenbau. Amma, der allein ist und sich mit diesem Geschöpf vereinigen will, nähert sich ihr.

Auf diese Weise kam die erste Unordnung ins Universum.

Ogotemmeli verstummte. Die Hände über dem Kopf gekreuzt, lauschte er nach den verschiedenen Geräuschen des Hofes und der Terrassen. Er war beim Ursprung der Schwierigkeiten, beim Urmißgeschick Gottes.

»Wenn man mich hören würde, müßte ich einen Ochsen als Buße zahlen.«

In dem Augenblick, da Gott sich nähert, richtet sich der Termitenbau auf, sperrt den Eingang und zeigt seine Männlichkeit. Sie gleicht dem fremden Geschlecht und die Vereinigung kann nicht stattfinden.

Aber Gott ist allmächtig. Er schlägt den Termitenbau ab und vereinigt sich mit der beschnittenen Erde. Dieses Urereignis jedoch sollte für immer den Lauf der Dinge bestimmen: Aus der fehlerhaften Vereinigung wurde statt der erwarteten Zwillinge ein einziges Wesen geboren, der *Thos Aureus*, der Schakal, das Symbol der Schwierigkeiten Gottes.

Ogotemmeli sprach immer leiser. Von den Ohren der Frauen war nicht mehr die Rede. Andere körperlose Trommelfelle könnten bei diesen gewaltigen Worten erschauern. Der Weiße und sein schwarzer Assistent, der Feldwebel Kogem, neigten sich dem Greis zu wie in einer schrecklichen Verschwörung.

Als man jedoch zu den Wohltaten Gottes gelangte, wurde der Ton wieder normal.

Gott hatte noch weitere Beziehungen zu seiner Frau. Und dieses Mal störte nichts mehr ihre Vereinigung, denn die Exzision hatte den Grund der ersten Unordnung beseitigt. Das Wasser, der Samen des Lebens, drang also in den Leib der Erde, und die Zeugung durchlief den üblichen Kreislauf der Zwillingszeugung. Zwei Wesen formten sich.

»Gott hat sie wie aus Wasser geschaffen. In grüner Farbe, in Gestalt von Mensch und Schlange. Vom Kopf bis zu den Hüften waren sie menschlich, darunter schlangenförmig.«

Ihre roten Augen waren geschlitzt wie die der Menschen, und ihre Zunge war gekerbt wie die der Reptilien. Die weichen Arme hatten keine Gelenke. Ihr ganzer Leib war grün und glatt, glitschig wie eine Wasseroberfläche, mit kurzen, grünen Härchen verziert, die schon Keime und Pflanzenwuchs ankündigten. Diese Geister, die sogenannten Nommo, waren also zwei gottgleiche Geschöpfe, von göttlicher Substanz wie er, ohne Umstände empfangen und den Normen entsprechend in der irdischen Gebärmutter entwickelt. Ihr Schicksal führte sie in den Himmel, wo sie die Lehren ihres Vaters empfingen. Nicht daß Gott sie hätte das Wort lehren müssen, dieses allen Wesen, dem ganzen Weltsystem unerläßliche Wort: Das Paar war vollkommen und perfekt zur Welt gekommen. Wegen seiner acht Glieder war seine Zahl die Acht, das Symbol des Wortes.

Es besaß auch das Wesen Gottes, denn es war aus seinem Samen gemacht, der zugleich der Träger, die Gestalt und der Stoff der Lebenskraft der Welt ist, die Quelle der Bewegung und der Beständigkeit der Wesen. Und diese Kraft ist das Wasser. Das Paar ist gegenwärtig in jeglichem Wasser, es ist das Wasser, das Wasser der Meere, der Weltenden, der Sturzbäche, der Gewitter, der Scherbe, aus der man trinkt.

Ogotemmeli gebrauchte die Worte »Wasser« und »Nommo« ohne Unterschied.

»Ohne Nommo«, sagte er, »hätte die Erde gar nicht geschaffen werden können, denn die Erde wurde geknetet, und durch das Wasser, durch das Nommo, hat sie Leben erhalten.«

»Welches Leben ist in der Erde?« fragte der Weiße.

»Die Lebenskraft der Erde ist das Wasser. Gott hat die Erde mit

Wasser geknetet. Genauso macht er das Blut aus Wasser. Selbst im Stein gibt es diese Kraft, denn die Feuchtigkeit ist in allem.«

Aber wenn das Nommo Wasser ist, so hat es auch das Kupfer hervorgebracht. Am bedeckten Himmel sieht man, wie sich die Sonnenstrahlen über dem nebelverhangenen Horizont verfestigen. Diese Strahlen, Exkremente der Geister, sind aus Kupfer und sind Licht. Sie sind auch Wasser, denn sie stützen die irdische Feuchtigkeit auf ihrem Weg nach oben. Das Paar sondert Licht ab, weil es auch Licht ist.

Ogotemmeli suchte seit einiger Zeit etwas im Staub. Er sammelte schließlich mehrere kleine Kiesel auf. Mit einer raschen Geste schleuderte er sie in den Hof über die Köpfe seiner beiden Gesprächspartner hinweg, die nicht einmal die Köpfe senken mußten. Die Wurfgeschosse fielen dorthin, wo einige Sekunden zuvor der Hahn des Hogon gekräht hatte.

»Dieser Hahn ist ein Unwetter. Er zerstört die Unterhaltung.«

Und da das Tier von neuem von jenseits der Mauer krähte, beauftragte Ogotemmeli Kogem, ihm ein Stück Holz nachzuschleudern. Als Kogem zurückkam, fragte er ihn, ob der Hahn die Grenzen des Viertels von Tabda verlassen habe.

»Er ist auf dem Feld des Hogon«, sagte Kogem, »und ich lasse ihn von vier Kindern bewachen.«

»Gut so«, sagte Ogotemmeli und lachte ein wenig. »Soll er seine Ruhe genießen. Man hat mir gesagt, daß er beim nächsten Zwillingsbier gegessen wird.«

Er kehrte zu den Nommo-Geistern zurück, zum Nommo, wie er kürzer sagte, denn dieses Zwillingspaar stellte die vollkommene Vereinigung dar, die ideale Einheit.

Das Nommo erblickte von der Höhe des Himmels seine Mutter, die Erde, nackt und ohne Wort – ohne Zweifel als Folge des überraschenden Zwischenfalls in den Beziehungen mit dem Gott Amma. Diese Unordnung mußte beendet werden. Das Nommo stieg auf die Erde herab und brachte Fasern aus Pflanzen, die schon in den himmlischen Gefilden wuchsen. Es maß davon zehn Spannen ab, die den zehn Fingern entsprechen, und flocht fünf daraus zusammen, um sie vorne, und fünf, um sie hinten zu befestigen. Noch heute tragen die Maskentänzer diese Lendenschurze, die ihnen in engen Windungen bis auf die Füße hängen.

Aber diese Bekleidung sollte nicht nur die Scham bedecken. Sie stellte für die irdische Welt die erste Befehlshandlung aus dem Universum dar, das schraubenförmige Zeichen, das in der Form einer gebrochenen Schlangenlinie auf eine ebene Fläche projiziert wird.

Die Fasern nämlich waren in Windungen herabgefallen, dem Symbol der Wirbelstürme, der Mäander, der Bäche, der Wasserstrudel und der Winde, des wellenförmigen Gangs der Reptilien. Sie erinnerten auch an die Sonnenspirale mit den acht Umdrehungen, die die Feuchtigkeit emporpumpt. Sie waren selbst ein Rinnsal des Wassers, denn sie waren vollgesogen mit der Frische, die sie den himmlischen Pflanzen entnahmen. Sie waren voller Nommo-Essenz. Sie waren das Nommo selbst in ihrer Bewegung, die man wie die Schlangenlinie ins Unendliche verlängern kann.

Aber das Nommo stößt, wenn es spricht, wie jedes Wesen einen lauwarmen Dampf aus, der das Wort trägt, das Wort selbst. Und dieser tönende Dampf bewegt sich wie alles Wasser auf einer schraubenförmigen Linie. Die Windungen des Gewandes waren also der bevorzugte Weg des Wortes, das der Geist der Erde enthüllen wollte. Er verzauberte seine Hände, indem er sie zu den Lippen führte, während er flocht. So schlang sich das feuchte Wort um die feuchten Flechten, und die geistige Enthüllung durchdrang die technische Unterweisung.

Durch diese mit Wasser und Worten angefüllten Fasern war das Nommo also vor dem Geschlecht seiner Mutter ständig gegenwärtig.

Derartig bekleidet, hatte die Erde eine Sprache, die erste dieser Welt, die roheste aller Zeiten. Ein elementarer Satzbau, wenig Verben, ein Vokabular ohne Anmut. Die Worte waren ein noch kaum differenziertes Gehauch, trugen jedoch schon Kraft. Wie dem auch sei, die nuancenlosen Worte entsprachen den großen Arbeiten des Beginns.

Mitten im Wort stieß Ogotemmeli plötzlich einen großen Schrei aus: Er antwortete dem Jagdruf, den im Mauerausschnitt Akundyo, der Priester der im Kindbett gestorbenen Frauen und der totgeborenen Kinder, ausgestoßen hatte.

Akundyo hatte zuvor mit vorsichtigem Gesicht seitlich ausgespuckt, das Auge auf die Gruppe der Männer geheftet. Er trug eine granatrote phrygische Mütze, die die Ohren einschloß, mit einer über der Wurzel seiner Himmelfahrtsnase uräusförmig aufragenden Spitze. Mit vorspringenden Backenknochen und leuchtenden Zähnen sagte er seine Glückwünsche auf, die der Greis ihm sofort erwiderte. Die ausgetauschten Formeln erreichten ihre erste Steigerungsstufe.

»Möge Gott«, rief Ogotemmeli, »möge Gott alle die verfluchen, die dich in Unter-Ogol nicht lieben.«

Die Erregung schwoll im Herzen Akundyos, der nun den Gipfel des Überbietens erreichte.

»Möge Gott«, schrie schließlich der Blinde, »möge Gott mich selbst verfluchen, wenn ich dich nicht liebe.«

Die vier Männer schwitzten. Sie scherzten über die besondere Magerkeit des Wildes im I-Tal. Schließlich entfernte sich Akundyo und erklärte im Landserfranzösisch, er wolle sich »auf den Weg zum Zimmerchen des Stachelschweins« machen, dieses schlauen und hochgeschätzten Tiers.

Man kehrte zum Wort zurück. Es hatte die Aufgabe, die Welt zu ordnen. Es war also eine gute Sache. Und doch löste es zunächst Unordnung aus.

Der Schakal, der enttäuschte und enttäuschende Sohn Gottes, wollte die Erde besitzen und legte Hand an die Fasern, die sie trug, das heißt auf das Kleid seiner Mutter. Sie widerstand, denn das war eine blutschänderische Handlung. Sie tauchte in ihren eigenen Leib, in ihren Ameisenhügel in Gestalt einer Ameise. Aber der Schakal folgte ihr, denn es gab ja keine andere Frau auf der Welt, die er hätte begehren können. Das Loch, das sie bohrte, war nie tief genug, und schließlich mußte sie sich geschlagen geben. So war das Hin und Her der Kämpfe zwischen Männern und Frauen vorgezeichnet, das jedoch stets mit dem Sieg des Mannes endet.

Die Blutschande hatte die größten Folgen: Zunächst erhielt der Schakal das Wort, das es ihm erlaubte, für alle Ewigkeit den künftigen Sehern die Pläne Gottes zu enthüllen.

Außerdem war sie die Ursache für das Auftreten des Menstruationsblutes, das die Fasern färbte. Der Zustand der Erde, die unrein geworden war, war unvereinbar mit der Herrschaft Gottes. Gott wandte sich also ab von dieser Frau und entschloß sich, auf direktem Wege Lebewesen zu schaffen. Nachdem er aus feuchtem Lehm eine Gebärmutter geformt hatte, legte er sie auf die Erde und schmückte sie vom Himmel herab mit einem Klößchen, das er in den Raum warf. Das gleiche tat er, um das Geschlecht eines Mannes zu schaffen. Nachdem er es auf den Boden gelegt hatte, schleuderte er eine Kugel, die sich an der Spitze befestigte.

Sogleich ordneten sich die beiden Massen. Ihr Leben breitete sich aus, Glieder lösten sich vom Kern, Körper erschienen, und ein menschliches Paar erhob sich aus der Erdscholle.

Da trat das Nommo-Paar zu neuen Aufgaben auf den Plan. Es sah voraus, daß die Grundregel der Doppelgeburt abgeschafft werden sollte und daß daraus ähnliche Fehler entstehen konnten wie der Schakal, der allein geboren war. Denn nur seiner Einsamkeit wegen hatte der erste Sohn Gottes so gehandelt.

»Da er allein war«, sagte Ogotemmeli, »hat der Schakal mehr Dinge angestellt, als der Mund erzählen kann.«

Der Geist zeichnete auf den Boden zwei übereinandergelegte Umrisse, zwei Seelen, deren eine männlich und die andere weiblich war. Der Mann legte sich über seine Schatten und nahm sie alle beide, und das gleiche tat die Frau.

So wurde jedes menschliche Wesen von Anfang an mit den Seelen der beiden unterschiedlichen Geschlechter versehen oder, noch besser, mit zwei Prinzipien, die im Inneren eines jeden zwei unterschiedlichen Personen entsprechen. Beim Mann saß die weibliche Seele in der Vorhaut, bei der Frau die männliche Seele in der Klitoris.

Aber da das Nommo alles voraussah, erkannte es ohne Zweifel die Unstimmigkeiten dieser Mißlichkeit. Das Leben der Menschen konnte sich nicht in das dieser Doppelwesen fügen. Es mußte für jeden Menschen eine Entscheidung gefällt, er mußte in jenes Geschlecht gegossen werden, für das er augenscheinlich am besten geeignet war.

Das Nommo beschnitt also den Mann, strich in ihm alle Weiblichkeit der Vorhaut. Diese aber verwandelte sich sofort in ein Tier, das weder Schlange noch Insekt ist, das man aber trotzdem zu den Schlangen zählt.

Dieses Tier trägt den Namen *Nay*. Es handelt sich um eine Eidechsenart, die schwarz und weiß ist wie die Totendecke. Sein Name bedeutet auch »vier«, die weibliche Zahl, und »Sonne«, die weibliche Wesenheit.

Das Nay symbolisiert den Schmerz der Beschneidung und die

Notwendigkeit für das Männliche, an seinem Geschlecht ebenso zu leiden wie die Frau.

Nun vereinigte sich der Mann mit seiner Gefährtin. Später brachte sie die ersten zwei einer Serie von acht Kindern zur Welt, die zu den Ahnen des Dogonvolkes werden sollten. In diesem Augenblick sammelte sich das Leiden der Geburt in ihrer Klitoris, die, von einer unsichtbaren Hand herausgeschnitten, sich von ihr löste und sich entfernte und sich in einen Skorpion verwandelte. Dessen Giftdrüse und der Stachel symbolisieren dieses Organ: Das Gift ist das Wasser und das Blut der Schmerz.

Als er durch die mit Hirse bestellten Felder zurückkehrte, fragte sich der Europäer nach dem Sinn all dieser Fortschritte und Rückschritte, all dieser Überraschungen des mythischen Denkens:

ein Gott verfehlt seine erste Schöpfung;

die Dinge ordnen sich wieder durch die Exzision der Erde, dann durch die Geburt eines Geisterpaars, die die Genien und Ingenieure der Welt sind und ihr ein erstes Wort bringen;

ein Inzest zerstört die Ordnung und verhindert die Geburt der Zwillinge;

die Ordnung stellt sich wieder her durch ein menschliches Paar, und die Zwillingszeugung wird ersetzt durch eine Doppelseele (warum die Zwillingspaarung?);

aber diese Doppelseele ist eine Gefahr: ein Mann muß männlich sein, eine Frau weiblich. Beschneidung und Exzision bringen dann abermals die Dinge in Ordnung. (Aber wozu dieses Nay, wozu dieser Skorpion?)

Die Antworten sollten später kommen. Sie sollten sich abzeichnen in dem gewaltigen Gebäude, das der Blinde nach und nach aus tausendjährigem Dunst aufsteigen ließ.

Über den Köpfen des Europäers und Kogems lösten sich die Trauben blaßvioletter Hirse vor dem Blei des Himmels. Sie durchquerten ein Feld, das dick in Ähren stand, hoch aufgeschossen, unbeweglich im leichten Wind. Wenn die Hirse schlecht geraten ist, spärlich, wenn ihre Ähren leicht sind, dann bewegen sie sich beim geringsten Windhauch oder Geräusch. Magere Felder sind laut. Ein Feld der Fülle jedoch ruht im Wind und bietet sich schweigend dar.

Wenn man in den Hof eindrang, stieß man seine Einrichtung hin und her. Der Hof war so eng, daß die Milane, die feinsten Akrobaten der Luft, das Geflügel nicht packen konnten. In dem hohlen Stein gab es einen Rest Hirsebier, eigentlich nur einen Bodensatz, an dem sich die Hühner, Hahn, Henne und Küken, labten. Und außerdem ein weiß und gelb gestreifter Hund mit einem sichelförmigen Schwanz wie ein äthiopischer Säbel. Beim Gongschlag der Tür verstreute sich alles und überließ den Menschen den Platz.

Ogotemmeli hockte sich in seine Tür und machte sich daran, die acht Urahnen aufzuzählen, die dem von Gott gekneteten Paar entsprossen waren. Die vier ältesten waren männlich, die anderen weiblich. Aber durch eine besondere Gnade, die nur ihnen zuteil wurde, konnten sie sich durch sich selbst befruchten, da sie doppelt und zwiegeschlechtig waren.

Von ihnen stammen die acht Dogonsippen ab.

Denn die Menschheit ordnete sich im Schlimmen. Die Einzelgeburt, dieses ständige Übel, besserte sich etwas durch die Verleihung der Doppelseele, die das Nommo bei den Gebärenden auf den Boden zeichnete. Man übertrug sie auf das Neugeborene, indem man es an der Hüfte über die Stelle hielt und ihm Hände und Füße auf den Boden legte. Dann wurde die allzu geräumige Seele bei der Beschneidung gestutzt, und die Menschheit folgte schlecht und recht ihrem düsteren Schicksal.

Doch der himmlische Durst nach Vollkommenheit war nicht erloschen. Das Nommo-Paar, das nach und nach die Stelle von Gott, seinem Vater, einnahm, dachte sich Erlösungen aus. Aber es mußte, um die Gesetze der Menschen zu verbessern, die Reformen und Unterweisungen auf der menschlichen Ebene ausführen. Das Nommo fürchtete die bestürzenden Verbindungen zwischen fleischlichen Kreaturen und reinen Geistern. Es bedurfte verständlicher Handlungen, die sich näher bei denen abspielen sollten, denen die Wohltaten zugedacht waren, und in deren Klima. Die Menschen sollten nach ihrer Regeneration vom Ideal angezogen werden wie ein Bauer von einem fetten Feld.

Die Nommo stiegen also auf die Erde herab und drangen in

den Ameisenhügel ein, in das Geschlecht, aus dem sie hervorgegangen waren. So waren sie unter anderem in der Lage, ihre Mutter vor den möglichen Unternehmungen ihres erstgeborenen Bruders, des blutschänderischen Schakals, zu schützen. Durch ihre feuchte, lichtvolle und sprechende Gegenwart reinigten sie auch jene, die für Gott immer eine Besudelte blieb, aber für die Werke des Lebens notwendig war.

In diesem Geschlecht nahm das männliche Nommo die Stelle der Maskulinität ein, die einst durch die Exzision des klitorischen Termitenbaues verbannt worden war. Das weibliche vertrat die Weiblichkeit, und seine Gebärmutter kam in die der Erde.

So konnte das Paar das Werk der Regeneration fortsetzen, das es im Einverständnis mit Gott anstelle Gottes fortführen wollte.

»Das Nommo leistete anstelle Ammas die Arbeit Ammas«, sagte der Blinde.

In jenen nebulösen Zeiten der Entwicklung der Welt kannten die Menschen den Tod nicht. Die acht Ahnen, die aus dem ersten menschlichen Paar hervorgegangen waren, lebten also unendlich. Sie zeugten acht verschiedene Nachkommenschaften, wobei jeder Ahn sich durch sich selbst vermehrte, denn jeder war zugleich männlich und weiblich.

»Die vier männlichen und die vier weiblichen waren ihrem Geschlecht nach acht Zwitter. Die vier Männer waren Mann und Frau, die vier Frauen waren Frau und Mann. Bei den Männern war der Mann der Verantwortliche, bei den Frauen die Frau. Sie haben sich selbst befruchtet und sind schwanger geworden, jeder für sich, und haben fortgezeugt.«

Aber als der Umsturz der Zeit gekommen war, trieb ein dunkler Instinkt den erstgeborenen Ahn zu dem Ameisenhügel, den die Nommo besetzt hatten. Auf dem Kopf trug er als Schmuck, und um sich vor der Sonne zu schützen, den Holznapf, in den er seine Nahrung zu legen pflegte. Indem er seine beiden Füße in die Öffnung des irdischen Leibes steckte, drang er langsam ein, als wäre es eine umgekehrte Entbindung.

So drang er ganz in die Erde ein. Sogar sein Kopf verschwand. Auf dem Boden aber ließ er, als Zeugnis gleichsam seines Erdenwandels, den Napf zurück, der von dem Rand der Spalte zurückgehalten wurde. Auf dem Ameisenhügel blieb so nur eine hölzerne Halbkugel zurück, geprägt von der Nahrung und von den Gebärden des Verschwundenen, ein Symbol seines Körpers, ein Symbol seiner menschlichen Natur, so wie in der Tierwelt die Reptilien bei der Häutung die alte Schale zurücklassen.

Seiner menschlichen Bedingungen entledigt, wurde der Ahn von dem Regenerierungspaar in Dienst gestellt. Das Männliche führte ihn in die Tiefe der Erde zu den mütterlichen Gewässern seiner Gefährtin. Er krümmte sich wie ein Embryo zusammen, verdichtete sich wie ein Keim, gewann die Qualität des Wassers, des Samens Gottes, die Essenz der beiden Geister.

Und all dieses Wirken geschah durch das Wort. Das Männliche begleitete mit seiner Stimme das Weibliche, das zu sich selbst sprach, das sein eigenes Geschlecht ansprach. Das Wort trat in sie ein, rollte sich um die Gebärmutter wie ein Gewinde von acht Umdrehungen. Und wie das schraubenförmige Kupferband die Sonne umgab und ihr ihre tägliche Bewegung vermittelte, so gab das Gewinde des Worts der Gebärmutter die Bewegung der Regeneration.

Nachdem er mit Worten und mit Wasser getränkt war, stieg der neue Geist, emporgespien, zum Himmel empor.

Alle acht Ahnen mußten nacheinander diese Transsubstantiation durchmachen. Als aber der Siebente an der Reihe war, wurde die Verwandlung durch ein schwerwiegendes Ereignis gekennzeichnet.

Der siebente Rang ist nämlich der der Vollendung. Obwohl er in der Qualität den anderen entspricht, ist er die Summe der Weiblichkeit, vier, und der Männlichkeit, drei. Er ist das Symbol der vollkommenen Vereinigung des Männlichen und des Weiblichen, das heißt der Einheit. Und dieses homogene Ganze hat vor allem den Rang der Meisterschaft des Wortes. Der Eintritt seines Trägers in die Erde mußte das Vorspiel der segensreichen Umwälzungen sein.

In dem Leib wird er wie die anderen zu Wasser und Geist. Er entwickelt sich wie die anderen im Rhythmus der Worte, die die beiden Verwandler aussprechen.

»Die Worte, die das weibliche Nommo zu sich selbst sprach«, sagte Ogotemmeli, »drehten sich spindelförmig und drangen in sein Geschlecht ein. Das männliche Nommo half dabei.

Dies sind die Worte, die der Siebente Ahn im Innern des Leibes lernte.«

Diese Worte besitzen die anderen Ahnen ebenfalls, da auch sie durch den gleichen Ort hindurchgegangen sind. Aber ihr Rang ist nicht der der Meisterschaft. Und ihre Rolle ist nicht die der Bodennutzung. Der Siebente Ahn empfing also die vollkommene Kenntnis eines Wortes – des zweiten, das die Erde vernahm –, das klarer war als das erste, aber nun nicht mehr wie das erste nur einigen vorbehalten, sondern für die Gesamtheit der Menschen bestimmt war. So konnte er der Welt seinen Fortschritt bringen. Vor allem konnte er den bösen Sohn Gottes, den Schakal, in den Hintergrund drängen. Gewiß blieb dieser im Besitz des ersten Wortes und konnte dadurch noch immer den Sehern gewisse himmlische Pläne bekanntmachen, aber in der künftigen Ordnung der Dinge sollte er nur noch ein Nachzügler der Offenbarung sein.

Dieses Wirkwort entwickelte die Macht seines neuen Trägers. Für ihn verwandelte sich die Regeneration im Leib der Erde nach und nach in ein völliges Durchdringen dieses Leibes. Er besetzte nach und nach die ganze Ausdehnung dieses Organismus und richtete sich darin ein, als sei er seiner Arbeit gemäß: Seine Lippen verschmolzen mit dem Rand des Ameisenhügels, der zum Mund wurde und aufblühte. Spitze Zähne wuchsen hervor. Man zählte sieben an jeder Lippe, dann zehn, die Zahl der Finger, dann vierzig, schließlich achtzig, also zehn für jeden Ahn.

Die Erscheinung dieser Zahlen gab den künftigen Rhythmus an, in dem sich die Familien vervielfältigen sollten. Das Sprießen der Zähne war das Zeichen, daß die Zeit der neuen Lehre nahte.

Aber da zeigten sich auch die Bedenken der Geister: Der Siebente gab seine Weisungen nicht direkt an die Menschen, sondern an die Ameise, die Verkörperung der Erde, die Kennerin aller Orte.

Als der Tag gekommen war, spie der Siebente vierundzwanzig Baumwollfäden ans Licht der Sonne, die er über seine Oberzähne verteilte, welche er wie einen Webkamm benutzte. So formte er die ungerade Ebene der Kette. Ebenso verfuhr er mit den Unterzähnen, die so die gerade Ebene der Kette bildeten. Und indem er seine Kiefer auf- und zuklappte, teilte der

Geist der Kette die Bewegungen mit, die ihr die Litzen des Webstuhls auferlegten. Und da sein ganzes Gesicht an dieser Arbeit teilhatte, stellten seine Nasenflügel die Rolle dar, über der sie schaukeln, und das Ornament der Unterlippe war nichts anderes als das Schiffchen.

Während so die Fäden sich immer wieder verschränkten und entschränkten, stießen die beiden Spitzen der gegabelten Zunge des Geistes abwechselnd das Einschußgarn an, und außerhalb des Mundes bildete sich die Bahn im Hauch des zweiten enthüllten Wortes.

So sprach der Geist tatsächlich. Wie es das Nommo schon bei seiner ersten Äußerung getan hatte, zwang es sein Wort mittels einer Technik auf, damit die Menschen sich seiner bedienen könnten. Auf diese Weise zeigte es die Identität der materiellen Gesten mit den geistigen Kräften und die Notwendigkeit ihres stetigen Zusammenwirkens.

Der Geist deklamierte also, und seine Worte erfüllten alle Zwischenräume des Stoffes. Sie waren in die Fäden hineingewebt und bildeten mit der Bahn einen einzigen Leib. Sie waren das Gewebe selbst, und das Gewebe war das Wort. Und deshalb nennt man den Stoff *Soy,* denn das bedeutet: »Dies ist das Wort.« Und dieses Wort bedeutet auch »sieben«, den Rang dessen, der webend spricht.

Während diese Arbeit noch im Gange war, lief die Ameise im Hauch des Geistes an den Rändern des Abgrundes herum, vernahm die Worte und merkte sie sich. Versehen mit dieser neuen Weisung, teilte sie sie den Menschen mit, die die Stelle besuchten und die die Verwandlung des Geschlechts der Erde bereits beobachtet hatten.

Bevor die Ahnen in den Ameisenhügel eindrangen, hatten die Menschen flache Bodenausschürfungen und die Schlupfwinkel des waagerechten Bodens bewohnt. Als sie jedoch auf die zurückgelassenen Näpfe aufmerksam wurden, bemerkten sie auch die Form des Ameisenhügels, die ihnen besser geeignet schien als ihre Löcher. Sie bildeten diese Form nach, formten offene Galerien, verteilten darin die vor Regen geschützten Kammern und begannen die Vorräte, die Früchte ihrer Sammeltätigkeit, zu speichern.

So strebten sie nach einem weniger rudimentären Leben, und als sie am Rande des Abgrunds die Zähne sprießen sahen, bildeten sie diese nach, um sich einen Schutz gegen wilde Tiere zu schaffen. Nachdem sie große Lehmbrocken geknetet hatten, ließen sie sie trocknen und setzten sie um ihre Eingänge.

Im Augenblick der Verkündigung der zweiten Anweisung bewohnten die Menschen also bereits Unterschlüpfe, die in gewisser Weise den Ort der Enthüllung und den Leib vorprägten, in den jeder von ihnen, sobald der Augenblick gekommen war, hinabstieg, um sich zu regenerieren. Und dieser menschliche Ameisenbau war somit samt seinen Bewohnern und seinen Kornkammern das rudimentäre Abbild jenes Weltsystems, das viel später in der Gestalt des wunderbaren Speichers vom Himmel kommen sollte.

Die noch dunklen Entwürfe künftiger Zeiten hatten die Menschen darauf vorbereitet, die Ratschläge der Ameise entgegenzunehmen. Diese hatte nach der Vorführung ihre Baumwollfäden aufgespeichert, hatte sie gesponnen und vor den Augen der Menschen die Fäden zwischen den Zähnen des Abgrunds hindurchgezogen, wie es der Geist gemacht hatte. Und sowie die Kette herauskam, zogen die Menschen das Schußgarn hindurch und warfen es von links nach rechts im Rhythmus der Kiefer, die ihre Bewegung wiederaufgenommen hatten, und die gewonnene Bahn rollten sie um ein Stück Holz, den Entwurf des Brustbaums.

Gleichzeitig verbreitete die Ameise die Worte, und die Menschen wiederholten sie. So wurde das Klima sich bewegenden Lebens auf den Lippen der Erde wiederhergestellt, aus übertragenen Kräften der Wirk-Hauch nachgebildet, den der Siebente Ahn geschaffen hatte.

Die Kreuzungen von Kette und Schuß schlossen demnach die Worte dieser neuen Unterweisung in sich ein, die zum Erbstück der Menschen wurde und die die Weber von Generation zu Generation im Klatschen des Schiffchens und im schrillen Lärm der Webstuhlrolle überliefern, den man »das Knirschen des Wortes« nennt.

Dies alles geschah bei Tageslicht, denn Spinnen und Weben sind Tagesbeschäftigung. Bei Nacht arbeiten hieße Bahnen des Schweigens und des Schattens weben.

4. Tag: Das dritte Wort und der Speicher reiner Erde

Ogotemmeli hatte keine klare Vorstellung über das, was sich nach der Metamorphose der acht Ahnen in Nommo am Himmel abgespielt hatte. Gewiß hatten diese acht, nachdem sie nach Vollbringung aller ihrer Arbeiten die Erde verlassen hatten, jene Regionen erreicht, wo das zuerst geborene Paar, der Bewirker ihrer ersten Verwandlung, herrschte. Gewiß waren diese Ahnen den anderen voraus und hatten nicht den Fehler begangen, ihnen sofort eine Organisation und Lebensregeln aufzuerlegen.

Aber es war nie klargeworden, warum diese himmlische Welt sich bis zum Zerbrechen abmühte noch warum diese Unordnungen eine Neuordnung der für diese Kämpfe bedeutungslosen menschlichen Welt nach sich zogen. Denn schließlich stiegen die acht mit einem gewaltigen Dekor von Symbolen auf die Erde zurück, wo ein drittes und endgültiges Wort nötig war, um das Funktionieren der Erde zu gewährleisten.

Hätte man Ogotemmeli einfach resigniert zugehört, dann hätte man nur die ausweichende Antwort erhalten:

»Nur aus Zorn oder wegen des Gedränges fallen die Geister vom Himmel.«

Offensichtlich hatte Ogotemmeli einen klaren Begriff von den unendlich komplizierten Vorstellungen Gottes und der Geister, die ihn vertraten. Es widerstrebte ihm nur, sich darüber zu erklären.

Dennoch zeichnete er ein bescheidenes, aber befriedigendes Bild dieser Epoche.

Das Nommo-Paar hatte die acht Verwandelten im Himmel empfangen. Obwohl sie alle im Wesen einander gleich waren, hatten die älteren jedoch über die Neuankömmlinge das Vorrecht des Alters. So spannten die einen die anderen in ein Netz von Regeln, deren einschneidendste war, daß sie alle voneinander getrennt sein mußten und einander nicht besuchen durften.

Denn nach dem Vorbild der menschlichen Gesellschaften, in denen eine große Anzahl Unruhe stiftet, wäre auch die himmlische Gesellschaft in Unordnung geraten, wenn alle in so großer Zahl beieinandergeblieben wären.

Durch diese Regel geschützt, sollte die neue Nommo-Generation jedoch ihr Schicksal umstoßen, indem sie die Regel verletzte.

Gott hatte den acht Ahnen acht Körner zur Nahrung gegeben, für die der Erste Ahn verantwortlich war. Das letzte dieser acht Körner, *Digitaria*, die Fingerhirse, wurde jedoch von dem Ahn, für den sie bestimmt war, öffentlich verachtet unter dem Vorwand, sie sei zu klein und zu schwer zuzubereiten. Er hatte sogar geschworen, daß er sie nie äße.

Es nahte jedoch eine kritische Zeit, da alle diese Körner zu Ende gingen, mit Ausnahme des letzten. Der Erste und der Zweite Ahn, die übrigens das Gebot der Trennung bereits durchbrochen hatten, vereinigten sich, um den letzten Vorrat zu verzehren. Dies setzte der Maßlosigkeit die Krone auf und stellte den ersten Frevel dar, denn es war ein Bruch des Wortes. Die beiden Ahnen wurden deshalb für die Himmelswelt unrein, das heißt, ihr Wesen war mit dem himmlischen Dasein nicht mehr vereinbar. Sie entschlossen sich, diese Regionen, in denen sie sich fremd fühlten, zu verlassen, und die sechs anderen, die sich mit ihnen solidarisch erklärten, trafen die gleichen Vorbereitungen. Sie wollten fliehen und dabei alles mitnehmen, was den Menschen, denen sie sich wieder zugesellen wollten, nützlich werden könnte.

Der Erste Ahn traf also – zweifellos unter den wohlwollenden Augen Gottes und möglicherweise sogar mit dessen Hilfe – die Vorbereitungen zur Abreise.

Er erhielt einen geflochtenen Korb mit kreisförmiger Öffnung und viereckigem Boden, um darin die Erde und Stampferde zu transportieren, die zur Errichtung eines Weltsystems, dessen Miterrichter er werden sollte, nötig war. Dieser Korb diente zunächst als Modell eines anderen Korbwerks von großen Ausmaßen, das der Ahn in umgekehrter Lage erbaute. Der viereckige Boden von acht Ellen Seitenlänge bildete die Terrasse, und die Öffnung von zwanzig Ellen Durchmesser wurde auf die Erde gesetzt. Die Höhe betrug zehn Ellen.

Auf dieses Gerüst wurde ein Lehmbelag aus Himmelserde gestrichen und in die Wandung von der Mitte jeder Seite des Vierecks aus eine zehnstufige Treppe eingeschnitten, die nach den vier Himmelsrichtungen wies. In die sechste Stufe der Nordtreppe schnitt man eine Tür, durch die man ins Innere gelangte, wo acht Räume sich über die beiden Stockwerke verteilten.

Das Weltsystem

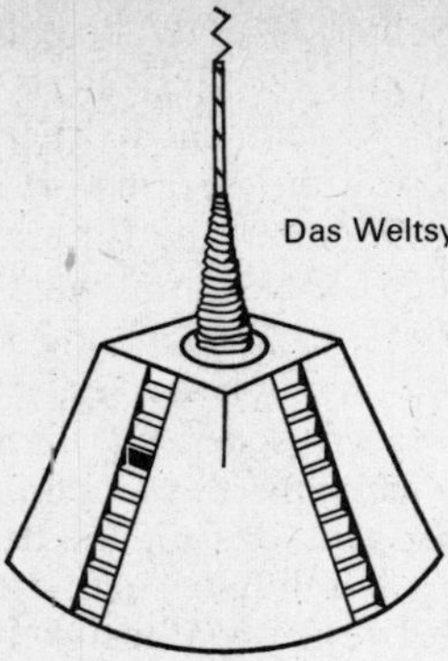

Grundriß des Untergeschosses

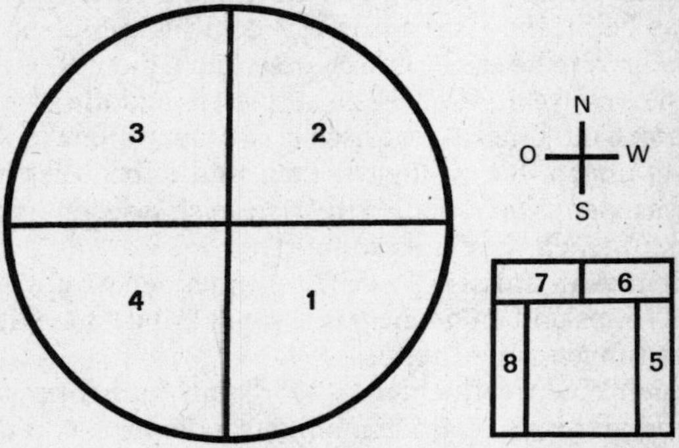

Grundriß des Obergeschosses

Das so errichtete Gebäude hatte folgende symbolische Bedeutung:
die kreisrunde Basis stellte die Sonne dar;
die viereckige Terrasse bedeutete den Himmel;
ein Kreis im Zentrum der Terrasse bedeutete den Mond;
jede waagerechte Trittstufe war weiblich und jede senkrechte Setzstufe männlich. Und die Gesamtheit der vier Treppen von je zehn Tritt- und Setzstufen gab das Vorbild ab für die acht mal zehn Familien, die aus den acht Ahnen hervorgingen.

Jede Treppe trug eine Gattung von Lebewesen und stand mit

einem Sternbild in Beziehung:

Die Nordtreppe entsprang den Plejaden und trug Menschen und Fische;

die Südtreppe, der Gürtel des Orion, enthielt die Haustiere;

die Osttreppe, Venus, war von den Vögeln besetzt;

die Westtreppe entsprach einem Stern namens »der große Schweif« und trug die wilden Tiere, die Pflanzen und die Insekten.

Das Bild des Weltsystems trat jedoch erst nach einigen Mühen und vielen Rückfragen aus Ogotemmelis Erklärungen hervor.

»Als der Ahn vom Himmel herabstieg«, hatte er zunächst gesagt, »stand er aufrecht auf einem viereckigen Stück Himmel, der nicht sehr groß war, so groß ungefähr wie eine Schlafmatte. Und doch ein bißchen größer.«

»Wie konnte er sich auf diesem Stück Himmel festhalten?«

»Es war ein Stück Himmelserde.«

»Dieses Stück war also fest?«

»Ja. Wie ein Haus. Es war zehn Ellen hoch, hatte Treppen auf jeder Seite, die die vier Himmelsrichtungen bezeichneten.«

Der Blinde hatte den Kopf gehoben, den er fast immer der Sonne zuneigte. Wie sollte er diese geometrischen Formen, diese Stufen, diese genauen Maße ausdrücken? Der Europäer hatte zunächst geglaubt, es handele sich um ein hohes Prisma, das von vier kreuzförmig angeordneten Treppen flankiert sei. Immer wieder kam er auf diese Form zurück, die er begreifen wollte, und sein Gesprächspartner suchte, ohne Ungeduld in seine Erinnerungen vertieft, nach Verdeutlichungen.

Schließlich lockerte ein Lächeln sein verwüstetes Gesicht: Ogotemmeli hatte die Lösung gefunden. Er lehnte sich mit dem ganzen Leib in sein Haus hinein, legte sich fast auf den Rücken und suchte unter den Gegenständen, die unter seinen Händen knirschten, hohl klangen oder knarrten. Nur seine mageren Knie und seine auf den Fels des Hofes festgeklammerten Füße blieben in der Türnische. Der Rest seines Körpers verschwand im Schatten. Die hohe Fassade sah aus wie ein gewaltiges, am Mund von zwei winzigen Schienbeinen gestütztes Gesicht.

Nach einigem Räumen kam aus der Tiefe ein Gegenstand hervor und wurde neben den Türpfosten gesetzt. Es war ein von Staub und Ruß geschwärztes Flechtwerk, ein Korb mit einer runden Öffnung und einem viereckigen Boden, der eingebeult und aufgerissen war, ein Zeichen des Elends.

Das Ding rollte vor die Tür und verlor einige Fasern, und der Blinde erschien wieder völlig, die Hand auf dem widerspenstigen Gegenstand.

»Er dient nur noch dazu, die Hühner einzusperren«, sagte er. Und während er die Finger langsam über dieses Wrack gleiten ließ, erklärte er das System der Welt.

5. Tag: Das dritte Wort und die Einordnung der Dinge

Verschämt war der Korb wieder entfernt worden.

Er war zu den Geheimnissen hinter Ogotemmelis Rücken zurückgekehrt, und niemand hat ihn je wieder erwähnt. In seiner Zerstörtheit hatte er, dem Licht der Sonne ausgesetzt, gleichsam wie eine Anklage gegen die Welt gewirkt. Im übrigen hatte er seinen Dienst getan. Alles war klargeworden, und die göttliche Geometrie war hervorgetreten. Man konnte nun zur Aufzählung der Wesen auf ihren einzelnen Stufen übergehen, zu den vier Kardinalpunkten des Gebäudes.

Die Westtreppe war von den wilden Tieren besetzt. Von der obersten Stufe bis zur tiefsten gab es da die Antilopen, die Hyänen, die Katzen (auf zwei Stufen verteilt), die Reptilien und Saurier, die Affen, die Gazellen, die Murmeltiere, den Löwen, den Elefanten.

Von der sechsten Stufe ab erschienen die Bäume, vom Affenbrotbaum bis zur *Lannea acida*, und auf jeder dieser Pflanzen saßen die Insekten, die man noch heute gewöhnlich auf ihnen vorfindet.

Auf den Stufen der Südtreppe waren die Haustiere angeordnet. An erster Stelle die Hühnervögel, dann die Schafe, die Ziegen, die Rinder, die Pferde, die Hunde, die Katzen.

Auf der achten und neunten Stufe die Schildkröten: die großen Panzertiere, die in jeder Familie heute die Patriarchen während ihrer Abwesenheit ersetzen, und die kleinen Panzertiere, die in dieser Gegend allmählich durch die Reinigungsopfer ausgerottet werden.

An zehnter Stelle kamen die Mäuse und Ratten in Haus und Feld.

Die Osttreppe war von den Vögeln besetzt. Auf der ersten Stufe die großen Raubvögel und die Nashornvögel, auf der zweiten die Strauße und Störche, auf der dritten die kleinen Trappen und Kibitze, auf der vierten die Geier. Dann kamen die kleinen Raubvögel, dann die Reiher. An siebter Stelle die Tauben, an achter die Turteltauben, an neunter die Enten und schließlich die großen schwarzen und weißen Trappen.

Die Südtreppe war die Treppe der Menschen und der Fische.

Sie machte ihm offenbar Schwierigkeiten, denn Ogotemmeli mußte mehrmals ansetzen, bevor er eine befriedigende Beschreibung geben konnte.

Er war sich sicher, daß diese Menschen Bozo waren, jene ersten Bewohner des Niger, die noch heute bei allen Völkern des Nigerbogens als die einzigen wahren Fischer gelten. Aber ihre Verteilung über die verschiedenen Stufen brachte ihn in Verwirrung, und erst bei der zweiten Unterhaltung am Abend legte er sich auf eine endgültige Fassung fest.

Ohne Zweifel hatte er in der Zwischenzeit den Rat eines anderen Greises eingeholt.

Auf jeder der beiden ersten Stufen stand ein männlicher Bozo, an dessen Nabel ein Fisch befestigt war und ihm zwischen die Beine hing.

Von dieser Befestigung hatte Ogotemmeli eine klare Vorstellung, obwohl der Europäer sie nicht begreifen konnte: Der Nabel des Mannes war zwischen die Kiemen geklemmt, das heißt, der Fisch blieb völlig außerhalb des Leibes. Im übrigen bedeutet der Name, mit dem die Dogon die Bozo bezeichnen, Ogotemmeli zufolge, daß der Fisch gerade im Begriff ist, in den Leib seines Trägers einzudringen.

Tatsächlich bedeutet der Begriff *Sologonon* oder *Sorogonon,* der zu *Sorgo*, einem anderen Namen für die Bozo, geworden ist, wörtlich übersetzt: »der nicht völlig hindurch ist«. Und dieses Wort bezieht sich auch auf den Fisch, das heißt schließlich auf den Bozo selbst, denn die beiden sind Zwillingsbrüder, wie es diese Nabelverbindung andeutet.

Auf jeder der beiden folgenden Stufen stand eine Bozofrau, die ebenfalls mit einem Fisch verbunden war.

Auf der fünften Stufe stand eine Bozofrau allein.
Die fünf letzten Stufen schließlich waren leer.
Dem Forscher drängte sich eine Frage auf:
»Auf dem Gebäude gab es nur einen Teil der Tiere und der Pflanzen. Wo waren die anderen?«
»Jeder von denen, die wir behandelt haben, ist wie der Anführer einer Reihe. Hinter ihm kommen alle, die zur gleichen Art gehören. Die Antilope der ersten Treppenstufe des Westens ist die *Walbanu*-Antilope, die rote. Ihr folgen die weiße, die schwarze und die *Kâ*-Antilope. Auf der ersten Stufe des Südens, wo das Huhn sitzt, sind auch das Perlhuhn, das Rebhuhn und das Felshuhn.«
»Wie können sich alle diese Tiere auf einer Treppenstufe aufhalten, die nur eine Elle breit und eine Elle hoch ist?«
Der Europäer hatte ausgerechnet, daß durch die Abschrägung der Wände jede Treppenstufe sechs zehntel Elle Tiefe haben mußte. Aus Höflichkeit aber erwähnte er dieses genaue Maß nicht. Er wollte nicht den Eindruck erwecken, als pflücke er das Göttliche auseinander.
»Alles das sagt man doch in Worten«, erwiderte Ogotemmeli. »Alles ist Symbol. Auf den Stufen waren die Symbole der Antilopen, die Symbole der kahlköpfigen Adler, das Symbol der gefleckten Hyäne.«
Und nach einem Schweigen fügte er hinzu:
»Alles, was sich durch ein Symbol ausdrückt, hat leicht auf einer Stufe von einer Ellenlänge Platz.«
Für das Wort Symbol benutzte er einen zusammengesetzten Ausdruck mit der wörtlichen Bedeutung »Wort dieser niederen Welt«.

Nachdem Ogotemmeli das Gebäude als einen Speicher dargestellt hatte, machte er sich nun daran, dessen Einrichtung zu beschreiben.
»Die Gesamtheit der Dinge auf den Treppen«, sagte er, »heißt ›Speicher des Herrn der reinen Erde‹. Der Speicher ist in acht Räume geteilt: vier unten, vier oben. Die Tür öffnet sich nach Norden, auf der sechsten Stufe. Sie ist wie der Mund, und der Speicher ist wie der Bauch, das Innere der Welt.«
Da sich das Gebäude als das Vorbild der modernen Speicher erwies, flüsterte der Europäer seinem Begleiter Kogem ins Ohr,

man müsse, um die Einrichtung des Systems in Augenschein zu nehmen, nur den einen oder anderen Speicher aufsuchen.

Tatsächlich war der Hof fast zur Hälfte seines Umfangs von einem halben Dutzend solcher Beispiele eingerahmt.

Den Kopf aber durch die Tür eines Speichers strecken heißt in einen Schoß eindringen, die Familie aufstören, Eingeweide bloßlegen. Untersucht man die Eßwaren, die Körner oder Ähren, die da im Schatten eingeweicht sind, so zählt man die Kräfte des Werdens und schleicht sich in künftige Verdauungen ein.

Kogem eröffnete die Sache dem Blinden, indem er vorschlug, ein verlassenes Haus zu besuchen, das er in Dyiamini Kuradondo, dem Gehöft einer anderen Familie, entdeckt hatte. Aber vielleicht fände man auch ein näher gelegenes Beispiel.

Ogotemmeli dachte nach. Offensichtlich ging er im Dunkel seiner Gedanken alle möglichen verfallenen Speicher der Gegend durch. Zweifellos standen seine eigenen am Ende der Liste, denn erst nach langem Sinnen wies er auf die zwei, die im Hinterhof standen.

Der Speicher im Hintergrund war zerfallen. In ihn warf Kogem immer Steine, zehnmal am Tag, um die Kinder zu verscheuchen, die ihre Ohren auf die Geheimnisse der Unterhaltung spitzten. Der andere war in gutem Zustand, leer, aber verschlossen. Zwei Hacken waren nötig, um ihn zu öffnen, denn die Tür war eingeklemmt wie in eine Kinnbacke. Ogotemmeli wartete auf seiner Schwelle, wie immer die Hände über den Kopf gekreuzt. Kogem unterrichtete ihn von Zeit zu Zeit über den Fortgang der Arbeit. Als die Tür nachgegeben hatte, stellte sich der Europäer in den Türrahmen, aus dem der Duft alter Körner hervordrang.

Die vier Innenräume eines Dogonspeichers sind durch vier kreuzförmige Zwischenwände getrennt, deren Treffpunkt eine Kuppel bildet, die ein kugelförmiges Tongefäß aufnimmt. Dieses Gefäß, das Körner oder Kostbarkeiten enthält, bildet den Mittelpunkt des gesamten Gebäudes. Die Tür mündet oberhalb dieser Räume. Sie ist eng und erlaubt es einem menschlichen Körper nur mit Mühe hindurchzukommen.

Das Stockwerk oberhalb der Tür enthält vier weitere Gefache. Zwei davon nehmen auf der gleichen Linie die Hinterwand ein, die beiden anderen ziehen sich die Seitenwände entlang. Alle vier bilden eine Art Bucht, die drei Seiten einnimmt, und lassen den Raum des Eingangs frei, so daß ein Mensch sich über den unteren Räumen hinkauern kann, die Schultern in der Höhe des Balkons.

Im Himmelsgebäude hatten diese Räumchen eine Reihenfolge. Der erste lag rechts vom Eingang aus im Untergeschoß, der zweite rechts im Hintergrund, und so reihum. Der fünfte war der obere rechts, und so reihum bis zum achten, der oben links lag.

Jeder von ihnen hatte eines der Körner empfangen, die Gott in folgender Reihenfolge den acht Ahnen gegeben hatte: die kleine Hirse, die weiße Hirse, die Schattenhirse, die weibliche Hirse, die Bohne, der Sauerampfer, der Reis, die Fingerhirse.

Bei jedem dieser Körner lagen alle die anderen der gleichen Art.

Aber die acht Räume dienten nicht nur als Behälter für die Körner, die den Menschen gebracht werden sollten. Sie waren auch das Abbild der acht Hauptorgane des Wassergeistes, die zwar denen der Menschen ähneln, zu denen jedoch der Vormagen hinzukommt, denn der Geist besitzt die Schnelligkeit der Vögel.

Diese Organe verteilten sich in folgender Reihenfolge: Magen, Vormagen, Herz, kleine Leber, Milz, Eingeweide, große Leber, Gallenblase.

In der Mitte symbolisierte ein kugelförmiges Tongefäß die Gebärmutter. Sie wurde von einem anderen, kleineren Gefäß verschlossen, das das Öl der *Lannea acida* enthielt und den Embryo darstellte. Dieses wiederum war von einem weiteren, noch kleineren Gefäß verschlossen, das Parfüm enthielt. Und auf diesem wiederum befand sich eine Doppelschale.

Gestützt wurden alle diese Organe von den Außenwänden und den inneren Trennwänden, die das Skelett symbolisierten. Die vier Pfähle, die in die Ecken des Terrassenvierecks mündeten, waren die vier Gliedmaßen. So glich der Speicher einer Frau, die auf dem Rücken liegt und die Sonne bedeutet und mit aufgestellten Armen und Beinen die Terrasse, das Bild des Himmels, stützt. Ihre beiden Beine befanden sich im Norden, und ihr Geschlecht war durch die Tür der sechsten Stufe gekennzeichnet.

Der Speicher und alles, was er trug, waren also das Bild des

Weltsystems der neuen Ordnung, deren Ablauf durch die Folge der Organe dargestellt war. Diese nahmen die symbolische Nahrung auf, die sich dann in Verdauung und Blutkreislauf umsetzte. Von den Abteilungen I und II (Magen, Vormagen) gelangte sie zu VI (Eingeweide) und von da in alle anderen Abteilungen, zunächst als Blut und schließlich als Atem, der in die Leber und in die Gallenblase einmündet. Dieser Atem mit seinem Dampf ist ein Wasser, das nährt und das Lebensprinzip bildet.

Die dumpfe Stimme Ogotemmelis hauchte dem Elend des verlassenen Speichers Leben ein. Und dabei unterstützte ihn die sinkende Sonne, die im Westen hinter den Schluchten von I hervorbrach. Die Wände liefen rötlich an und warfen den Lichtglanz zurück auf die Flächen des Sandsteins und das Stroh des Misthaufens. An der Spitze der Terrasse leuchtete ein Büschel Sauerampfer amarantrot auf wie ein Feuer. Und einen Augenblick später loderten an der Westseite von Ober-Ogol und Unter-Ogol lauter Fackeln auf. Mit all seiner sichtbaren Oberfläche nahm das Gebäude teil an der Wollust des Lichts, und im Schatten seines Inneren wurden die Wunder wieder lebendig.

Das Gesicht zu Boden gekehrt, die Hände im Nacken, versenkte sich der Blinde in die Vergangenheit der Himmel. Er gelangte schließlich zur letzten Schicht von Symbolen, die aus

Zentrale Tongefäße des Weltsystems

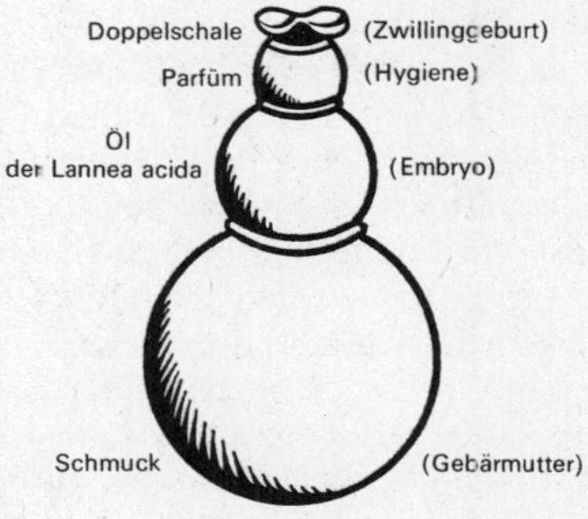

dem Universum, das im Urspeicher kondensiert war, einen Leib bildeten, der, prall von Leben, Nahrungsmittel verschluckte:

»Was gegessen wird«, sagte er, »ist das Licht der Sonne. Der Kot ist die Nacht. Die Dämpfe des Lebens sind die Wolken, und das Blut ist der Regen, der auf die Welt fällt.«

6. Tag: Das dritte Wort, die Herabkunft des Speichers reiner Erde und der Tod

Ogotemmeli hatte es unterlassen, in sein System den Skorpion und das *Nay* einzuordnen. Er wies ihnen die Stelle unter dem Speicher zu, in jenem Kreis, der die Sonne symbolisiert.

Der Baumeisterahn hatte auf der Terrasse die Geräte und Werkzeuge einer Schmiede zusammengestellt, denn er sollte ja den Menschen das Eisen bringen, um ihnen den Ackerbau zu ermöglichen.

Der Blasebalg bestand aus zwei Gefäßen aus grobzerriebener Erde, in die das Fell eines weißen Schafes gemischt war. Diese Gefäße waren wie Zwillinge aneinander befestigt. Ihre große Öffnung war mit einem Fell verschlossen. Von jedem der beiden ging eine Tonröhre aus, die in einer Düse endete.

Der Hammer hatte die Form eines dicken eisernen Stiels, der am Heft konisch und an der Schlagseite viereckig war. Der Amboß war ähnlich geformt und steckte in einem Querbalken.

Der Ahn Schmied war mit einem eisernen Bogen und mit spindelförmigen Pfeilen bewaffnet. Er schoß einen solchen Pfeil in die Terrasse des Speichers, in die Mitte jenes Kreises, der den Mond darstellt. Den Schaft umwickelte er mit einem langen Sommerfaden, der die Spule bildete. So wurde das ganze Gebäude zum gewaltigen Wirtel. Einen zweiten Pfeil, an dem er das andere Ende des Fadens befestigte, schoß er ins Himmelsgewölbe, um eine feste Stütze zu gewinnen.

Eine Menge Symbole sollten also herunterkommen:

In erster Linie war der wunderbare Speicher das System der geordneten Welt mit ihren Gruppen und Klassen von Wesen.

Er war aber auch der geflochtene Korb, den sein Hersteller nachgemacht hatte und dem die Menschen ihre Maßeinheiten zugrunde legen sollten. Die Längeneinheit war die Stufe oder die Gegenstufe der Treppe, also eine Elle. Die Einheit der Oberfläche war durch die Terrasse mit ihren acht Ellen Seitenlänge gegeben. Die beiden geometrischen Grundfiguren waren also in der viereckigen Terrasse und dem kreisförmigen Fundament enthalten, das beim Korb jedoch die Öffnung bildet.

Er war der Musterspeicher, in dem die Menschen ihre Ernten einbringen sollten.

Er war daher auch die ideale und letzte Verwirklichung des ursprünglichen Ameisenhügels, der den Menschen bereits als Vorbild gedient hatte, als sie ihre unterirdischen Wohnungen aufgaben.

Er war der Kettenbaum, war das Kernstück der Spindel, die der Schmied auf seine Terrasse geschossen hatte und die der Spule des Abstiegfadens als Achse diente.

Er gab dem Eisen, das die Baumwolle auskernte, die symbolische Form, jenem doppelt abgeplatteten Schiffchen, dessen Silhouette der des Schmiedeambosses verwandt ist.

Er war das Oberteil des Hammers. Im Volksglauben brachte der Schmied in diesem Hammer die Körner zu den Menschen.

Er war auch der viereckige Amboß, der als weibliches Gegenstück dem männlichen Hammer nachgebildet wurde.

Er war die ausgestreckte Hand des Nommo, dessen Vorbild der Hammer ist.

Er war der Oberkörper des Nommo, als dessen Symbol der Hammer ebenfalls dient. Die beiden einander gegenüberliegenden Seiten bilden die Brust und den Rücken, die anderen die Arme.

Er war schließlich die Verkörperung der Weiblichkeit des Schmiedes, der wie alle Wesen zwitterhaft ist.

All das war bereit zur Abreise. Aber das Feuer der Esse fehlte noch. Der Ahn schlüpfte in die Werkstatt der großen Nommo, die die Schmiede des Himmels sind, und stahl ein Stück Sonne in der Form weißglühenden Eisens. Er packte es mit Hilfe eines »Diebsstocks«, dessen gebogene Krücke in eine Spalte ausläuft, die sich wie ein Mund öffnet. Er verlor unterwegs etwas Glut, kehrte auf seiner eigenen Spur zurück, um sie wieder aufzusammeln, und floh auf das Gebäude zu, dessen Ausgänge er in seiner Aufregung nicht mehr fand. Er mußte den Weg mehrmals zurücklegen, bevor er die Stufen ersteigen und die Terrasse erreichen konnte, wo er seine Beute in einer der

Häute des Blasebalges verbarg und sprach:

»Guyo!«

Das heißt »gestohlen«.

Dieser Name ist seitdem in der Sprache geblieben und bedeutet Speicher. Er erinnert daran, daß es ohne das Feuer der Schmiede, ohne das Eisen der Hacken keine Ernte gäbe, die man speichern könnte.

Ohne einen Augenblick zu verlieren, schleuderte der Schmied den konischen Pyramidenstumpf einen Regenbogen entlang. Ohne daß sich das Gebäude um sich selber drehte, rollte der Faden in Schlangenlinie ab und vergegenwärtigte so den Weg des Wassers.

Seinen Hammer und seinen Bogen in der Hand, stand der Schmied aufrecht, bereit, sich gegen den Raum zu verteidigen.

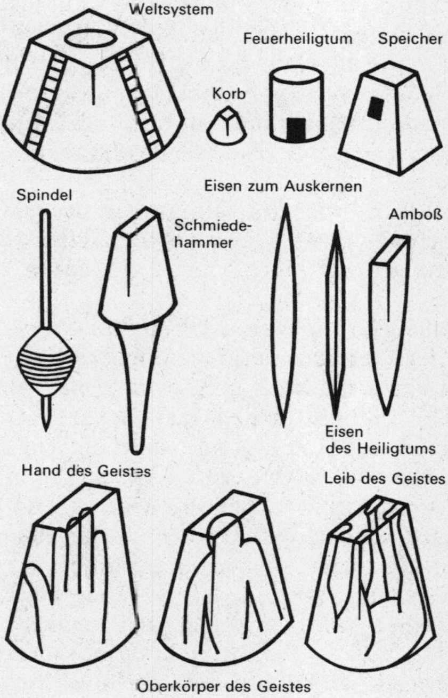

Aber der Angriff kam unerwartet. Mit einem Donnerschlag erreichte ein von dem weiblichen Nommo geschleuderter Feuerbrand die Terrasse. Der Schmied ergriff, um sich zu schützen, eine der beiden Häute des Blasebalgs, schwang sie über den Kopf und schuf so den Schild. Da die Haut ein Stück Sonne erhalten hatte, hatte sie sich in Sonnensubstanz verwandelt, und das Feuer des Himmels konnte ihr nichts mehr anhaben. Dann löschte der Schmied mit dem Wasser seines Schlauchs das glühende Holz, das das Gebäude in Brand steckte. Dieses Holz, genannt *Basu*, wurde zum Ursprung des Kults des weiblichen Feuers.

Ein zweiter Blitzschlag folgte dem ersten, diesmal von dem männlichen Nommo geschleudert. Der aber hatte keine Wirkung mehr. Der Schmied löschte auch den zweiten Brand namens *Anakyeh*, auf den sich später der Kult des männlichen Feuers gründen sollte.

Das Gebäude sauste also den Regenbogen entlang. Von den Blitzen angestoßen, beschleunigte es nur seine Fahrt.

Auf der Terrasse nahm der Schmied abermals seine Verteidigungsstellung ein, aber er war es müde, den Hammer in der geballten Faust zu halten. Er legte ihn, leicht nach vorn geneigt, quer über seine Arme. Den Amboß trug er über der Schulter an einem langen Riemen, den er um den Hals geschlungen hatte und der ihm rücklings von den Schultern herabhing. Das Querholz, in das er das Eisen gesteckt hatte, schlug ihm an die Beine.

Bei seiner Herabkunft hatte der Ahn noch das Wesen des Wassergeistes, und sein Leib war wie die Arme der großen Nommo mit vier weichen, schlangenartigen Gliedmaßen versehen, obwohl er seine menschliche Erscheinung bewahrt hatte, denn es handelte sich ja um einen wiedergeborenen Menschen.

Der Erdboden kam schnell näher. Der Ahn stand noch immer aufrecht, die Arme vorgestreckt, den Hammer und den Amboß quer über den Gliedmaßen. Da traf ihn der letzte Schlag am Ende des Regenbogens, dort, wo dieser die Erde berührte. Der Aufprall zerstreute in einer Staubwolke die Tiere, die Pflanzen und die auf den Stufen verteilten Menschen.

Als wieder Ruhe eintrat, stand der Schmied noch immer auf

der Terrasse aufrecht, das Gesicht nach Norden, seine Werkzeuge an der gleichen Stelle. Aber durch den Aufschlag hatten ihm der Hammer und der Amboß die Arme und die Beine gebrochen: da waren auf einmal Ellenbogen und Knie, die er bis dahin nicht besessen hatte. So erhielt er die Gelenke, die seiner neuen menschlichen Gestalt, die sich über die Erde verbreiten sollte, gemäß waren und die ihm ermöglichten zu arbeiten.

»Der Arbeit wegen läßt sein Arm sich knicken.«

Tatsächlich sind biegsame Glieder für die Arbeit in der Schmiede und auf dem Felde nicht geeignet. Um das glühende Eisen zu hämmern, um die Erde aufzugraben, braucht man den Hebel des Vorderarms.

Als er Kontakt aufnahm mit dem Boden, war der Ahn bereit für sein zivilisatorisches Werk. Er stieg die Nordtreppe hinab und umgrenzte ein viereckiges Feld von zehn mal acht Ellen Seitenlänge, das so das Maß der Einheitsparzelle festlegte und wie die Terrasse, auf der der Ahn zur Erde kam, nach den vier Himmelsrichtungen ausgerichtet war.

Dieses Feld wurde in achtzig mal achtzig Vierecke von einer Elle Seitenlänge unterteilt und an jene achtzig Familien verteilt, die ihrer Bestimmung nach auf der Erde geblieben waren. Längs der nordsüdlichen Mittelachse des Vierecks wurden acht Wohnhäuser errichtet. Die Erde dazu hatte man mit Lehm aus dem Speicher vermischt. Nördlich dieser Linie wurde die Schmiede errichtet.

»Man streute auch himmlischen Lehm über die Felder«, sagte Ogotemmeli. »So wurde der Boden gereinigt. Und später, als die Urbarmachung sich ausbreitete, wurde die Unreinheit der Erde weiter zurückgedrängt.«

Der Blinde kam immer wieder auf diese Unreinheit des Bodens zurück, die die Ursache der ersten Unordnung war.

Einst bei der Schöpfung war die Erde rein. Der Klumpen, den Gott schleuderte, war aus reinem Lehm. Aber das Mißgeschick mit dem Schakal hat die Erde besudelt. Und diese Geschichte hat die Welt durcheinandergebracht. Deshalb ist das Nommo gekommen, um sie neu zu ordnen. Die Erde, die aus dem Himmel stammte und herabkam, war eine reine Erde. An allen Stellen, an die sie gelangte, breitete sie ihre Reinheit aus. An allen urbar gemachten Stellen also, an allen Stellen, die der

Kultur gewonnen wurden, ist die Unreinheit zurückgewichen.

Die Erneuerung der Erde war aber nicht das einzige Werk, das ausgeführt werden mußte.

Der Speicher ist angefüllt mit neuen Nahrungsmitteln herabgekommen, die zur Erneuerung der Menschen bestimmt waren.

Dieses Werk jedoch sollte von anderen Ereignissen eingeleitet werden.

Der Schmied, Ex-Nommo, konnte dieses Werk nicht allein vollbringen. Seine Aufgabe war ja vor allem die eines Technikers, und weitere Unterweisungen waren nötig.

Sofort nach dem Schmied, dem ersten Ahn, stiegen die anderen sieben herab. Der Ahn der Schuhmacher und der Ahn der Sänger folgten dem gleichen Faden. Jeder hatte seine Werkzeuge, sein Zubehör. Dann folgten die anderen in ihrer Reihenfolge.

Da ereignete sich der Zwischenfall, der die Neuordnung in die rechte Bahn lenken sollte:

Der Achte Ahn durchbrach die Reihenfolge und stieg mit dem Siebenten, dem Herrn des Wortes, herab. Dieser wandte sich, als er am Boden ankam, wütend gegen die anderen, und in Gestalt einer großen Schlange stürzte er sich in den Speicher, um dort die Körner zu packen. Nach einer anderen Überlieferung biß er in die Haut des schon in der Schmiede installierten Blasebalgs, um die dort bereits niedergelegten Körner zu zerstreuen.

Nach einer weiteren Überlieferung war er zu gleicher Zeit wie der Schmied in der Gestalt des Speichers selbst herabgestiegen, hatte sich auf dem Boden in eine große Schlange verwandelt, und zwischen den beiden Geistern war ein Kampf ausgebrochen.

Wie dem auch sei, um sich sowohl eines Gegners zu entledigen wie auch um die großen Aufgaben Gottes auszuführen, riet der Schmied den Menschen, die Schlange zu töten, ihren Leib zu essen und ihm ihren Kopf zu geben.

»Nach einer weiteren Überlieferung«, sagte Ogotemmeli, der dieser Wende der Weltgeschichte die größte Bedeutung beimaß und der die Haltung der Geister ganz genau darlegen wollte, »nach einer weiteren Überlieferung fand der Schmied, als er auf dem Boden ankam, die Menschen der acht Familien vor und errichtete bei ihnen seine Werkstatt. Gerade als er die

Blasebälge niedergelegt hatte, tauchte die Schlange auf, stürzte sich darauf und verstreute die Hirse allenthalben. Die Menschen hatten den Neuankömmling kommen sehen und waren von seinem Verhalten so überrascht, daß sie ihn töteten. Der Schmied dankte ihnen, überließ ihnen den Leib, daß sie ihn äßen, und behielt selbst den Kopf.«

Über das, was auf diesen Mord folgte, sind sich aber alle Überlieferungen einig:

»Als er den Kopf hatte, trug ihn der Schmied zu dem Stein, der ihm als Sitz diente, wenn er das Eisen schlug, bohrte ein Loch, grub ihn ein und bedeckte ihn mit dem Stein.«

»Folglich«, sagte der Europäer, »ist der Siebente Nommo-Ahn auch in jeder heutigen Schmiede?«

»Ja«, antwortete der Blinde. »Jeder Schmied sitzt bei seiner Arbeit gleichsam auf dem Kopf der Schlange.«

Aber es gab noch weitere geheimnisvolle Verwicklungen.

»Der Siebente Nommo-Ahn wurde von den Menschen in seiner Schlangengestalt getötet, und sein Kopf wurde eingegraben. Aber man könnte auch sagen, daß er der vom Himmel herabgekommene Speicher war, daß er zerbrochen und auseinandergestreut wurde, daß der Lehm seiner Wände sich über das Urfeld ausbreitete und sich mit dem Lehm der Wohnungen vermischte, daß die Körner seines Leibes im Augenblick der Aussaat über den Boden verstreut worden sind. Man könnte sagen, daß der Siebente als Schlange, als Speicher, als Körner getötet, zerstört und begraben worden ist.«

»Und weshalb gerade er?«

»Weil er der Herr des Wortes war.«

»Und warum mußte er sterben?«

Ogotemmeli gab die Antwort nicht direkt.

Er hatte sein Kinn auf die zur Brust emporgezogenen Knie gelegt. Die Hände an den Wangen, blickte er in die Nacht.

»Er ist kurz vor der Novembermitte gestorben«, sagte er.

Der Europäer verabschiedete sich. Wenn Ogotemmeli keine Antwort gab, dann lag darin stets ein großes Versprechen. Und der Europäer erinnerte sich an den Vorabend und an seine Frage:

»Was war denn in dem Speicher?«

Und an die Antwort des alten Mannes: *»Wolo!«*

Das heißt »nichts!«

7. Tag: Das dritte Wort und das Ausspeien des Weltsystems

Im Hof Ogotemmelis lebte man auf gleichem Fuß mit dem Geflügel, dessen Ängste und Friedfertigkeiten nie lange vorhielten. Das allgemeine Entsetzen, das der Wurf eines Steins oder eines Stückes Holz hervorrief, brachte immer nur ein paar Minuten Frieden.

Denn in den Dörfern der Schwarzen werden die Hühner nur selten gefüttert. Ihr Leben besteht aus einem unaufhörlichen hektischen Herumgerenne nach Nahrungsmitteln, um so mehr, als das ihnen zu ihrer Suche zur Verfügung stehende Gelände auf Hof und Gäßchen beschränkt ist. Die Magerkeit dieser Tiere macht sie zur leichten Beute der Hühnergeier. Und sie können sich nur in den engen Räumen zwischen den Behausungen in Sicherheit bringen, wo Sturzflüge nicht möglich sind.

Sobald sich Ogotemmeli auf seiner Schwelle niedergelassen hatte und der Europäer in seine Untersuchung vertieft war, fand der Hinterhof zu seinem normalen Leben zurück. Die Küken schaukelten sich in den mit Bierhefe gefüllten Kalebassen, rutschten in den ausgehöhlten Stein und rannten bei dem geringsten Schatten am Zenit auf die Mauer zu. Während der heißen Stunden schliefen einige auf den Leinenschuhen des Fremden, der dann keine Zehe mehr zu rühren wagte.

Die Küken mit ihren schmächtigen Stimmen waren eine angenehme Gesellschaft. Aber die Hähne, und besonders der Hahn des Hogon, brachten ganze Kosmogonien durcheinander, schnitten Sätze ab, lösten Ausrufe und Gesten aus. Ogotemmeli reckte in seiner Schießscharte den Oberkörper empor und verfluchte sie aufs heftigste, ohne den Wunsch zu unterdrücken, sie bald im Kochtopf zu sehen.

Einen Augenblick später nahm er dann mit eintöniger Stimme die unterbrochene Unterhaltung bei dem Blitzschlag wieder auf, bei der himmlischen Mechanik, die den Schmied getroffen hatte.

Diesen siebten Tag mit Ogotemmeli hatte eine lange arbeitsreiche Woche in den nördlichen Gegenden von dem sechsten getrennt. Der Europäer wollte rasch den Faden wiederaufnehmen. Er setzte sich wie gewöhnlich auf den Stein, legte seinen Tropenhelm auf den Boden und warf die Gujaven hinein, die ihm als Mittagsmahl dienen sollten.

»Seit dem Augenblick, da der Schmied auf die Erde kam«, sagte Ogotemmeli, »haben die Menschen Gelenke. Vorher hatten sie weiche Knochen, die sich nicht genügend zusammenbogen. Ein weicher Arm kann keine gute Arbeit hervorbringen.«

Andererseits konnten Arme und leere Hände allein nur beschränkte Arbeiten verrichten. Deshalb gab ihnen der Schmied in den folgenden Monaten das Eisen in Gestalt der Hacke, der er einen Stiel eingefügt hatte. Die Hacke war also ein Arm, der den des Menschen verlängerte.

Das Auftreten der Hacke sollte das Startzeichen zur landwirtschaftlichen Arbeit geben. Bis dahin gab es auf der Erde nur einige Pflanzen, wie die Baumwolle, die man für die Stoffe zwar pflückte, aber nicht anbaute. Ebenso gab es vor der Herabkunft des himmlischen Speichers nur einige Tiere, wie die Ameise, die Termite, den Schakal, vielleicht auch den Skorpion und die Eidechse, die »Sonne« heißt.

Aber die die Erde aufreißende Hacke und die Körner allein genügten noch nicht, um die Landwirtschaft in Gang zu setzen. Es brauchte auch noch ausreichenden Regen.

Außerdem mußten die Menschen sich organisieren, damit der Plan Gottes in seiner Fülle verwirklicht werden konnte.

Acht Familien, die Nachkommen der acht Ahnen, lebten auf der Erde, und der Älteste unter den Menschen gehörte zur achten.

Nun hat der achte Rang, obwohl er den anderen gleich ist, einen besonderen Vorzug:

»Sieben«, sagte Ogotemmeli, »ist der Rang des Herrn des Wortes. Fügt man zu sieben eins hinzu, gibt das acht. Der achte Rang ist der des Wortes selbst. Das Wort ist nämlich außerhalb des Siebenten, der es lehrt. Es ist der Achte Ahn. Der Achte ist der Träger des Wortes, das die sieben ersten hatten und das der Siebente lehrte.«

Der älteste lebende Mensch war also, weil er der achten Familie angehörte, dasjenige irdische Wesen, welches das Wort am besten repräsentierte.

Er hatte den Namen *Lebeh*.

Nun waren ja die Menschen bereits im Besitz eines früheren Wortes, des zweiten, das sie mit dem Gewebe erlernt hatten und das nun dem dritten seinen Platz abtreten sollte. Das Lehren dieses neuen Wortes sollte das Werk des Siebenten Nommo-Ahns sein, der von den Menschen getötet wurde und dessen Kopf unter dem Sitz der Schmiede im Nordteil des Urfeldes ruhte.

Der alte Mann mußte also sterben, damit er in dieselbe Sphäre gelange wie der Siebente und damit die Pläne Gottes verwirklicht werden konnten.

Der alte Mann starb also.

»Aber«, bemerkte Ogotemmeli, »er starb nur dem Anschein nach. Den gewöhnlichen Leuten sagt man, daß der Greis gestorben sei. Man sagt ihnen auch, daß der Siebente getötet und gegessen worden sei. In Wirklichkeit ist weder der eine noch der andere tot. Der Greis konnte nicht sterben, denn der Tod sollte erst viel später auftreten. Der Siebente konnte nicht sterben, weil er Nommo war.«

»Und warum täuscht man die Menschen?« fragte der Europäer.

»Um ihnen die Dinge besser begreiflich zu machen«, antwortete der Blinde.

Und er ging darüber hinweg.

Als der alte Mann tot war, legte man ihn auf die Erde, während man auf dem Acker, nicht weit von der Schmiede, ein nordsüdlich gerichtetes Grab grub. Man legte ihn hinein, auf den flachen Rücken, den Kopf nach Norden, brachte ihn in die Lage der Erde, in deren Nabel, das heißt in die Mitte.

Man legte ihn auf den Rücken, um die Pläne Gottes zu verwirklichen und weil die Menschen den Tod und die Beerdigungsriten noch nicht kannten. In späteren Zeiten, als die Menschen starben, legte man sie in die Gräber oder in die Höhlen, den Kopf nach Norden, die Männer auf die rechte Seite, die Frauen auf die linke, in der Stellung, in der sie im zweiten Zimmer auf der Erdaufschüttung zu schlafen pflegten. Man unterließ es auch, ihm einige Augenblicke lang die Glieder zu knicken, wie man es später bei allen Toten tun wird, um sie so vorübergehend in die Form eines Embryos zu bringen und damit die Wiedergeburt vorzuzeichnen.

Das Urfeld enthielt also einerseits den Leib des ältesten Mannes, und dieser Mann gehörte zur achten Familie, dem Rang des Wortes. Es enthielt andererseits unter dem Stein des Schmieds den Kopf des Siebenten Ahns.

Da ertönte der erste Lärm aus der Schmiede. Und setzte sich fort bis in die Tiefen der Erde und erreichte den Siebenten Ahn, den die Menschen getötet hatten.

Beim Klang des Doppelgebläses, das das Feuer antrieb, und des Hammers, der den Amboß schlug, nahm der Siebente Nommo seine Gestalt an als Geist mit menschlichem Oberkörper, der in einen Reptilienleib ausläuft. Dann richtete er sich auf seinem Schwanz empor und schwamm mit regelmäßigen Gesten seiner vorangestreckten Arme und mit rhythmischen Bewegungen seines Leibes im ersten Tanz dahin, der ihn unterirdisch zum Grab des Greises brachte.

Im Rhythmus der Arbeit der Schmiede kam der Siebente im Norden des Leichnams, also beim Schädel, an und verschlang ihn, empfing ihn in seiner Gebärmutter und regenerierte ihn. Schließlich spie er im gleichen Rhythmus einen Sturzbach von Wasser ins Grab, der die Verwandlung bewirkte.

Dieses Wasser, das Symbol der Bäche und Pfützen, formte an der ehemaligen Stelle des Leibes einen zentralen Wasserspiegel, von dem aus in den fünf Richtungen des Kopfes und der Glieder fünf Flüsse entsprangen.

Dieses Wasser war auch das Wasser der Geburt. Die Gebärmutter des Nommo hatte die Knochen des Mannes in bunte Steine verwandelt und sie derart auf den Boden des Grabes gelegt, daß sie ein auf den flachen Rücken gelegtes Skelett darstellten, den Kopf im Norden, an der gleichen Stelle, den zuvor der Körper eingenommen hatte.

»Der Siebente Nommo«, sagte Ogotemmeli, »hat den alten Mann vom Kopf her verschlungen und dann die *Dogeh*-Steine dafür herausgespien und sie in der gleichen Anordnung hingelegt wie den ausgestreckten Körper. Es war, als ob man mit Steinen einen Menschen zeichne.«

Dieser Umriß erinnert auch an den, den das Nommo bei jeder Geburt aus jeder Menschenseele bildet. Und durch die Anordnung der Steine drückt er auch die menschliche Gesellschaftsordnung aus.

»Er hat die Welt geordnet, indem er die Dogeh ausspie, die den Umriß einer Menschenseele darstellten.«

Er legte die Steine einzeln hin. Er begann mit dem Stein des

Kopfes und mit den acht Haupt-Dogeh, für jeden Ahn einen. Er bezeichnete damit die Gelenke des Beckens, der Schultern, der Knie und der Ellenbogen. Die rechte Seite immer zuerst. Die Steine der vier männlichen Ahnen legte er an die Stelle der Gelenke des Beckens und der Schultern, das heißt ans obere Ende der Gliedmaßen. Die Steine der vier weiblichen an die vier anderen Stellen.
»Die Gelenke«, erklärte der Blinde, »sind das wichtigste am Menschen.«

Dann folgten die Steine zweiten Ranges, die Emanationen der acht ersten. Sie bezeichneten die langen Knochen, die Wirbelsäule, die Rippen.

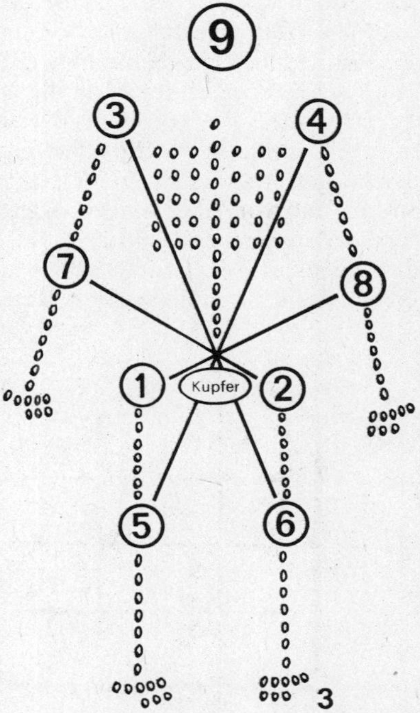

Das Sozialsystem des dritten Wortes

Alle diese Dogeh waren die Bündnissteine, welche später die Totempriester am Hals tragen mußten. Sie waren die Pfänder der Zuneigung der acht Ahnen, die Behälter ihrer Lebenskraft, die sie durch ihre Herabkunft wieder in Umlauf setzen wollten.

»Die Dogeh waren ihrer acht, wie die Ahnen acht waren, wie die Körner acht waren. Die Dogeh stellten die acht Alten vom Anfang der Menschheit dar. Und die acht Menschen, die acht Körner, die acht Gelenke sind auf die gleiche Weise geordnet wie die Dogeh.

Alle Farben des Regenbogens, den entlang der Schmied herabgekommen war, waren vertreten. Aber nicht in ihrer natürlichen Ordnung: Das linke Bein war fast schwarz, das rechte und der linke Arm gingen ins Rötliche und der rechte Arm ins Weiße. Aber man konnte nur die vorherrschende Farbe eines Gliedes feststellen, denn das Skelett als Ganzes war vielfarbig.

Die Farben der acht Haupt-Dogeh, die sich auf den jeweiligen Ahn gleichen Ranges bezogen, erinnerten entweder an die Organe des himmlischen Speichers oder an die ihnen entsprechenden Körner:

»Der erste Stein, gelblichbraun wie die Kleidung der Dogon, erinnerte an den Magen (Raum 1);

der zweite, rötlich und von einer weißen Ader durchzogen, hatte die Farbe des Vormagens (Raum 2);

der dritte war rot wie das Herz (Raum 3);

der vierte weißlich wie die weibliche Hirse (Raum 4);

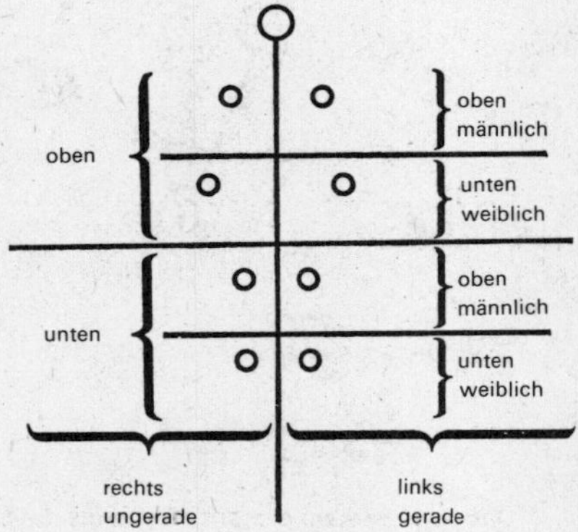

der fünfte bronzefarben wie die Bohne (Raum 5);
der sechste schwarz wie zerquetschter Sauerampfer (Raum 6);
der siebente rosa wie die Leber (Raum 7);
der achte grün und weiß wie die Galle (Raum 8).«

Der Nommo spie auch die Nägel des Toten aus in der Gestalt von Kaurimuscheln, und zwar acht pro Hand und pro Fuß. Er legte sie an die Stelle der Hände und der Füße, indem er rechts begann:

»Eine Kauri auf den Mittelfinger, eine andere auf den Zeigefinger, um an die Zwillinghaftigkeit der beiden ersten Ahnen zu erinnern;
eine auf den Daumen, da der dritte Ahn einzeln geboren war;
eine auf den Ringfinger, eine auf den kleinen Finger, für den vierten und den fünften Ahn, die gleichfalls Zwillinge waren;
je eine abermals auf den Daumen, den Zeigefinger und den Mittelfinger für den sechsten, den siebenten und den achten Ahn.«

Der Europäer bemerkte nebenbei, daß die Kaurimuscheln der Ränge sieben und acht – der Ziffern, die sich auf das Wort beziehen – auf jene zwei Finger (Zeigefinger und Mittelfinger) verteilt waren, die bei den Dogon die Worte »trennen«.

Ogotemmeli äußerte sich darüber nicht weiter. Er sagte jedoch, daß man den Mittelfinger im Falle eines verdachterregenden Todes leicht gekrümmt außerhalb des Leichentuches belasse, damit er den Verbrecher bezeichnen und »festhaken« könne. Dann kehrte er zu den Kauri zurück.

»Später, als der Handel erfunden war, mußte man die Kaurimuscheln in Achtergruppen hinlegen, in der Reihenfolge der Finger. Darüber hinaus zählte man so viele Male acht Kauris, wie man Nägel an den beiden Händen hatte, also bis achtzig. Und acht mal achtzig, das sind sechshundertvierzig, bezeichnete das Ende des Rechnens.«

Zwischen die Beine des Umrisses legte der Nommo das Kupfer, das aus seiner Verdauung hervorgegangen war, das Metall, das zur Herstellung der Armringe und zu ritualem Gebrauch dienen sollte.

Die Lage der acht Gelenksteine bestimmte für die Folge das System der Bündnisse, gemäß dem Wechselprinzip von links und rechts, von oben und unten, von gerade und ungerade, von männlich und weiblich. Also:

Die erste Familie (rechter Oberschenkel, männlich) mit der achten Familie (linker Unterarm, weiblich).

Die dritte Familie (rechter Oberarm, männlich) mit der sechsten Familie (linker Unterschenkel, weiblich).

Die fünfte Familie (rechter Unterschenkel, weiblich) mit der vierten Familie (linker Oberarm, männlich).

Die siebente Familie (rechter Unterarm, weiblich) mit der zweiten Familie (linker Oberschenkel, männlich).

Diese Wechselbeziehungen waren so weit getrieben, daß im Falle von oben und unten zum Beispiel nicht nur Oben und Unten des Körpers miteinander verbündet waren, sondern auch Oben und Unten eines jeden Gliedes. So war ein Oberschenkel (am Körper unten, am Gliede oben) verbündet mit einem Unterarm (am Körper oben, am Gliede unten).

Diese Bündnisse waren so verteilt, daß die Summe der Ränge der verbündeten Familien immer neun betrug, den Rang des Häuptlingtums.

Der Stein, der an der Stelle des Schädels lag, hatte ebenfalls den Rang neun, denn er mußte mit dem Häuptlingtum einer jeden Familie verbunden sein.

Dieses Bündnissystem war auch anderweitig ausgedrückt. Wo die Kaurimuscheln anstelle der Finger niedergelegt waren, hatte der Mittelfinger den Rang eins und acht, der Zeigefinger Rang zwei und sieben, der Daumen drei und sechs.

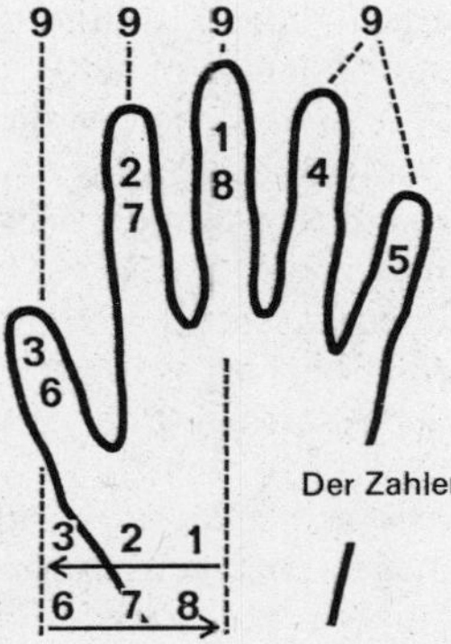

Der Zahlenwert der Finger

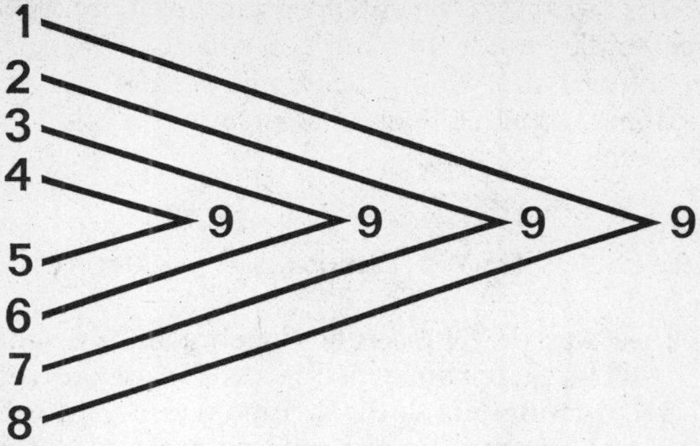

Dies zeigt, daß sich hier die paarweise Zusammenstellung der Ränge jeweils auf einem einzigen Finger vollzog. Sich paaren und heiraten heißt sich zu einem verbinden.

Durch die Vier des Ringfingers und die Fünf des kleinen Fingers waren zwei Zwillinge verschiedenen Geschlechts miteinander gepaart, deren zwei Wesen jedoch nur eines bildeten. (Tatsächlich waren der vierte männliche und der fünfte weibliche Ahn Zwillinge.)

Die Darlegung Ogotemmelis war nicht ohne Stocken vonstatten gegangen. Zuerst hatte er sich lange bei den Gelenken aufgehalten. Da er nicht in den Staub zeichnen konnte, verdeutlichte er seine Rechnungen durch leichte Schläge auf die Oberschenkel oder die Unterarme.

Außerdem hatten die Hühner, die Hunde und die neugierigen Frauen zwanzigmal die Unterhaltung unterbrochen, vor allem als der Blinde den unterirdischen Tanz der Auferstehung beschrieb. Kogem hatte sich Hals über Kopf auf den Boden des Hofs gestürzt, mit den Armen gefuchtelt und wie eine Schlange gefaucht und gepfiffen. Dann war er zu dem Europäer zurückgekehrt und hatte ihm eine zerquetschte Gujave gereicht, welche das Huhn mit den sechs Küken aus dem Helm gestohlen hatte.

»Die armen Tiere!« hatte der Weiße gerufen und die Frucht der Brut zugeworfen, die jedoch flüchtete, weil sie das Geschoß für einen Stein hielt.

»Was ist los?« hatte der Blinde gefragt.

Kogem hatte die Szene erklärt, worauf Ogotemmeli den

Oberkörper tadelnd in seiner Schießscharte aufreckte.

Er streckte die Hände aus und ließ sich die Frucht zurückbringen, die er in drei Teile zerlegte und verteilte.

»Das Huhn«, brummelte er, »hat nicht das Recht, eine Gujave zu essen.«

8. Tag: Das dritte Wort und das Werk der Erlösung

Schon lange war die Hirseernte eingebracht. Zwischen den beiden Ogol klapperten auf dem Feld des Hogon die trockenen Stengel beim geringsten Luftzug. Eine ganze Jahreszeit von Wind und Sonnenschein lang mußte die Erde darauf warten, daß man ihr von neuem den Leib öffnete. Erst lange Zeit später, wenn die Hirse wieder heranwächst, von den Bauern besorgt beobachtet, von unendlichen Gebeten gefördert, vom Geflügelblut auf den Altären gekräftigt, von kompliziertesten Vorsichtsmaßnahmen beschützt, wird man wieder hören, wie die Bauern die Hirse je nach ihrer Höhe benennen. »Nase 'raus« heißt dann das erste Erscheinen der Stiele, »Hahnenschweif« die erste Biegung des vom Wind gestreichelten Blattes, »Klumpen versteckt« das Verschwinden der Erde unter dem Graswerk, »Tierverschlinger« die Halme, die hoch genug sind, um ein Schaf zu verdecken.

Der Europäer schritt über die aufgeschütteten Pisten der abgeernteten traurigen Felder, wo sich bei Sonnenaufgang die Affenbrotbäume in ihrer rötlichgrünen Haut erhoben.

Er kannte alle Affenbrotbäume von Ogol bei ihren Eigennamen und von den zwanzig ältesten die chronologische Reihenfolge, in der sie gepflanzt waren. Er bewunderte von ferne den achten der Liste. Adama, den dicksten. Neun Männer, die ihre Arme wie Gekreuzigte flach seinen Stamm entlanglegten, hätten ihn kaum umfassen können. Er ging an »Baobab-Kies« vorbei, dessen Körner an Sand erinnerten, an »Baobab-Tröpfler«, dessen Früchte eine Paste lieferten, die wie Käse zerfloß, an »Hochkron« vorbei, an »Ahnengrob«, an »Kleinkörnchen«, »Hochbrust«, »Kleindick« und »Flap-flap«, dessen zerbrechliche Früchte beim Fallen zerplatzten. Dann trat er in die Gäßchen ein, setzte sich in den Hof Ogotemmelis und warf einen Blick auf die über den Terrassen sichtbare Krone desjenigen, der sich einfach Baobab nannte, denn er war der Ahnherr dieser ganzen gewaltigen Anpflanzung.

»Der Greis, den der Siebente Nommo gefressen hatte«, sagte Ogotemmeli, »hieß Lebeh. Die Steine, die an den Hälsen aller Priester hängen, sind seine Knochen.«

Aber in dem Augenblick, als sie stattfanden, wußten die Menschen von den unterirdischen Auferstehungen noch nichts, setzten sich auch nicht in den Besitz der Steine, als sie niedergelegt waren. Sie kannten nicht die Ursache der Regenschauer, die zu fallen begannen und das Signal waren für die Urbarmachung des Feldes, das der Schmied abgesteckt hatte.

Diese ersten Regengüsse hatten in der Tat die Aufgabe der Reinigung. Der Siebente Nommo, der reine Geist, hatte, indem er den Greis verzehrte, die unreine menschliche Natur und das abgelaufene zweite Wort in sich aufgenommen. In dem durch die Schläge auf den Amboß rhythmisierten Ausspeien hatte er zugleich die reinen Steine des Bündnisses und ein Wasser, das die Beschmutzung forttrug, aus sich herausgeschleudert. Dieses Wasser hatte sich in Sümpfe und Bäche verbreitet, hatte sich Täler gebahnt und war in die Höhlungen eingedrungen. Man mußte es fortkehren und durch ein reines und wohltätiges Wasser ersetzen. Diese Aufgabe hatte der Regen, den die großen himmlischen Nommo herabschickten, um dem Siebenten Nommo bei seinen Arbeiten zu helfen.

Aber das himmlische Wasser stieß nicht nur die Fluten der Bäche zurück, es befeuchtete auch das Urfeld und erlaubte es so dem Schmied, die Gebärden des Säens zu lehren.

Gewissen Überlieferungen zufolge haben die Menschen erst spät vom Ablauf der wunderbaren Ereignisse im Untergrund erfahren. Der Boden war ihnen zu eng geworden, und sie entschlossen sich zur Massenauswanderung. Aber da sie sich an der Vergangenheit festklammern und den gleichen Humus mit den Füßen feststampfen wollten, gruben sie das Grab des Lebeh auf in der Absicht, die Knochen und die Erde herauszuheben und an andere Orte zu bringen.

Da entdeckten sie das vom Siebenten Nommo herausgespiene System der Steine und diesen Geist selbst in seiner Schlangengestalt.

Anderen Überlieferungen zufolge geschah diese Entdeckung

im ersten Jahr des Ackerbaues, als nämlich die Zeit kam, dem Feld die erste Gestalt zu geben.

Nach wieder anderen Überlieferungen hat man am gleichen Tag den Lebeh beerdigt und die Körner gesät. Bei der Ernte gruben die Menschen das Grab auf und dachten, der Greis sei ebenso auferstanden wie die Hirse.

Die geistige und die materielle Organisation liefen also parallel. Wie beim ersten und beim zweiten Wort war auch die Lehre des dritten Wortes mit einer Technik verknüpft.

»Aber warum«, fragte der Weiße und kam wieder auf seinen Gedanken zurück, »warum wurde der Siebente getötet? Und warum verschlingt der Siebente den Lebeh als einen Menschen, der vom Achten abstammt?«

»Der Siebente Nommo hat den Lebeh verschlungen, damit die Menschen glauben, daß diese ausgespienen Steine dessen verdaute und verwandelte Steine seien. Daß dies eine Sache der Menschen und nicht eine des Himmels sei. Damit etwas Himmlisches in die menschliche Natur übergehe. Damit die Menschen glaubten, daß der alte Lebeh, der älteste, der ehrwürdigste von allen und er allein, in diesen Steinen des Bundes anwesend sei. Damit die Menschen alles, was er tat, verstünden, ist er auf einem Menschenskelett herabgekommen.«

»Sie sagen: ›damit sie glauben sollen‹. Gibt es denn ein Geheimnis, das sie nicht wissen dürfen?«

»Wollte man dieses Ereignis einem Menschen, der es nicht kennt, einem gewöhnlichen Menschen erklären, dann müßte man sagen, daß eine himmlische Macht herabkam, um den alten Vater zu essen und seine Knochen in wohltätige Steine zu verwandeln.«

»Was aber ist die Wahrheit?«

»Wenn man es Ihnen, einem Christen, erklären will, dann sagt man, daß jemand als Frau mit allem ihrem Putz und Zubehör vom Himmel herabkam und den alten Vater gegessen hat, aber daß die Steine keine Menschenknochen, sondern ihre Schmuckstücke sind.«

Es handelt sich um die Steine und die Kaurimuscheln, die der Gebärmuttertopf enthält, der in der Mitte des Speichers auf dem Kreuzpunkt der Zwischenwände steht.

»Aber warum«, fragte der Weiße weiter, »ist der Siebente getötet worden?«

Er erhielt keine Antwort.

»Der Siebente Nommo«, sagte Ogotemmeli, als spräche er zu sich selbst, »hat sich geopfert. Nur er konnte das tun. Der Siebente ist der Herr des Wortes. Er ist der Herr der Welt. Er ist fähig zu allem. Ohne den Siebenten hätte nichts neu organisiert werden können. Der Siebente hätte sagen können – er hat es nicht gesagt, aber hätte es können –: Das was ich mache, die Arbeit, die ich leiste, das Wort, das ich spreche, das ist: *›ku ma inné déga dâ bebadu‹*.«

Und das heißt: »Mein Kopf ist gefallen um der Menschen willen, um sie zu retten.«

»Und der Lebeh ist verschlungen worden als Abkömmling des achten Ahns von der Familie des Wortes. Das Wort ist das wichtigste auf der Welt. Indem er den Lebeh aß, hat der Siebente Nommo, der Herr des Wortes, das zu sich genommen, was es im alten Wort Gutes gegeben hat, und es in die Steine übertragen. Und alles Unreine ist mit dem Wasser ausgestoßen und vom Regen fortgeschwemmt worden.

Der scheinbar tote Siebente hat den scheinbar toten Lebeh gegessen. Indem er den Menschen aß, hat er, was gut an ihm war, zu sich genommen. Aber er hat seinerseits dem Fleisch des Menschen, das heißt den Menschen, seine Lebenskraft zuteil werden lassen. Denn indem er dies für den ältesten Menschen tat, tat er es für die ganze Menschheit.

So vermischten der Siebente und der von seinem Achten Bruder abstammende Lebeh, indem der eine den anderen verspeiste, ihre Lebenskräfte miteinander.«

»Und ihre Seelen? Was wurde aus ihren Seelen?«

»Ihre Seelen haben sich vereinigt, und obwohl sie unterschieden bleiben, trennen sie sich nie. Jedes Jahr bitten die Menschen, die das Opfer, das den Ahn darstellt, essen, daß es immer so sei. Sie begeben sich zum Heiligtum und sprechen:

›Mögen Nommo und Lebeh nie aufhören eins zu sein, mögen sie stets das gleiche Gute bleiben, möge ihr Einssein nie enden.‹«

»Das heißt also«, sagte sich der Europäer, »daß das menschliche Wesen dem himmlischen Wesen unlöslich verbunden ist.« Aber er maß seinen eigenen Spekulationen nie einen großen Wert bei.

»Der neue Lebeh der Ausspeiung jedoch«, bemerkte Ogotemmeli, »derjenige, der heutzutage verehrt wird . . .«

Er setzte neu an. Die Sache war schwer zu erklären. Andererseits kam die Frau des Hogon in den Hof und grüßte, eine Alte mit sanfter Stimme, die ihr bei gewissen Worten stockte, weil ihr das Herz zu schnell schlug. Den Worten, die ihr der Europäer zurief, neigte sie ihren kleinen runden Kopf mit offenem Mund und großen Augen entgegen.

»Gott hat Sie hergeführt«, sagte sie. »Geben Sie mir ein Mittel für mein Herz.«

»Das ist das Alter«, erklärte der Europäer. »Wie soll man aus dem Alten etwas Neues machen!«

Er wiederholte diesen Scherz bei jeder Begegnung, denn er wußte, daß sie darüber Tränen lachen konnte.

Während des unaufhörlichen Grußwechsels hatte Ogotemmeli geschwiegen. Er schwieg immer, wenn die Alte in den Hof kam, und fuhr erst fort, wenn er hörte, daß sie ihn wieder verlassen hatte.

»Vor der Frau des Hogon«, sagte er, »kann man nicht vom Lebeh sprechen.«

Der Hogon ist nämlich der Priester des Lebeh, der älteste Mann der Gruppe, der höchste religiöse Würdenträger.

»Die Frauen haben Ohren«, flüsterte er, als teile er einem das überraschendste Geheimnis mit.

Und diese Szene wiederholte sich zehnmal täglich. Bald war es die Frau des Hogon, bald eine Frau des Totempriesters, bald ein noch nicht beschnittenes Mädchen, bald ein mißtrauischer Greis, bald ein Schmied, der in den Hof kam oder den Kopf in den Einschnitt der Steinmauer streckte.

Man konnte vor der Frau des Hogon nicht vom Lebeh sprechen, vor einer Priesterfrau nicht von den acht Ahnen, vor dem Schmied nicht vom Nommo und vor den Narren von gar nichts.

»Der Lebeh«, fuhr der Blinde fort, »war gleichsam etwas Neues, das gleichsam noch nicht in die Summe der acht paßte.«

Er verstand darunter, daß die Acht in gewisser Weise das Ende der Summe der Symbole war und daß es darüber hinaus nichts gab. Und unter dem Lebeh verstand er nicht den Greis in seinem früheren Wesen, sondern das neue Element, das durch die Vereinigung dieses Greises mit dem Nommo entstanden war.

»Der Lebeh gehört irgendwie in den neunten Rang, als handele es sich um eine Schöpfung des Siebenten Nommo und des Abkömmlings des Achten.«

Er wollte damit außerdem sagen, daß dieser Abkömmling dem Achten selbst gleichkäme, denn in der Reihe der Nommo-Ahnen sind der Siebente und der Achte weiblich.

»Der Lebeh ist ein von zwei Frauen geschaffenes Neues Wort. Dieser Neunte stammt daher von einem unbekannten Vater wie ein Bastard. Man weiß ja nicht, wer von den beiden, der Siebente oder der Achte, die Rolle des Mannes gespielt hat.«

Ogotemmeli fügte aber hinzu, daß es sich da nur um eine Umschreibung handele und daß er dem Christen nur die Abwesenheit eines Vaters klarmachen wolle. Das Prinzip der Zwillingswesen könne ihm jedoch diese Schöpfung klarmachen. Da jedes Wort doppelt und zwitterhaft sei, wobei das eine Geschlecht über das andere vorherrsche, könne es unter der Bedingung zeugen, daß ein weiteres Wesen dazukomme. Im Falle der beiden Nommo-Ahnen, des Siebenten und Achten, die als weiblich betrachtet werden, aber doch mit einem nicht vorherrschenden männlichen Prinzip ausgestattet sind, war es also doch möglich, daß die Weiblichkeit des einen von der wenn auch nicht vorherrschenden Männlichkeit des anderen befruchtet wurde.

»Der Lebeh«, schloß Ogotemmeli, »hervorgebracht vom Siebenten und vom Achten, hat den Rang neun. Dies ist der Rang des Häuptlingtums. Sein Zeichen ist der Stein, der im Grab an der Stelle des Schädels liegt und der der Verwandlung des Zentraltopfs im Speicher entstammt. Es ist zugleich der Schädel und der Gebärmuttertopf, der die acht anderen Steine enthielt.«

In diesem Augenblick bracht Allaye, Kogems Kamerad, eine Kalebasse, die für zehn Franken Milch enthielt, wovon Kogem die Hälfte bezahlt hatte.

»Trink du zuerst«, sagte Allaye. Kogem trank mit langen Zügen, die Augen nach oben gedreht, um den anderen, der ihn streng überwachte, nicht aus dem Gesicht zu verlieren.

»Genug«, rief Allaye und nahm ihm das Gefäß wieder ab. »Genug! Ich weiß, wo fünf Franken Milch zu Ende sind.«

9. Tag: Das dritte Wort und die Trommel

An unmerklichen Zeichen spürte man, daß Markttag war. Da die Dogonwoche aus fünf Tagen – so viele, wie die Hand Finger hat – besteht, kehrte der Markttag in einem Rhythmus wieder, der für einen Europäer den Zwang des Kalenders recht angenehm unterbrach. Von der ruhigen Geschäftigkeit des Aufstehens über den mächtigen Lärm des Mittags bis zur Ermattung des Schlafengehens hatte der Markttag seine Erregungen und seine Ruhepausen, seine Lichter und seine Schatten. Schon am Abend vorher konnte man nach Gona zu auf den Sandsteinflächen, die sich zum Dorf Kamma hinzogen, die dürren Feuer der Händler erblicken. Am Horizont ringsum Geräusche, noch in ihre Häute gewickelte Waren, fette, von ihrer Last befreite Esel, Hoffnungen auf Gewinn. Bei Sonnenaufgang brandeten Menschen und Tiere im dumpfen Schritt unbeschlagener Hufe auf Ogol zu.

In der näheren Umgebung verschob sich deutlich das Gebell. Ganze Rudel von Hunden umschlossen die Höfe der Metzger wegen des Blutes, das unter Türen hervor- oder aus Mauerschlitzen heraussickerte.

Von der dritten Stunde des Tages ab war der weiße leuchtende Felsen von Dolo mit Menschen und Sonnenschein überschwemmt. Kein Baum warf auch nur den geringsten Schatten über die Steine, die grob die Stände der Verkäufer begrenzten. Nach Osten zu neigte die Sonne sich brüsk in das Tal der flachen Platten, zwischen denen lauwarme Rinnsale dahinflossen. Männer und Frauen klammerten sich gleichsam an diese Art Rinnen, um sich auf den mit Licht und Hitze und Gewürzduft überschwemmten Platz emporzuhieven, der seine Überfülle von Abfall in die Tiefe hinabspie.

Alle trugen ihre schönsten Kleider aus Bahnen weißer oder brotfarbener Baumwolle.

Die Männer wiegten sich in ihrer wallenden Tunika mit den weiten Ärmeln, weit ausgeschnitten am Hals, wo die rituellen Steine hingen. Die Erwachsenen hatten die Hosen an den Waden zugebunden. Der große Hosenboden schaukelte von rechts nach links. Die Ältesten trugen ihn noch länger und noch tiefer. Die Männer von Bedeutung schließlich schleppten gewaltige Hosenböden herum, die jedoch noch nicht die Ausdehnung der Hose des Hogon erreichten, des Unberührbaren, der das Dorf niemals verließ. Die Größe des Hosenbodens bestimmte die Größe des Ansehens.

Die kleinen Buben trugen lange weiße Meßgewänder, von denen diejenigen, die an den Seiten offen waren und die Flanken frei ließen, »Mutter nimm mich« hießen, denn sie erleichterten es, das Kind in den Arm zu nehmen.

Die Frauen mit nacktem Oberkörper, mit schlaffen oder aufreizenden Brüsten trugen alle den Lendenschurz aus vier Bahnen. Armbänder über Ellenbogen und Handgelenk, eine Halskette aus grünen und roten Perlen, das Ohr mit acht Metallknöpfen eingefaßt, das Ohrläppchen mit dem roten triangelförmigen Gehänge geziert.

Da es seit einigen Jahren jenseits des Meeres einige Schwierigkeiten gab, sah man kaum jene Flitterkleider, jene überflüssigen Regenschirme, jene nutzlosen Brillen, die ein trauriger Handel über diese Dörfer ausgießt. Der ferne Krieg hatte für eine gewisse Zeit die Gegend von solch aufdringlichem Klimbim verschont.

Der Markttag rüttelte an den Eingeweiden aller Menschen und vieler Tiere zwischen Kamma und Yugo. Gegen Mittag stürzten sich alle in ein gewaltiges Gemurmel, das Feuer in den Ohren und das Auge scharf auf bescheidene, aber heftige Käufe gespannt.

Das Drunter und Drüber beschränkte sich nicht auf den Marktplatz und die Trampelpfade. Wirbel und Überraschungen gelangten bis in die Tiefen der Fundamente der Häuser. Die Greise, die viel zu würdig waren, um ihre Wünsche in die Menge zu tragen, und der an die bewohnten Felsen gefesselte Hogon erfuhren doch Stunde um Stunde die großen und kleinen Ereignisse des Marktes. Und Ogotemmeli stand in normalen Zeiten – als er noch keinen Europäer kannte – im Mittelpunkt der Neuigkeiten.

Er empfing nämlich Patienten, die die Reise benutzten, um sich behandeln zu lassen. So hatte er immer frische Nachrichten aus Yenndumman, aus Mendeli, aus Ninu, aus Pege. Die Ebene, die Hochfläche, die Klippen schwitzten ihre Kranken und ihre Jäger aus, die Rezepte brauchten, um mit einem sicheren Streich einen Kopffüßler zu erlegen. Ogotemmeli gab allen diesen Leuten Rat und Pülverchen, und immerzu hallte sein Wahlspruch durch das Gäßchen und den Hof: »Hetzer, furchtbarer Hetzer!«

Da der Europäer zugegen war, hatte sich die Flut der Eindringlinge überrascht bis zur Wegegabelung zurückgezogen. Schon seit dem vierten Tag, der auf einen Markttag gefallen war, hatten sich die Leute dem Viertel Tabda nicht einmal mehr genähert. Dieses Mal aber hatten sich einige Mutige bis zum Mauereinschnitt vorgewagt und ihre Begrüßungsformeln gerufen. Die ungewöhnliche Gegenwart des Weißen hatte die einen schließlich erzürnt, die anderen verscheucht.

Man mußte für diese bedeutungsvollen Tage, an denen alles sich regte, einen Modus vivendi finden.

Doch trotz des Durcheinanders hatte die Unterhaltung fortgeführt werden können. Ogotemmeli erklärte die Wirkung des dritten Wortes, das in der landwirtschaftlichen Arbeit und der Wiederauferstehung beschlossen lag.

»Die bedeutendste aller Trommeln«, sagte er, »ist die Achseltrommel. Der Nommo selbst hat sie hergestellt.«

Es handelte sich um zwei halbkreisförmige Holzschalen, die an ihren Polen durch einen Zylinder von geringem Durchmesser miteinander verbunden sind. Sie erinnert an eine Sanduhr mit sehr verlängerter Einschnürung. Klemmt der Spieler das Instrument zwischen den linken Unterarm und die Schulter und drückt er mehr oder weniger auf die käfigartig gespannten Stricke, so übt er auf die Trommelfelle eine größere oder kleinere Spannung aus und verändert so die Tonhöhe.

»Der Nommo hat sie hergestellt. Er hat ihr Bild entworfen mit seinen Fingern, so wie es heute die Kinder mit ihren Fadenspielen machen.

Indem er die Hände spreizte, ließ er den Faden zehnmal zwischen jedem der vier Finger hindurchgleiten, wobei er den Daumen nicht gebrauchte. So erhielt er in jeder Hand vierzig Schleifen, die achtzig Fäden ergaben, die Zahl also der Zähne eines seiner Kiefer. Seine ausgestreckten Hände bildeten die Trommelfelle der beiden Enden. Schlägt man die Trommel, so schlägt man symbolisch auf die Hände des Nommo.«

Aber was bedeuten sie?

Indem er die beiden Handflächen tütenförmig hinter die Ohren hielt, erinnerte Ogotemmeli daran, daß der Geist keine Ohrmuscheln habe, sondern nur Ohrlöcher.

»Seine Hände dienen ihm als Ohren«, sagte er, »und um zu hören, legte er sie immer hüben und drüben an seinen Kopf. Schlägt man die Trommel, so schlägt man auf die ausgestreckten Hände des Nommo, also auf seine Ohren.«

Indem er das Fadenspiel, das einen Webstuhl darstellte, vor sich hinhielt, ließ der Geist mit Hilfe seiner Zunge in die Fäden eine Art unendlicher Kette aus einer winzigen Kupferlitze gleiten, ließ sie sich schraubenförmig drehen, gab ihr vierundzwanzig Umdrehungen und sprach dazu während dieser Arbeit, wie er es schon beim Lehren des Webens getan hatte.

Aber sein Wort war neu. Es war das dritte, das er den Menschen enthüllte.

Denn die Technik des Trommelbaues war der des Webens ähnlich, und in der Hand des Handwerkers ist der Pfriem, der den Rand des Trommelfells durchsticht und die Spannstricke hindurchgleiten läßt, das Symbol des Schiffchens und der Zunge des Geistes.

Die Trommel schlagen ist also Weben zugleich. Der Ton springt unter den Schlägen des Stöckchens im Inneren des Zylinders von einem Fell an das andere, so wie das Schiffchen mit dem Faden von einer Hand in die andere zwischen Kette und Schuß hindurchgleitet.

»Aber wozu die Kupferspiralen? Die gewöhnlichen Trommeln enthalten keine.«

»Die Trommel mit dem eingerollten Kupfer läßt das Nommo besser erklingen. Sie ist dem Häuptlingtum der Aru vorbehalten und befindet sich nicht in den Händen der anderen Leute. Im übrigen wird sie nur bei seltenen Gelegenheiten geschlagen.«

Was die Rolle des spiralförmigen Kupfers betrifft, so ist es der Leiter des Tons, der Leiter des Worts. Der Schlag auf das Fell belebt das Kupfer und das Wort, welches das Nommo in das Überkreuzen der Spannfäden und der Metallitze gesprochen hat. Vom Kupfer gelangt der Ton zur Trommel, dann kehrt er in die Litze zurück, und von dort aus hallt er wider in den Ohren des Geistes, die schon dadurch gespannt sind, daß die Trommelfelle sie repräsentieren.

Aber die Trommel war nicht nur dazu bestimmt, die Menschen mit dem Nommo zu verbinden. Sie lehrte sie auch das neue, vollständige und klare Wort der modernen Zeiten.

Denn die Achseltrommel konnte ja nicht ausreichen zum Lehren dieses Wortes, das vielgestaltig sein mußte, um den verschiedenartigen Bedürfnissen der Menschen zu entsprechen. Jedes Oberhaupt der acht Familien baute auf Anweisung des Siebenten Nommo eine seiner Gruppe eigene Trommel.

Für die Höhe der seinigen und die Spannung des Fells nahm der Schmied der ersten Familie sein Gebläse zum Modell. Dessen Leib lieferte die Form des Tonkörpers, und das Leder des Blasebalgs diente mit seinem Aufhängesystem als Beispiel für das zu schlagende Fell.

Die Trommel wurde also als eine Halbfrucht des Affenbrotbaums gestaltet, auf der das Fell eines Lurchs gespannt war. Sie ähnelt einer Brust, und sein Geräusch ähnelt dem eines Kindes, das an seiner Mutter saugt.

Auf dieser Trommel schlug der Schmied jene ersten Rhythmen, die er auf dem Doppelfell des Blasebalges erlernt hatte, als er sein Feuer anfachte zur Zeit der unterirdischen Auferstehung des Nommo.

Die zweite Familie hatte eine Achseltrommel von kleinerer Ausführung. Die dritte erhielt jene, die das Nommo gelehrt hatte.

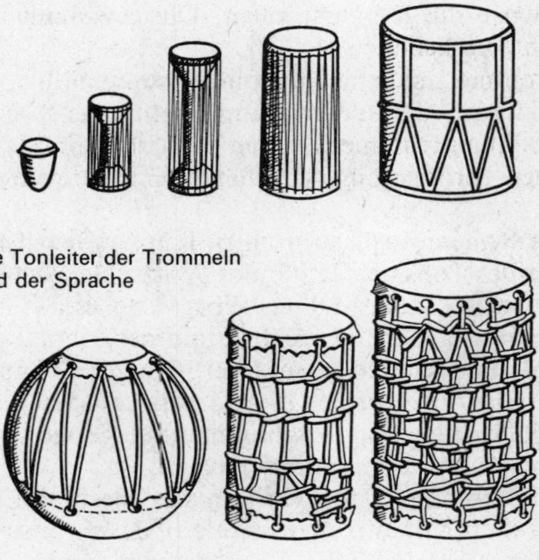

Die Tonleiter der Trommeln
und der Sprache

Die vierte stellte ein zylindrisches Gefäß her, das an die Kleinheit der ersten Menschen erinnerte.

Die fünfte baute eine ebensolche aus einem größeren Stamm. So ertönte ihre Stimme so mächtig wie die eines Löwen.

Die sechste spannte ein Fell über die Öffnung einer großen runden Kalebasse, die einen Frauenleib darstellte. Der Klang, den sie lieferte, erinnert an die Klagen der Geburtswehen.

Die siebente schnitt einen Körper aus einem Baumstumpf und gab ihm eine Ausdehnung, die nicht mit der der fünften übereinstimmte.

Die achte ist die größte Trommel. Sie ähnelt dem Leib einer Kuh, und ihrer Größe wegen gibt sie ein gewaltiges Dröhnen von sich.

Jede Trommel hat eine besondere Stimme. So erhielt jede Familie ihre eigene Sprache, und so erklären sich die heutigen Sprachverschiedenheiten.

Die zwei ersten Familien, die im Süden wohnen, sprachen zwei ziemlich verwandte Sprachen des Toro, die dritte das Mendeli, die vierte das Sanga, die fünfte ein anderes Toro, die sechste das Bamba, die siebte das Ireli.

Die achte schließlich erhielt eine Sprache, die man auf allen Klippen versteht.

»So wie die achte Trommel alle anderen übertönt, so versteht man diese Sprache im ganzen Land.«

Die Menschen erhielten also das endgültige, das vollständige und vielfältige Wort, das den neuen Zeiten entsprach. Es war wie die beiden ersten, doch sogar noch mehr als sie, fest an Materialien gebunden. Und der Christ stellte bei sich eine seltsame Erwägung an:

Das erste, noch grobe Wort war mit einer einfachen, ohne Zweifel viel archaischeren Technik verknüpft, die die Grundkleidung geliefert hatte: die Faser. Diese noch ungeknüpfte, noch ungewebte Faser lief in einer Schlangenlinie dahin, man hätte sagen können: in einer einzigen Dimension.

Das zweite, viel feinere Wort entstammte der Weberei, die senkrechte Fäden zu einer breiten Kette vereinigte, zu einer Oberfläche, das heißt zu zwei Dimensionen.

Schließlich das dritte, klare und vollkommene Wort entwickelte sich in einem zylindrischen Körper, durch den eine Kupferspirale hindurchfuhr, das heißt gemäß einem Volumen, also dreidimensional.

Der Fremde bedachte auch, daß diese drei Techniken, deren grundlegende Bewegung wellen- oder winkelförmig war, jeweils durch drei Phänomene gekennzeichnet wurden:

die Feuchtigkeit der Fasern, welche die nötige Frische der Zeugung garantierte;

das Licht des Webens, einer Arbeit am Tage, die in der Nacht bei Strafe der Erblindung verboten war;

die Klangfelle der Trommeln.

Und was das Material betraf, so ging man von der Rinde zum feineren Baumwollfaden über, vom Faden zum Lederriemen und zum Kupferband.

Ogotemmeli hatte während der Gespräche dieses Tages etwas zerstreut gewirkt. Offenbar war er durch unsichtbare Fäden mit der händlerischen und politischen Geschäftigkeit der Gegend verbunden. Und seine Gedanken folgten den Vertrauenspersonen, die er mit Einkäufen beauftragt hatte. Darunter der Vertraute, der ihm Tabak bringen sollte.

Immer wieder war die Unterhaltung des Vormittags durch diese Sorge unterbrochen worden. Anspielungen auf die bedeutenden Dienste, die der Tabak liefert, hatten die Darlegungen über das dritte Wort unterbrochen.

Am Abend hatte die Sorge einer unmerklichen Ungeduld Platz gemacht. Ogotemmeli hatte zwar seinen Tabak erhalten, aber er hätte ihn gerne zurechtgemacht, denn er mußte die Blätter zu Pulver zerkleinern, indem er sie mit kleinen Schlägen auf einen Stein schlug und sie wie Körner zerrieb.

Schließlich hielt es den Blinden nicht mehr, und er bemerkte, daß er eine Strafe bekäme.

»Eine Strafe?«

»Ist es nicht verboten, bei Nacht auf den Boden zu schlagen?«

Der Fremde hatte in der Tat diese Regel vergessen. In der Nacht muß Ruhe herrschen. Vor allem darf kein Schlag auf den Boden ertönen. Aus hohlen Steinen oder aus Mörsern darf kein Knirschen, kein Mahlen zu hören sein. Der Tabak, der Erleuchter der Gedanken, war schon eine Pause in der kosmogonischen Darlegung wert.

Der Weiße verabschiedete sich. Er nahm einen Umweg durch die verschlungenen Gäßchen und drang in jenes ein, das die fünf Wohnviertel des Dorfes durchschnitt. Es war die Stunde der Müdigkeit nach dem Markte, die Stunde der Sättigung, des Nachgrübelns über gute Geschäfte. In allen Höfen verdaute man einen wortreichen Tag.

10. Tag: Das Wort und der Webstuhl

Am Tag zuvor war der Europäer nicht zu Ogotemmeli gegangen. Er wollte in anderer Umgebung die Sonde der Bestätigung ansetzen, die unerläßliche Überprüfung. Er hatte sich zu Ongnonlu begeben, einem gewichtigen Mann, der das Viertel Dodyu bewohnt, der Vater des noch nicht inthronisierten Priesters des im Ogoineh errichteten Heiligtums.

Bei Ongnonlu trat man durch einen niedrigen Raum in einen überdachten Schuppen, der sich zum Misthaufen hin öffnete. Alle Dogonhäuser scheinen für kleinwüchsige Leute gebaut zu sein. Kogem hatte sich auf einen Stein, dann auf einen nabelförmigen Hühnerkorb gesetzt, in dem eine Bruthenne gluckste. Ongnonlu hockte auf einem Holz, das quer über den Misthaufen gelegt war, der den ganzen Hof einnahm. Der Europäer setzte sich auf einen Eimer aus Weißblech, einen ehrenwerten Gegenstand. Siebzehn Schafe und Lämmer liefen unaufhörlich vorbei wie Wogen, die einen Strand bespülen. Keins von ihnen entschloß sich, die anderen durch das Gäßchen freieren Örtlichkeiten entgegenzuführen. Gelegentlich ebbte die Wolle in eine Ecke und gewährte den Menschen eine kurze Atempause.

Ongnonlu hatte sich als ein ausgezeichneter Informant bewährt. Eine unmerkliche Zurückhaltung tauchte allerdings auf, wenn die Unterhaltung in verbotene Gefilde gelangte, aber im ganzen hatte der Mann vortreffliche Bestätigungen geliefert.

Die Schafe schleusten sich wie durch eine Hafeneinfahrt zwischen dem Weißen und Kogem hindurch, die kaum zwei Ellen voneinander entfernt saßen. Die Flut breitete sich einen Augenblick lang aus, drängte sich von neuem zwischen zwei ihre Hirse stampfenden Frauen hindurch, zog sich zögernd zurück und drängte sich schließlich in die enge Eingangstür des Wohnhauses. Aber die Frauen und Ongnonlu waren so beschäftigt, mit dem Weißen zu reden, ihn aus dem Augenwinkel zu erforschen und sein Dasein zu verdauen, daß sie nicht an die Tiere dachten.

Ongnonlu erklärte das Geheimnis des Todes, das Heraufziehen der Menschen und die Erfindung der Materialien. Plötzlich spitzte er das Ohr. Sein dunkles Gesicht, das in einem liebenswürdigen Lächeln ein wenig verkrampft war, entspannte sich und wandte sich dem Hinterhof zu. Der Mann sprang schreiend auf und fing dabei seine phrygische Mütze auf, die ihm vom Kopf glitt. Er stürzte sich, gefolgt von den Frauen, die ihre Stößel losließen, in die niedrige Tür, die sich im Schatten des Hintergrunds öffnete. Ein großer Lärm erhob sich, und drei Wolken Staubs quollen aus der Tür und den seitlichen Lichtschlitzen der Wand. Eins nach dem anderen warfen sich die Schafe heraus und blieben, geblendet vom Licht, stocksteif stehen. Ongnonlu tauchte aus der wollenen Flut empor, spie und fluchte, stieß sie in die Sackgasse zwischen Mauer und Speicher und verstopfte die Verengung des Eingangs mit einem großen Korb.

Als die Haustür geschlossen war, kehrten die Darsteller zurück, der eine zu seiner Unterhaltung, die anderen zu ihrem Mörser.

Plötzlich hörte eine Frau auf, und Ongnonlu, der einen Augenblick lang erstarrt war, stürzte sich auf die Tür und drang ein. Abermals Geschrei und Staub. Der größte der Widder, den sein Herr in der Eile eingesperrt hatte, kam hervor. Die Gefangenen, die den Korb einstießen, gesellten sich zu ihm, und alle stürzten zwischen dem Weißen und Kogem hindurch auf den Eingang zu, blieben dort plötzlich stehen, urinierten und fingen an einzuschlafen.

So gewann man eine Viertelstunde Frieden, während der Ongnonlu den Symbolismus der Sitzkrücke erklärte, die man bei den großen Einweihungen verwendet.

Aber auf dem Misthaufen waren zwei Lämmer zurückgeblieben. Da sie keine Nahrung mehr fanden, bähten sie. Da stürzten auch sofort die anderen wieder los.

Mit diesem Chaos verglichen, war Ogotemmelis Hof voll zauberhaften Friedens.

Da die vorhergehenden Unterhaltungen die überragende Wichtigkeit des Webstuhls dargelegt hatten, bat der Europäer den Blinden, ihm von dieser Technik zu erzählen. Er hatte zuvor zum zwanzigsten Male, seit er nach Afrika gekommen war, der Arbeit am Webstuhl und den Spinnerinnen zugesehen.

Die Ausrüstung des Geräts, das aus vier senkrecht in den Boden gerammten und mit waagerechten Stangen verbundenen Hölzern bestand, umgrenzt ein Prisma, in dem ein sitzender Mensch und seine Werkzeuge Platz haben. Die Kette, schmal und unendlich, läuft auf einem mit Steinen beschwerten Schlitten, gleitet über eine waagerechte Stütze und bietet sich dem Weber in schräger Neigung dar. Im aktiven Teil zwischen dieser Stütze und dem Brustbaum, um den sich die fertige Bahn rollt, gleitet die Kette in die Litzen, dann in das Gitter der Lade, deren Zähne aus Rohrschnipseln gefertigt sind. Die Litzen, am Fuß beweglich, wechseln mit Hilfe einer Rolle, die an einer Querrippe des Apparates befestigt ist. Die Lade schwingt an einer an ihren beiden Enden befestigten Schnur.

Das Schiffchen, aus einem hüben und drüben spitz zugeschnittenen Holzröhrchen, wird mit der Hand geworfen.

Das Spinnen, eine Frauenarbeit, geschieht mit Hilfe einer Spindel aus einem winzigen Stielchen, dessen eine Spitze in einen wie eine dicke Kugel gestalteten Wirtel aus getrockneter Erde eingelassen ist. Mit der rechten Hand setzt die Frau ihr Gerät in kreisende Bewegung und glättet den Faden über einem Fell, das das Ganze vor Staub schützt. Mit der Linken hält sie die Masse der Fasern, aus der der Faden hervorkommt. Sie trocknet sich die Finger mit der Asche aus einer kleinen Kalebasse.

Vorher hat sie bereits die rohe Baumwolle ausgekörnt, indem sie über die auf einen flachen Stein gelegten Fasern einen etwa fingerlangen, in der Mitte ausgebauchten Eisenstab hin- und herrollt. Das Streichen der Wolle geschieht mit einem Stöckchen. Die Körner werden von der Frau bis zur nächsten Aussaat im Haus aufbewahrt, auf dem Türsturz der zweiten Tür, dem Symbol ihres Geschlechts und der zum Keimen nötigen Feuchtigkeit.

»Die Spinnerin«, sagte Ogotemmeli, »ist der Siebente

Nommo. Das Entkernungseisen ist wie der Hammer des Schmieds das Symbol des himmlischen Speichers. Es steht also zu den Körnern in Beziehung. Das Kämmstöckchen ist der Stock, mit dem der Schmied Wasser auf sein Feuer schleudert, um es zu verringern.

Das Fell, auf dem die Frau spinnt, ist die Sonne, denn das erste so benutzte Leder war das des Blasebalgs der Schmiede, das das Sonnenfeuer enthielt.«

Die Umdrehung der Spindel ist die Bewegung der Kupferspirale, welche die Sonne antreibt, eine Spirale, die oft auf dem Äquator des Wirtels durch weiße Linien dargestellt wird. Der Faden, der aus der Hand der Frau herabkommt und sich um die Spindel wickelt, ist der Faden der Jungfrau, an dem entlang das Weltsystem auf die Erde herabkam.

Die Spindel selbst ist der das Himmelsgewölbe durchbohrende Pfeil, an dem dieser Faden befestigt ist. Sie ist auch der Pfeil, der im himmlischen Speicher steckt.

Die Kalebasse, die die Asche zum Fingertrocknen enthält, ist das große Nommo und erinnert an die Kalebasse, die den himmlischen Widder schmückt, die Verkörperung des großen männlichen Nommo. Die Asche ist der Widder selbst und auch sein Same; die bauschige Baumwolle, aus der der Faden kommt, ist seine Wolle.

Der Rocken, aus dem man den Faden zieht, um die Kette zu bilden, ist der Weg des Siebenten Nommo-Ahns, er ist auch dieser Nommo selbst in seiner Reptilgestalt. Die große Spule, die bei dieser Arbeit abgewickelt wird, ist die Sonne, die durch den Weltenraum rollt.

»War der Webstuhl zugleich mit der Schmiede im Weltsystem?«

»Ja. Aber symbolisch. Die Nordtreppe des Speichers stellt die Kette dar. Die vier kleinen Balken, die in der Höhe des ersten Stockwerks aus der Fassade hervorspringen, waren die vier Pfosten. Die Tür des Speichers war die Brust des Webers. Das Schiffchen ist der Riegel, der auf- und zugeht. Die Rolle ist das dreieckige Holz, das die beiden Flügel der Tür festhält. Der Webstuhl, der so aufgestellt ist, daß der Handwerker mit dem Gesicht nach Süden arbeitet, ist das Haus des Siebenten, und der Rahmen ist aus der Gesamtheit der acht Ahnen hergestellt. Die vier senkrechten (männlichen) Pfosten umgrenzen das

Schlafzimmer. Die vier waagerechten (weiblichen) Balken bezeichnen die Terrasse.«

Der Webstuhl ist auch das Grab des Lebeh im Urfeld. Der Sitz ist der Erdaufwurf, auf den die Leiche vor der Beerdigung gelegt wurde. Die Litzen öffnen und schließen die Tür des Grabes, in das der Siebente Nommo eindringt und wieder hervorkommt in Gestalt des Schußfadens, der ein Reptil darstellt, dessen Zunge das Schiffchen ist. Der Stütze des rechten Fußes entspricht der von der rechten Hand geschleuderte Faden, das Eintreten symbolisierend, die linke Stütze und der von der Linken geschleuderte Faden bedeuten das Herausgehen der Schlange. Der Türriegel ist die Rolle, an der die Litzen hängen.

Die Litzen, von denen jede achtzig Fäden hält, sind das Symbol der Kiefer des Siebenten. Der Kamm aus achtzig Öffnungen symbolisiert den Durchgang der achtzig Familienoberhäupter, die aus den acht Ahnen hervorgingen und die von den achtzig geraden und achtzig ungeraden Fäden dargestellt werden.

Die um den Brustbaum geschlungene Bahn stellt die Schlange dar, die die Leiche verschlingt, denn der Weber ist das Symbol des gestorbenen und wieder auferstandenen Lebeh.

Das aus dem Webstuhl hervorgehende typische Gewebe ist die Bahn, die die Totendecke bilden soll. Sie besteht aus abwechselnden schwarzen und weißen Vierecken, die aus den beiden Ebenen der achtzig geraden und ungeraden Fäden der Kette und dem achtzigmaligen Hin und Her des Schusses bestehen.

Die Decke zählt acht zusammengenähte Bahnen, von denen jede achtzig Vierecke enthalten sollte.

Aber man webt die Decke nur aus zwanzig Teilen.

Die Zusammenarbeit zwischen Mann und Frau bei der Aufbewahrung der Körner, bei Aussaat und Ernte der Baumwolle hat den gleichen Sinn wie Spinnen und Weben, das Symbol der Liebe.

»Die Baumwolle spinnen, das Gewand weben und der Mann und die Frau, die ins Haus zurückkehren, um sich hinzulegen und zu zeugen, das ist alles eins.«

Der Weber, der einen Toten darstellt, ist auch der Mann, der die durch die Litzen dargestellte Frau öffnet und schließt. Die Zeugung verkörpert sich durch die gespannten Fäden.

»Und die Baumwollfäden des Webers und die zahlreichen Menschen dieser Welt, das ist alles eins.«

Das Weben der Bahn ist das Bild der Vervielfältigung der Menschen.

»Der Webstuhl«, schloß Ogotemmeli, »ist sowohl das Grab der Wiederauferstehung als auch das Zimmer der Ehegatten und die zeugungsfähige Gebärmutter.«

Blieb also nur noch das Problem des Worts, das die Ursache war für die Offenbarung des Webstuhls.

»Das Wort«, sagte der Blinde, »steckt im Geräusch der Rolle wie des Schiffchens. Der Name der Rolle bedeutet ›Knarren des Worts‹. Jedermann hört das Wort. Es schlingt sich in die Fäden, füllt die Zwischenräume des Stoffes aus. Es gehört den acht Ahnen. Die ersten sieben besitzen es. Der Siebente ist sein Meister, und es ist der Achte.«

Er wiederholte:

»Die Worte der sieben Ahnen füllen die Zwischenräume und bilden den achten.«

Das Wort, das Wasser ist, gleitet den winkelförmigen Weg des Schusses entlang.

»Der Weber singt und wirft das Schiffchen, und seine Stimme dringt in die Kette ein und hilft und zieht die Stimme der Ahnen nach sich. Denn er ist der Lebeh, der aus der achten Familie, also das Wort selbst.«

Und der Blinde begann in einer altertümlichen Sprache zwei Verse eines Grabgesanges zu murmeln, den die Handwerker von Onndom aufsagen, wenn sie die Totendecken weben:

». . . die Trägheit am unförmigen Nacken!
Eine einzige Trommel für achtzig Sänger!«

Der Europäer kehrte am Ende des Tages durch das Wohnviertel Spitz-Dodyu zurück, das sich im Süden von Unter-Ogol wie ein Kap in den Sumpf von Bananga hineinschiebt. Auf dem kleinen Platz, in den von allen Seiten die Hausecken vorstoßen, drängten sich gegenüber dem überdachten Ratsplatz ein paar Webstühle zusammen. Bei ihnen erhob sich ein nabelförmiger Erdhaufen, der Altar des Siebenten Nommo.

Ohne seine Menschen und seine Kettfäden erschien der dürre, an der Spitze mit unansehnlichen Hölzern verbundene Wald der Pflöcke als ein in die Mauerecke geworfenes Häufchen Unrat. Die Weber hatten der Regel gemäß ihre Arbeit abgebrochen, als die Sonne den Horizont berührte.

Wie das Schmieden ist das Weben eine Arbeit des Tages, denn Kette und Schuß symbolisieren ein Lichtwesen und Worte, und die Spindel der Spinnerin dreht sich auf einer Sonne aus Fell, und ihre Kalebasse mit weißer Asche ist eine befruchtete Sonne. Daher muß das Sonnengestirn über dem Webstuhl leuchten. Bei Nacht zu weben würde bedeuten, eine Bahn aus Schweigen und Schatten zu weben. Wer nach Sonnenuntergang, nachdem Gott die Pforte der Welt geschlossen hat, weben würde, müßte erblinden.

11. Tag: Das Wort und die Feldarbeit

»Das ist ein Huhn, das ich zusammen mit Amadigneh und Gana gekauft habe«, sagte Kogem.

Kogem hatten dem ersten der beiden Genannten Hilfe geleistet, um das entflohene Tier wieder einzufangen. Nach einer wilden Jagd über Felder und Geröll hatte sich das Huhn unter einen verbotenen Felsen gekauert, der heilige Gegenstände enthielt.

Amadigneh hatte sich also davorgesetzt und wartete, daß der Durst sein Eigentum aus dem Unterschlupf hervortreibe.

Dort hatte man den Wachtposten mit guten Wünschen zurückgelassen. Auf den aufgetriebenen Zacken von Ober-Ogol sprangen die Schafe trotz der Last ihrer zweitausendjährigen Domestizierung in höchster Unordnung mit allzu dreist wippenden Schwänzen mutig felsauf, felsab. Sie flohen vor einem winzigen Schäfer, der einen schildförmigen Hut und als Waffe einen Stock und einen Flaschenkürbis trug.

Ober-Ogol ließ man links liegen, und zur Rechten vermied man, mit den Frauen zu sprechen, die die Frucht der *Lannea acida* zermalmten, denn man hätte mit seiner Stimme die Flüssigkeit des Öls gefährdet. Dann ging es über einen felsigen

Weg auf das Feld des Hogon, des Lebeh-Priesters. Die kleine, kahle Stelle blieb zurück, die keine Hacke bearbeitet und die das Grab des Lebeh symbolisiert. Als man die Abwasserrinnen aus Sandstein emporstieg und in das Wohnviertel Gendumman eindrang, gewahrte man links den leuchtenden Pfad, über den der Lebeh in Gestalt einer großen glänzenden Schlange sich jede Nacht zum Stadtheiligtum begibt. Etwas weiter am Ende des Feldes erriet man die Höhle, in der er sich tagsüber aufhielt.

Man mußte auch an dem hohen Steinhaufen vorbei, der einen der Hauptaltäre des Lebeh bildet.

Zählt man das Unterholz der aufragenden Affenbrotbäume nicht mit, die ebenso vielen Bannorten ihre Namen gaben, dann mußte man, um sich von der Unterkunft zum Haus Ogotemmelis zu begeben, fünf Felder oder Felsgruppen betreten oder umgehen, die einen Namen hatten und genau begrenzt waren: Tenneh, Ba Digilu, Gummo, Ogo Digu und Tummogu. Kaum in Unter-Ogol eingetreten, berührte man drei Wohnviertel: Amtaba, Ginna und Tabda. Im Vogelflug betrug die Enfernung vom Start bis zum Ziel hingegen kaum zweihundert Meter.

Und jede dieser Flächen konnte man wieder in bestimmte, namentlich bezeichnete kleine Stellen unterteilen. Vor allem auf den mit Wohnungen und öffentlichen Plätzen bedeckten Flächen mußte man sich immer wieder um Meidungen herumschlängeln. Hätte man es aus der Vogelperspektive betrachtet, dann wäre das Dorf Ober-Ogol mit seinem Gedränge von verbotenen Orten, Steinen, Ritzen, Altären und benannten Bäumen undurchdringlich erschienen.

Dazu war man noch im Hochland. In den Klippen ist eine Felswand keine Grenze, sie ist ein Boden, der sich aufrichtet. Die Örtlichkeiten schichten sich senkrecht übereinander, einige hängen über andere hinweg, so daß eine katasterliche Darstellung auf unlösbare Probleme stieße.

Der Boden unter den Füßen der Menschen war also unendlich zerstückelt in lauter Viereckchen, als hätten sie ihn Stein um Stein und Erdklumpen um Erdklumpen nach ihrer Vorstellung neu errichtet, neu angeordnet, mit ihrem Leben durchdrängt und mit Namen durchsetzt, indem sie jedem Teilstück symbolisch die Anordnung jenes ersten Feldes gaben, das sie um jene Stelle herum angelegt hatten, an der der himmlische Speicher herabgestürzt war.

In der Ebene ist der bebaute Boden ein Schachbrett aus regelmäßigen, von kaum eine Hand breiten kleinen Deichen geformten Vierecken, die eher Erdaufblähungen sind als Aufschüttungen. Im felsigen Gebiet, wo das Land übereinandergeworfen ist, sind die Parzellen unregelmäßig, und in Sanga müßte man schon die Lullische Kunst zu Hilfe nehmen, um die Unterteilung noch nach der Regel zu finden.

Die Zerstückelung in Vierecke erreicht ihren höchsten Grad in den Zwiebelgärten, die sich in der Trockenzeit weithin ausdehnen und deren Parzellen von nur ein bis zwei Ellen Seitenlänge eine Folge regelmäßiger Becken bilden, die säuberlich von schmalen Dämmen umrahmt sind.

So wird das Regenwasser oder das hineingegossene Wasser am Fuß der Pflanzen festgehalten und der Boden vor dem Verrinnen des Wassers bewahrt.

Die Grundeinteilung gleicht dabei stets der des Feldes.

»Der Ackerbau«, sagte Ogotemmeli, »vollzieht sich in Vierecken von acht Ellen Seitenlänge, die von einem Erdwall umgeben sind.«

Denn die Oberfläche der Einheitsparzelle entspricht der Terrasse des himmlischen Speichers. Und die Parzelle ist genau ausgerichtet. Jede Seite liegt in einer der vier Haupthimmelsrichtungen.

»Die alte Weise, den Boden anzubauen, erinnert an das Weben. Man beginnt an der Nordseite, geht dabei von Osten nach Westen, dann umgekehrt von Westen nach Osten. In jeder Reihe pflanzt man acht Setzlinge, und das Viereck enthält acht Reihen, die an die acht Ahnen und die acht Körner erinnern.«

Zudem schreitet der Bauer innerhalb der Reihe bald mit dem einen, bald mit dem anderen Fuß voran, wobei er bei jedem Schritt die Hacke in die andere Hand nimmt. Wenn der rechte Fuß vorne ist, dann ist auch die rechte Hand näher bei dem Eisen und umgekehrt, je nachdem der Schritt wechselt.

Da der Ackerbau ein Weben ist, gleicht das Feld einer Decke aus acht Bahnen, und die schwarzen und weißen Felder werden durch den Wechsel der bei jedem Schritt hergestellten Erdhügel und der entsprechenden Zwischenräume dargestellt.

Ein Hügel und ein Schatten formen je ein weißes und ein schwarzes Viereck.

Die Gesamtheit der Felder, die das Dorf umgeben, ist wie das Dorf selbst ebenfalls eine große Decke. Die Häuser mit den durch die Sonne erleuchteten Terrassen sind die weißen Vierecke, die schattigen Höfe die schwarzen Vierecke. Die Gäßchen sind die Nähte, welche die Bahnen miteinander verbinden.

»Wenn ein Mann das Land urbar macht, wenn er neue Vierecke eröffnet, wenn er Behausungen baut, so ist seine Arbeit, als ob er webe.«

Und da das Weben ein Wort ist, indem sich das Wort durch das Hin und Her des Schiffchens auf der Kette ins Gewebe hineinwirkt, läßt auch der Ackerbau durch das Hin- und Hergehen des Bauern über die Parzellen das Wort der Ahnen, also die Feuchtigkeit, in die bearbeitete Erde eindringen, läßt die Unreinheit der Erde zurücktreten und dehnt um die bewohnten Orte herum die Zivilisation aus.

Wenn der Ackerbau aber ein Weben ist, dann muß man auch sagen, daß das Weben ein Ackern ist. Der Teil der Kette, dem noch der Schuß fehlt, ist der Busch. Die fertige Bahn ist das Symbol des beackerten Feldes. Die vier Pfähle des Webstuhls sind die Bäume und das Buschwerk, die mit dem Schiffchen, dem Symbol der Hacke, niedergeschlagen werden. Den Kamm zu sich herziehen heißt das Holz ausroden, um Reisig daraus zu machen.

Und den Schußfaden hindurchschicken heißt das Leben vorantreiben, Wasser und Reinheit in die noch wüsten Regionen bringen.

12. Tag: Das Wort, der Schmuck und die Liebe

»Dies ist der Sohn von Menyu«, sagte der große Allaye. »Seit ich ihm Milch gegeben habe, kommt er aufs Feld. Er hat einen Plattkopf wie sein Vater.«

Er fuhr ihm bei diesen Worten über den Schädel, um seine Beschreibung zu verdeutlichen.

Seit dem Morgen umringten die nackten Kinder das Lager in Erwartung der hundert Wunder, die das Leben der Christen gewöhnlich begleiten. Sie warteten auch auf den Abmarsch zu

Ogotemmeli, um sich allerlei kleiner Gegenstände zu bemächtigen und sich triumphierend vor dem Weißen abzurackern, der nicht einmal seinen Bleistift bei sich behalten durfte. Ein winziger Kerl trug ihn senkrecht wie einen Pfeil, der in den Himmel zeigt.

Die Karawane zog ihren gewöhnlichen Weg mit jenen plötzlichen Aufenthalten, die die Träger hervorriefen, wenn sie sich in ihre Finger schneuzten und sie dann sorgfältig an der Sohle ihres linken Fußes abwischten. Die Karawane sickerte in das Feld des Hogon, zog durch das Gäßchen, das Ginna von Amtaba trennte, und ergoß dann wie eine Flut, die ihr Strandgut ausspeit, ihre winzigen Lasten auf die Felsen und hohlen Steine des Hofes. Dann verteilten sich die dünnen Körper in Tabda.

»Das erste gewebte Gewand«, begann Ogotemmeli, »war der Lendenschurz der Frau. Man hat es ihr genäht, als man ihr ihren Faserschurz abnahm.«

Dieses Gewand aus vier Bahnen, dem Zeichen der Weiblichkeit, trägt man quer mit waagerechten Nähten. Es verbirgt den Körper zwischen Nabel und Knie und rollt sich ohne Verschluß übereinander.

»Die Frau trägt einen offenen Lendenschurz, denn ihr Geschlecht ist offen. Wäre das anders, könnte sie nie befruchtet werden.«

Das zweite Gewand war die Hose des Mannes. Es besteht aus drei Bahnen hinten (der männlichen Zahl), die zwischen den Beinen hindurchlaufen und Bauch und Lenden bedecken, und drei Bahnen auf jeder Seite für die Schenkel. Die Hüfte ist also von vier mal drei Bahnen umgeben, den Zahlen der Weiblichkeit und der Männlichkeit.

Die Hose wird mittels einer Schnur zusammengehalten, denn das Geschlecht des Mannes ist geschlossen. Der schließende Knoten ist ein Symbol der Liebe. Das rechte Ende des Stricks ist männlich, das linke weiblich.

Das dritte Gewand war der Überrock, »der Geärmelte« genannt, aus vier langen Bahnen am Rücken und vier vorne und drei Bahnen an jeder Seite.

Die vier Rückenbahnen erinnern an die vier männlichen Ahnen, die vier Vorderbahnen an die weiblichen.

»Denn der Mann sucht die Frau, die er vor sich haben will zur Vereinigung.«

Die drei seitlichen Bahnen drücken die männliche Zahl aus.

Der vierte Gegenstand, der gewebt wurde, war die Totendecke aus acht Bahnen schwarzer und weißer Vierecke, welche die acht großen Familien bedeuten und die Anordnung der fruchtbaren Felder darstellen.

So ist die Totendecke ein Symbol des Lebens und der Wiederauferstehung. In ihr wird der Tote einen Augenblick zusammengebogen wie ein Embryo in der Gebärmutter, um dann wieder einzutauchen in das Netz der Lebenden und der mit Keimen angefüllten Felder.

Als fünftes wurde die Mütze gewebt aus zwei Bahnen, dem Symbol des Paars. Sie ist schon beim Entwurf der Weltordnung erfunden worden und war ursprünglich dem Hogon, das heißt dem Obersten, vorbehalten.

»Ursprünglich waren die Kleider weiß. Sie hatten die Farbe der Baumwolle. Dann hatten die Menschen Angst, bleich zu werden und dem Stoff zu gleichen. So färbten sie ihn safrangelb, gaben ihm Erdfarbe, um ihrem Boden zu gleichen. Dann hat man die blauschwarze Farbe für die Totendecke erfunden, für die erste Decke, die den Leib des Lebeh umschloß.

Die Leute stritten sich um diese Farbe, und es dauerte lange, bis sie sich einigten. Aber dieser Farbton wurde beibehalten, denn er ähnelt am meisten der Kohle, die an die Hautfarbe der Menschen erinnert. Die früheren Menschen jedoch wurden *Banu* genannt, das heißt die roten, wie man auch heute noch Leute mit heller Haut nennt. Aber man dachte auch an die Haut des Schmieds, die durch den Kohlestaub geschwärzt ist.«

Ogotemmeli maß diesen Farben und Ziffern keine sonderliche Bedeutung bei. Das waren einfache Dinge.

»Das Gewand«, sagte er, »das Gewand des Mannes ist der Siebente Nommo.«

Er verstand darunter, daß ein Gewand anlegen *(soy)* sich mit Worten bedecken *(so)* bedeutet, mit einem Nommo also vom Rang sieben *(soy)*. Er verstand darunter außerdem und vor allem, daß das Anlegen von Schmuck *(sey)* für eine Frau bedeutet, daß sie sich ins Siebente Nommo verkleide.

Er begann mit einer unerwarteten Erklärung:

»Der Mund der Frau, das ist ein Webstoff.«

Und er erinnerte an die Lehre, die der Siebente Nommo, der in die Erde eingedrungen war, erteilt hatte, als er seinen Ameisenmund, aus dem die Fäden der Kette hervorgingen, der Sonne öffnete.

»Die spitz zugefeilten Zähne sind die spitzen Zähne des Geistes, zwischen denen die Fäden hindurchgingen. Die in der Mitte der Unterlippe angebrachte Kupferspange ist die Spule des Fadens, und die vier (weibliche Zahl) Spangen der Nasenflügel formen die Balken des Webstuhls. Das Perlengehänge der Nasenscheidewand stellt seine Drehachse dar.«

Wenn Frauen und Männer sich die Zähne feilen, so wollen sie damit an den Durchgang der achtzig geraden und der achtzig ungeraden Fäden erinnern, die Symbole der Vervielfältigung der Familien. So zeigen sie ihre Ehrerbietung für das durch diese Fäden getragene Wort, für das feuchte Wort, das aus dem Mund kommt, für das Wasser, das man trinkt, das selbst die Essenz des Meisters des Wortes ist. Und die Zickzacklinie, die jede Zahnreihe bildet, bezeichnet noch zusätzlich den Weg des Wassers und des Wortes.

»Außerdem tragen die Frauen den gesamten Schmuck des Wassergeistes.«

Er wollte damit sagen, daß der Schmuck der Frauen an den des Nommo erinnert und vor allem an gewisse Einzelheiten seines grünen Körpers.

Das an den Schläfen befestigte Diadem von grünen Perlen ist die leuchtende Stirn des Nommo. Das Halsband stellt die Falten seines Halses dar. Die beiden roten Perlen im Winkel der Nasenflügel sind seine Augen.

Die Kupferbänder an den Handgelenken und über der Armbeuge haben die Form und bezeichnen die Stelle der kreisförmigen Knochen, die die Haut des Geistes an diesen Stellen der Gliedmaßen ausbuchten. Denn seine Arme sind biegsam, obgleich sie aus langen, durchgehenden Knochen bestehen. Seine Armringe haben die Zahl vier, die Zahl der Frau.

Die Perlenkette oder der Kupferring am rechten Fußknöchel erinnert an den kreisrunden Knochen am Schweif des Geistes. Das linke Fußgelenk bleibt daher gewöhnlich unverziert.

Am Zeigefinger, am kleinen Finger und am Ringfinger werden Kupferringe getragen, denn nur diese Finger zeigen an der ausgestreckten Hand anstelle der Gelenke kreisförmige Wülste. Diese Wülste gilt es nachzuahmen, während Daumen und Mittelfinger frei bleiben, denn diese sind bei dem Geist glatt und biegsam, so daß kein Ring daran festhalten würde.

An die Zehen jedoch darf man keine Ringe anlegen, denn der Geist hat keine Füße.

Ogotemmeli ging dann zu einer der bedeutendsten Leibesöffnungen über, dem Ohr.

Das Ohr ist ein doppeltes Geschlecht für den Mann wie für die Frau. Die Ohrmuschel ist das Glied, das den Gehörgang, das Abbild des weiblichen Geschlechts, verteidigt. Die dreieckigen Ohrgehänge von roter Farbe sind die Hoden. Die acht vollmondförmigen Kupferblättchen auf dem umgebogenen äußeren Rand der Ohrmuschel sind die acht Ahnen.

Die Rolle des Ohrs bei der Zeugung sollte in einem anderen Gespräch erklärt werden.

Was die Ziernarben der Frauen betrifft, so geben sie die des Nommo wieder. Sie bestehen meistens aus zwei eingeschnittenen Linien, deren eine senkrecht von der Höhe der Brüste bis zum Nabel geht, während die andere, waagerechte, den Bauch auf beiden Seiten des Nabels abteilt. Diese Linien bestehen aus einer Doppelreihe schräger Einschnitte und formen so eine Folge von V ohne Spitze.

An den Schläfen bringt man vier parallele Einschnitte (Ziffer der Weiblichkeit) an.

Jeder dieser Einschnitte ist ein Geschlecht, eingekerbt mit Hilfe eines Rasiermessers, das das männliche Glied symbolisiert. Und alle Einschnitte sind immer feucht, denn sie sind geöffnet im Namen des Wassergeistes.

So ist die Fruchtbarkeit der Frau vervielfältigt.

»Und die Haartracht? Hat sie einen Sinn?«

»Die Haare der Frau«, sagte Ogotemmeli, »sind die des Nommo. Die Spitze, die dazu dient, sie zu scheiteln, ist wie der Kamm des Webstuhls, der die Fäden des Schusses trennt. In der Haartracht, die man *›ku tari‹* nennt, müßte man sechzig Scheitel in der Mitte und zehn auf jeder Seite, also achtzig, anbringen, um an die acht Familien zu erinnern. Aber dies ist nicht möglich.«

Im übrigen sind die Vorschriften für die Haartracht nicht sehr streng, und nur wenige Frauen tragen alle Ornamente.

Die soziale Rolle der Kleidung behandelte Ogotemmeli ausführlich.

»Der Lendenschurz ist eng«, sagte er, »damit man das Geschlecht der Frau nicht sieht. Aber es macht jeden begehrlich, zu sehen, was darunter ist, des Wortes wegen, das der Nommo in den Stoff hineingewebt hat. Dieses Wort ist das Geheimnis jeder Frau, und so zieht es den Mann an. Die Frau muß geheime Stellen haben, damit man sie begehrt. Einer Frau, die nackt über den Markt geht, würde niemand nachlaufen, selbst wenn sie sehr schön wäre. Wenn sie nichts um die Hüften hat, dann begehrt das Herz des Mannes sie nicht. Die Frau, die geschmückt ist, wird von den Männern begehrt, selbst wenn sie nicht schön ist. Von einer sehr schönen Frau ohne Schmuck hingegen wenden die Männer sich ab.«

Er dachte einige Augenblicke nach.

»Nacktsein«, sagte er, »ist ohne Wort sein.«

Bei der Rückkehr in die Unterkunft kommentierte Kogem, was über den Schmuck gesagt worden war.

»Ein Gewand«, bemerkte er, »stellt nicht nur den zufrieden, der es trägt, sondern auch den, der es sieht. Und es ist wahr, daß man vom Schmuck der Frau angezogen wird. Aber die Frau wird auch angezogen von einem gutgekleideten Mann.«

Und er erzählte, wie die Begierde nach Schmuck das Land vieler junger Leute beraube. Tatsächlich muß die Verwaltung mitansehen, wie aus den Klippen und anderen Gegenden eine Menge junger, kräftiger Arbeiter zur Goldküste abwandert, um sich dort eine Sparsumme zu verdienen. Dort halten sie sich dann jahrelang auf, zuweilen sterben sie dort.

»Die jungen Leute, die zur Goldküste gehen oder die nach Bamako ziehen oder anderswohin, tun das hauptsächlich wegen der Kleider«, sagte er. »Sie verdienen Geld und geben am Tage, bevor sie zurückkehren, alles aus für Bubus, Turbane und Regenschirme. Sind sie heimgekehrt, dann brüsten sie sich damit auf dem Markt und bei den Beerdigungen. Die Kleidung hilft ihnen, sich zu verheiraten. Denn je mehr Kleider ein Mann hat und je eleganter sie sind, um so mehr Frauen begehren ihn.«

Auch er habe lieber eine gewöhnliche, aber mit Schmuck ausgestattete Frau – die eigentliche Kleidung trat nicht in die

Betrachtung – als eine hübsche Frau ohne Perlen und Armreifen.

»Ogotemmeli hat recht«, schloß er. »Der Schmuck ist ein Liebesruf. Er erfüllt die Aufgabe, den Mann anzuziehen, wie es das Nommo gewollt hat. Und wenn es eine Beziehung gibt zwischen Schmuck und Liebe, so deshalb, weil der erste Schmuck, der des weiblichen Nommo, im Mittelgefäß des himmlischen Speichers lag, auf dem der Schmied herabstieg. Denn dieses Gefäß ist das Symbol der Gebärmutter der Welt.«

13. Tag: Die Schmiede und die Töpferei

In dem Felsengewirr, das im Süden den großen Platz von Ober-Ogol bildete, verbarg sich auf einem kärglichen Fleckchen Erde die Schmiede. Auf einer ungefähr kreisförmigen Fläche erheben sich unverbundene kleine Mauerwände aus getrockneten Steinen, zwischen denen das Licht hindurchsickert. Auf diesen Stützen liegt ein dürres Gerüst von Zweigen, das in der Mitte ein Pfahl stützt und das die Sonne nicht hindert, tausend helle Flecken ins Halbdunkel zu werfen.

Ohne augenfällige Ordnung liegen Werkzeuge und Geräte auf dem Boden im dicken Staub. Obwohl der Handwerker gerade erst gegangen ist, scheint die Werkstatt seit Jahren verlassen. Das Doppelgebläse richtet mit flachen Bälgen seine beiden Schläuche auf das erloschene Feuer. Der Amboß ist wie ein gewaltiger eiserner Dorn in die Erde gepflanzt, in ein in den Boden gegrabenes Querholz eingelassen. An ihm lehnen eine Zange und ein paar unförmige Eisenstücke. Der Hammer, das Symbol der ausgestreckten Hand des Wassergeistes, ist nicht zu sehen. Er ist versteckt, oder der Schmied hat ihn mitgenommen. An der Mauer liegt die Esse, ein Schoß aus lehmiger Erde, an dessen Unterteil sich ein Tunnel öffnet, der am Gipfel als Krater ausmündet. Daneben ein hohler Stein, dessen Wasser verdampft ist.

Verlassen und vom Sonnenlicht niedergedrückt, erscheint die Werkstatt in ihrer ganzen Ärmlichkeit. Die Technik, die die Welt revolutioniert hat, die aus dem Himmel gestürzt ist, deren Werkzeuge die Glieder des ersten Handwerkers zerbrachen, die das Feuer, den Funken der Sonne, in Gang setzte, sie hält sich in diesem Verfall auf.

Der Europäer hatte absichtlich diesen Umweg genommen, bevor er sich mit Ogotemmeli über dieses Thema unterhielt. Er wollte, nachdem er den Webstuhl studiert hatte, diese stolze Technik, die erste in der Zeit und die Stütze des Wortes, nun die Bedeutung dieses gröbsten aller Werkzeuge erfahren.

»Die Schmiede«, sagte der Blinde, »gleicht einem Wohnhaus und einer Person, deren Kopf die Esse ist und deren beide Arme das zweiarmige Gebläse sind.«

Auf dem Urfeld, auf dem der fliegende Speicher niederging, wurde die Schmiede im Norden an der Grenze des Geländes errichtet, das die Hacken aufreißen sollten. Deshalb stellt man diese Werkstatt noch heute im Norden des großen Platzes auf, der selber im Norden des Dorfes liegt.

»Sie können sie sehen«, sagte Ogotemmeli und warf den Kopf zur Seite, »über die Mauer weg können Sie sie sehen.«

Tatsächlich lag der große Platz von Unter-Ogol links hinter dem eingestürzten Speicher des Hinterhofs. Da war der große Mittelfelsen zu sehen, das würfelförmige Gebäude des Ratshauses, der würfelförmige Stein, der »der Stein des Tapferen« heißt, und zur Linken, ganz im Norden, eine Schmiede, die Schwester der Schmiede von Ober-Ogol.

Hier aber war die Regel eingehalten worden, denn das andere Dorf hatte eine diametral entgegengesetzte Anordnung.

»Ursprünglich«, sagte der Blinde, »hatte der Schmied nicht alle die Werkzeuge, die er heute besitzt. Er hatte weder den gestielten Hammer noch die Feile, noch die Zange. Er mußte das glühende Eisen in die Hand nehmen, was man heute noch sehen kann, wenn die Schmiede bei den Totenfesten zusammenkommen. Wenn sie dann die Totengesänge singen, nehmen sie ein glühendes Eisen in die Hand, um an die Arbeitsweise der ersten Schmiede zu erinnern.«

Das Haupthandwerkszeug ist der Hammer.

»Der himmlische Speicher war ein Hammer. Jedermann glaubt, daß in diesem Gerät die Körner vom Himmel herabkamen. Der Hammer ist die ausgestreckte Hand des Wassergeistes.«

Sein Arm ist der konische Stiel, seine Hand selbst ist der viereckige Teil, mit dem man zuschlägt.

»Der Hammer ist auch der Gesamtkörper des Wassergeistes, des großen männlichen Nommo des Himmels. Zwei gegenüberliegende Seiten bilden die Arme, die zwei anderen Rücken und Brust. Der konische Stiel ist der Reptilienschwanz, in den der Körper nach unten hin ausläuft.«

Was den Amboß betrifft, der ungefähr dem Dengelstock eines Mähers ähnelt, so ist er die weibliche Form des Hammers und stellt die große weibliche Nommo dar. Seine sehr enge Schlagfläche ist viereckig, und sein Leib läuft in eine stumpfe Spitze aus. An deren innerem Ende befindet sich oft eine kleine Aushöhlung, die an die Rolle erinnert, die der Hammer, das heißt der Speicher, bei der Gestaltung der Welt spielte. Diese Aushöhlung ist das Symbol für das Innere des Gebäudes, das mit Organen und Körnern gefüllt ist.

Die Schwelle, in die der Amboß eingelassen ist, besteht aus einem mittelgroßen Baumstamm von einer Elle Länge und ist grob eckig zugehauen. Dieses Holz ist von Norden nach Süden in die Erde versenkt, in der gleichen Richtung, die auch alle Betten der Menschen haben sollen.

»Das Holz des Ambosses ist das Bett der beiden großen Wassergeister. Wenn der Hammer das Eisen schlägt, vereinigt sich das Paar.«

Die beiden Schalen des Blasebalgs sind aus Lehm geformt, dem man Haare eines weißen Hammels beigemengt hat. So haftet das Material besser aneinander, das ja nicht gebrannt, sondern langsam an der Luft getrocknet wird. Die Haare des Hammels sind das Abbild der Haare des himmlischen Widders, der früheren Verkörperung des Nommo.

Die beiden kugelförmigen Lehmschalen sind das Symbol der Sonne, denn sie haben deren Gestalt, und die Haare, die ihr Ton enthält, stammen aus der Mähne des Geistes, einer Mähne aus Kupfer, dem Exkrement der Sonne. Sie sind auch durch die Felle, die auf ihnen befestigt sind und deren Handhabung Luft in die Esse jagt, diesem Gestirn verbunden. Außerdem trug das eine davon das Stück Sonne, das der Schmied vor seiner Abreise raubte, und so hat es das Wesen des Feuers erworben. Das andere Fell, das der Flüchtling über dem Kopf schwang, hat seine Widerstandskraft gegen die Glut schon durch die Berührung mit seinem Zwilling erworben und ohne Schaden die Entladung der beiden Blitzschläge ausgehalten.

Die beiden Röhren aus getrockneter Erde, welche die beiden Schalen mit der Esse verbinden, lassen die durch die Felle zusammengedrängte Luft durch sich hindurchgleiten. Diese Luft ist ein Hauch der Sonne, die das Feuer belebt.

Aus dem hohlen Stein schöpft der Schmied mit einem Stock das Wasser, das er aufs Feuer schleudert, um es zu vermindern. In dieser Wasserlache wohnt das Nommo wie in jeglichem Wasser. Schwimmend bewegt es sich da, und sein Schwimmen wird durch die Schläge auf den Amboß und durch das wechselweise Keuchen des Blasebalgs in Rhythmus gesetzt.

Der Weiße kannte schon seit Jahren die wunderbare Rolle der Geräusche der Schmiede. Er hatte oft Riten beigewohnt, während deren in einem bestimmten Augenblick ein Schmied den Fels mit seinem Hammer oder seinem Amboßeisen schlug. Indem er das Eisen ertönen ließ, mit dem der mythologische Handwerker so viele Wohltaten herbeigebracht hatte, erinnerte er die Menschen an die oberste Macht Ammas und des Wassergeistes. Er half so ihrem Gebet und stärkte es mit seinem Klang. Er besänftigte den möglichen Grimm der himmlischen Wesen durch dieses Bekenntnis zu ihrer alles überragenden Größe. Hatten die Menschen Streit miteinander, kam der Schmied zwischen sie, den Hammer in der Hand, schlug auf die Steine, brachte eine göttliche Note in die Verwirrung und schlichtete so den Zorn.

Ogotemmeli, um diese Einzelheiten befragt, antwortete nicht, sondern setzte seinen Gedankengang fort:

»Indem der Schmied den Amboß schlägt, bittet er die Erde, ihm die Kraft zurückzugeben, die er einst in sie entleert hat.«

Als der Schmied mit dem himmlischen Speicher auf der besudelten Erde eintraf, ließ er in sie einen großen Teil seiner reinen Kräfte eindringen. Er verausgabte sich also, um dem Boden eine Lebenskraft zu vermitteln, die dem großen Werk, das er ausführen sollte, günstig sei.

Deshalb waren er und seine Nachkommen mit einer besonderen Eigenschaft versehen, die sie von den »unreinen« *(puru)*, den »lebendigen« *(omo)* oder dem »weißen« *(pili)* Menschen unterschied.

Die »Unreinen« sind die Abkömmlinge der ersten Eingeweihten in den Kult der Großen Maske, einen Kult, der die geistigen Prinzipien des »ersten Todes« ausdrückt.

Die »Lebendigen« sind die anderen Dogon.

Die »Weißen« sind zum Beispiel Leute wie die Seiler, die Sänger und die Menschen der verschiedenen Völkerschaften der Ebene.

Charakteristisch für die Schmiede ist also, daß sie eine verringerte Lebenskraft besitzen, wodurch sie von der Kategorie der »Lebendigen« geschieden sind. Aber diese Verringerung ist nicht gleichbedeutend mit der des Todes, was sie daher auch von den »Unreinen« unterscheidet. Sie sind auch nicht mit den »Weißen« zu vergleichen, denn diese sind gegenüber gewissen Ursachen der Unreinheit unempfindlich. Obwohl sie wie die anderen individuelle Kopf- und Leibaltäre *(kutogolo, djabye)* besitzen, müssen die Schmiede fortwährend noch eine weitere Beziehung herstellen, und das tun sie in Ausübung ihres Handwerks.

»Indem sie den Amboß schlagen«, sagte Ogotemmeli, »holen sie aus der Erde einen Teil der Kraft wieder heraus, die sie ihr gegeben haben. Indem sie schlagen, gewinnen sie sie zurück.«

Aber sie müssen das Eisen am Tage schlagen. Schmiedearbeit ist Tagesarbeit, zweifellos, weil das Feuer, das Bruchstück der Sonne, in der Nacht nicht leuchten kann.

»Deshalb ist es nicht nur dem Schmied, sondern allen Menschen verboten, bei Nacht auf Eisen, auf Steine oder auf den Boden zu schlagen. Kein Hammerschlag, kein Stößelschlag darf hell oder dumpf im Schweigen erklingen.«

Denn bei Nacht schlagen hieße die Wirkung der Schläge des Tages unwirksam machen. Der Schmied verlöre, was er am Tage an Kräften, die er einst veräußerte, wiedergewonnen hat.

Die Strafen, die jenen auferlegt werden, die während der Nacht Schläge austeilen, werden dazu verwandt, Opfer für den Gründungsaltar des Dorfes zu liefern, einen Altar, der in früheren Zeiten in einen aufrecht beerdigten Menschen »eingepflanzt« war, einen Menschen, der seine Kräfte und seinen Leib für den Bestand der menschlichen Einrichtungen auf der neuen Erde dargeboten hatte.

So stellt man die gestörte Ordnung der Wechselwirkungen zwischen dem Boden und demjenigen wieder her, der Kräfte hergab, um den Boden zu reinigen und den Menschen zu gestatten, die Arbeiten des Lebens fortzuführen.

Im Urfeld hatte der Schmied einen der acht um den Aufschlagpunkt des Speichers herum abgesteckten Bezirke seiner eigenen Familie zugewiesen. Dabei legte er aber nur seinen Anspruch auf die Erzeugnisse des Ackerbaus fest, denn er selbst durfte ja nie den Boden bebauen.

Seine Rolle ist das Schmieden, und sein Eisen darf nie durch seine eigene Hand in den Boden eindringen. Die Hacken, die er schmiedet, sind für Menschen der sieben anderen Familien. Er gibt sie ihnen, und dafür müssen sie ihn ernähren. So sieht man jedes Jahr bei der Ernte den Schmied sein Feuer verlassen, um auf den Parzellen, die sein Eisen aufgrub, die Körner einzuziehen. Er kennt alle Felder, die ihm Tribut schulden. Er verfolgt ihr Heranwachsen. Er riecht die Reife.

Und während der Bauer schweißbedeckt den von den Stengeln beschatteten Boden dem Licht der Sonne öffnet und seine letzte Ähre abschneidet, bemerkt er am Rande des Feldes, hockend, den Schmied, der ihn mit klaffenden Lefzen schweigend anstarrt.

Die Töpferei

In der Schmiede wurde auch die Töpferei geboren. Die Frau des Schmiedes hatte an der Sonne einen Topf trocknen lassen, den sie wie eine Schale des Blasebalgs geformt hatte. Aber sie fand, daß ihr Teig nicht schnell genug hart wurde, und stellte den Gegenstand ans Feuer. Als sie bemerkte, wie die Erde glühte und erhärtete, gewöhnte sie sich an, die Töpfe, die sie geformt hatte, ans Feuer zu stellen.

Sie verrichtet diese Arbeit auf einer kleinen viereckigen Matte von achtzig Einschußfäden auf einer Kette der gleichen Anzahl. Sie schuf zuerst ein Modell in Form eines umgekehrten Kegelstumpfs, in das sie mit ziemlicher Kraft einen runden Kieselstein hineinschleuderte, bis er sich einen immer größeren Platz schuf und so eine Hohlkugel formte. Je mehr deren Wand von innen geschlagen wurde, um so deutlicher zeichnete sich das Muster der Matte auf dem Lehmteig ab.

Die Frauen von heute ahmen diese mythische Töpferin nach. Ihre Kunst ist aber nicht mehr nur der Frau des Schmiedes vorbehalten; heute kann töpfern, wer mag.

»Die Matte, auf der die Frau arbeitet«, sagte Ogotemmeli, »ist das Symbol der Matte des ersten menschlichen Paars. Die Töpferei gleicht dem Dasein auf einer Matte. Indem sie den

Ton knetet, ahmt die Frau die Arbeit Gottes nach, als er die Erde und das Paar formte. Sie erschafft ein Wesen, und der runde Topf ist ein auf die Matte gelegter Kopf, ein Kopf oder eine Gebärmutter. Ein unverzierter Topf stellt auch einen Mann dar. Der Topf, der zwei kleine Brüste hat, ist eine Frau.«

Ogotemmeli hatte einen der Töpfe, die dazu dienen, das Hirsebier zum Kochen zu bringen, vor sich hingestellt. Er ließ die Hand über die Ausbuchtung gleiten, um die darin eingeprägte Verzierung abzutasten.

»Die Matte, auf der man arbeitet, hat achtzig Längs- und achtzig Querfäden. Sie ist wie ein Viereck der Totendecke gewebt, doch nicht aus Baumwolle, sondern aus den Fasern des Affenbrotbaums.«

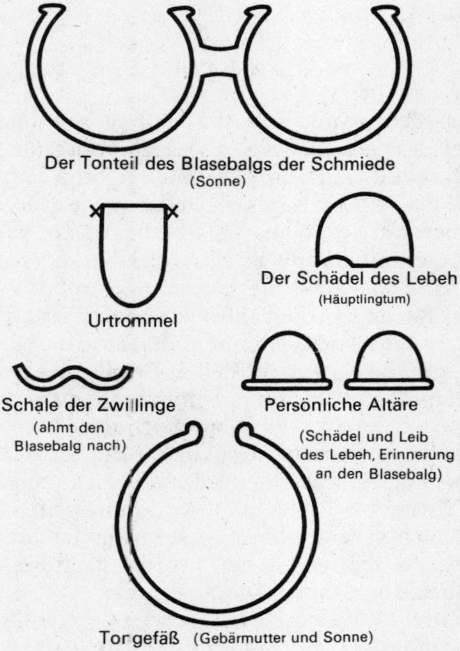

Die Fasern des Affenbrotbaums werden bei den Dogon für Stricke und allerlei Flechtwerk verwandt. Zwei Ellen hohe Ringe fehlen den Baumstämmen, deren Rinde man dafür entfernt hat.

»Es gibt da von Männern gemachte Arbeiten, die wie Gewebe aussehen. Die besten davon werden in Banani gemacht. Die Zeichnungen, die sie dem Topf aufdrücken, sehen aus, als trüge der Topf seine Matte mit sich herum, um sich auszuruhen, wo er gerade ist.«

»Und der Kiesel, mit dem man schlägt?«

»Der Stein, den die Frau in den Ton preßt, ist das Symbol der Nahrungsmittel, die sie darin kochen wird.«

»Wie kochte man denn das Fleisch, bevor man die Arbeit des Lehms kannte?«

»Vor der Erfindung der Töpferei«, sagte Ogotemmeli, »aßen die Menschen das Fleisch roh.«

In einem der vorhergehenden Gespräche hatte er die Sonne mit einer im Block erhitzten Töpferware verglichen. Dieses Symbol gilt auch im umgekehrten Sinne.

»Wenn der Ton noch nicht ans Feuer gestellt ist, erinnert die Öffnung des Topfes an den Umriß des Mondes. Nach dem Brennen stellt sie das Abbild der Sonne dar. Das ist doch klar«, fuhr er fort. »Man meint eben, daß der Mond weniger gebrannt ist als die Sonne.«

So war ein einfacher Topf eine Verkleinerung des Universums, das um seinen Leib die eigene Matte trug.

14. Tag: Das große Wohnhaus

Das Wohnhaus Ogotemmelis war kein Beispiel klassischer Bauweise. Es hatte eine ärmliche Fassade mit staubigen Nischen, die mit Altären verstorbener Kinder angefüllt waren. Aus dem dürren Besitz strömte kein Getreidedunst hervor. Nur die Schwalbenlöcher öffneten sich nach Westen in Erwartung künftiger Ausflüge.

Das Haus von Amadigneh hingegen enthielt das ganze Schachbrett von hohlen und erhabenen Flächen, sämtliche Türen, die Nester und die traditionellen kegelförmigen Verzierungen.

Die Fassade war zwölf Ellen breit und acht Ellen hoch. Sie war von zehn senkrechten Reihen zu je acht viereckigen Nischen von je einer Spanne Seitenlänge durchbrochen, die auf ebener Erde begannen und sich bis zur waagerechten Linie der Schwalbenlöcher erhoben, die von einem Vordach aus kleinen Rundhölzern, das fast eine Elle weit vorstand, beschützt wurde. Gekrönt war das ganze von einer Reihe hoher, schlanker, zuckerhutförmiger Säulchen, deren jedes von einem flachen Stein vor dem Regen geschützt war. Aber das heranpeitschende Wasser hatte sie in der Mitte dünner gemacht, und manche sahen wie Sanduhren aus.

In der Mitte unterteilten zwei übereinandergestellte und durch zwei Nischen voneinander getrennte Türen das Schachbrett in zwei Register. Die Tür des Erdgeschosses, etwas breiter als eine Brust und nicht so hoch wie ein Mensch, bestand aus zwei hohen, nackten Brettern. In die Tür des Obergeschosses, die genauso breit, aber viel niedriger war, waren mehrere Reihen Personen eingeschnitzt. Sie schloß sich mit Hilfe eines Riegels, den zwei geometrische Personen überragten.

Der Grundriß des Gebäudes hatte die Form eines Vierecks von acht Ellen Seitenlänge, der Ausdehnung also der Einheitsparzelle, und war von vier gleich langen Rechtecken umgeben. Man hätte den Grundriß auch mit einem griechischen Kreuz mit sehr dicken und kurzen Armen vergleichen können. Im Hause von Amadigneh aber war die Fassade breiter, und ihre Flügel bargen zwei Schuppen im dafür geeigneten Winkel.

Das Viereck begrenzte den Hauptraum, der dem Paar zur Ruhe und der Frau zur Arbeit diente. Vier Pfähle, im Viereck auf die Diagonalen verteilt, stützten die Decke. Links nahm ein Bett aus aufgeschichteter Erde ein Rechteck an der Wand ein. Über der Tür waren Baumwollkörner mit ihren weißen Fäden in den Türsturz geklemmt.

Das Rechteck auf der Fassadenseite wurde vom Vestibül eingenommen. Die Eingangstür lag der Zimmertür gegenüber. Das Rechteck im Hintergrund bildete die Küche, die zwei seitlichen Rechtecke waren die Lagerräume.

Diese vier Kämmerchen, die in Wirklichkeit enge Gänge bildeten, standen mit dem Mittelraum durch in die Wandmitte eingelassene Türen in Verbindung, doch waren die Türen zu den seitlichen Lagerräumen nur einfache Öffnungen. Der einzige Eingang des Hauses inmitten der Fassade bildete mit den Öffnungen zum Zimmer und zur Küche eine Reihe.

Der Herd bestand aus zwei Steinen, die zwei Spannen weit von der hinteren Mauer und zwei Spannen weit voneinander entfernt waren. Ein runder Topf stützte sich auf sie und gegen die Mauer.

Der gleiche Grundriß wiederholt sich im Obergeschoß, nur fehlt dort die Küche, deren Decke sich über die Terrasse des ganzen emporzieht und durch eine Öffnung, die auch den Rauch entweichen läßt, ins Freie tritt.

Wie die meisten Häuser von Unter-Ogol, so richtet sich auch das von Amadigneh nach Westen, um den Regenschauern der

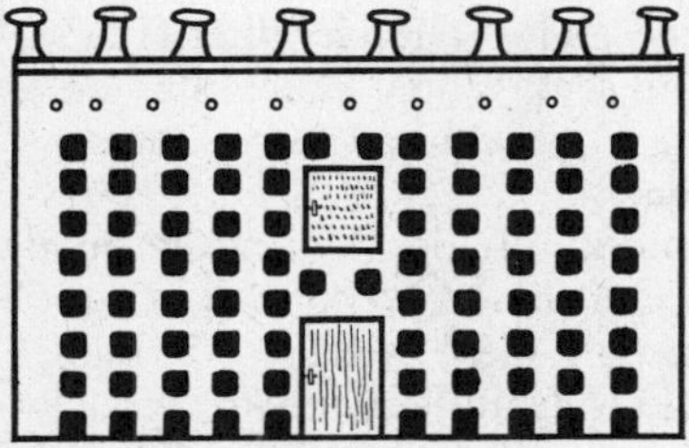

Wohnhaus

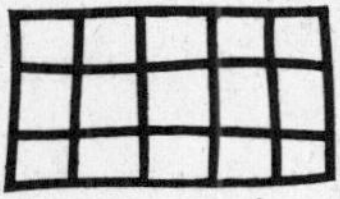

Muster der Decke

Grundriß des Feldes

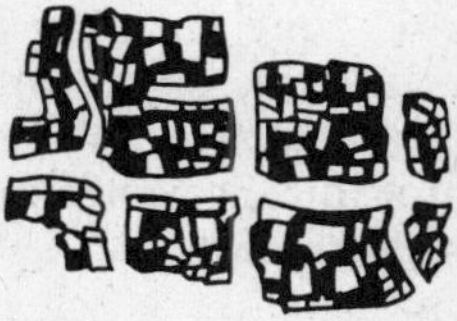

Grundriß des Dorfes

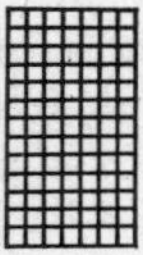

Grundriß des Gartens

Totendecke

Wohnhausmaske
(»Stockwerkhausmaske«)

Haupthimmelsrichtung auszuweichen. In der Höhe der Fassade hingen an den Hölzern, die die Lehmwand überragen, goldkäferfarbene Trauben einer Hirsenart, die wegen ihrer großen runden Körner »die Riesenäugige« heißt.

Der Europäer hatte den Eindruck, in einer geordneten Anhäufung von Reichtümern herumzulaufen, die alle Terrassen, Stockwerke, Nischen und Gefache überschwemmten.

Tatsächlich trockneten Lebensmittel aller Art in abgemessenen Quantitäten auf den Terrassen: roter Pfeffer, Sauerampfer mit amarantroten Früchten, gelbe Hirse, die im Herabfallen einen klingenden Ton von sich gibt und die man daher »klingendes Gold« nennt.

»Die Fassade mit den acht Reihen zu je zehn Nischen«, sagte Ogotemmeli, »stellt die acht Ahnen und ihre Nachkommenschaft dar, die so zahlreich ist wie die Finger ihrer Hände.«

Die beiden Serien von fünf senkrechten Säulen sind die zehn Finger, und wenn man ein Haus von vorne betrachtet, sieht man zwei gespreizte Hände.

Die Nischen sind die Unterkünfte der Ahnen, die sie in der Reihenfolge ihrer Geburt einnehmen, wenn man in der obersten Reihe beginnt. Man darf diese Nischen nie schließen, denn die Ahnen müssen die Außenluft atmen können.

Die geschnitzte Tür des ersten Stocks enthält oder sollte acht Reihen mit achtzig Personen enthalten, die Bilder der Männer und Frauen der ganzen Welt, die aus den ersten Ahnen hervorgegangen sind.

Der Riegel ist der Altar der Ahnen, und die beiden Personen darüber stellen den Wächter und seine Frau dar.

Das viel größer geschnitzte Paar, das sich zuweilen an der Spitze der Türfläche befindet, stellt das Paar der Urmenschen dar.

Die kreisförmigen Löcher an der Stirnseite, zehn an der Zahl wie die Finger der Hand, sind durch die Schwalbennester besetzt, den »Hühnerhof« der Ahnen. Sie heißen »Schwalbenlöcher«, ein Name, der euphemistisch für alle Nischen der Fassade verwandt wird aus Ehrfurcht vor den Ältesten, die man nicht bei jeder Gelegenheit ansprechen darf.

Die acht Säulchen auf dem First der Mauer sind die Ahnenaltäre, deren erster sich auf der linken Seite befindet. Wenn das Haus schmal ist und nur zwei oder drei senkrechte Nischenreihen enthält, sind auch die Säulchen weniger zahlreich. Im umgekehrten Falle können es über zehn sein, aber die traditionelle Zahl ist acht, eins für jeden Ahn.

Die Gesamtheit der Fassade mit ihren acht Reihen von zehn dunklen Löchern, die durch hellere Füllungen voneinander getrennt sind, ist das Symbol der Totendecke aus acht Bahnen schwarzer und weißer Vierecke, die selbst wieder die umgrenzten und urbar gemachten Felder darstellt.

Diese Fassade leiht der höchsten Maske ihren Namen, deren Giebel sich zehn Ellen über den Kopf des Trägers erhebt. Ihr Mast ist in zehn Teilstücke unterteilt, die aus einem rechteckigen, durchbrochenen Rost von vier oder fünf Stäben besteht. Diese Teilstücke sind durch Füllungen voneinander getrennt. Dieser Mast ist selber das Symbol der Kette des Webstuhls, und man schleppt ihn nach Osten und nach Westen, um den täglichen Marsch der Sonne nachzuahmen.

Der Europäer erinnerte sich an die Ermutigungsgesänge, die vor der »Wohnhausmaske« rezitiert wurden.

> »Man sagt, daß die Häuser von Mulu in Tomboke schön sind,
> daß die Häuser von Mulu schön sind.
> In Mulu haben die Häuser Stockwerke,
> aber es sind die Menschen, die schön sind,
> und nicht die Häuser mit ihren Stockwerken.«

»Der Boden des Erdgeschosses«, sagte Ogotemmeli, »ist das Symbol der Erde und des Lebeh, der in der Erde auferstand.«

Die Terrasse, viereckig wie die des fliegenden Speichers, ist das Abbild des Himmels, und die Decke, die das Obergeschoß vom Erdgeschoß trennt, ist der Raum, der sich zwischen Himmel und Erde erstreckt. Die vier kleinen rechteckigen Terrassen ringsum bezeichnen die vier Himmelsrichtungen, genauso wie der Herd das tut.

Der Herd ist von himmlischem Feuer belebt, das dem geraubten Feuer des Schmiedes entstammt. Wenn das Haus gut ausgerichtet ist, das heißt, wenn es sich nach Norden öffnet, dann weist auch der auf die Flamme gesetzte Topf nach Norden. Die Steine bezeichnen Osten und Westen und die Mauer, die dritte Stütze des Topfes, den Süden.

Im Innern des Hauses sind die verschiedenen Kammern die von den Menschen dieser Welt bewohnten Höhlen.

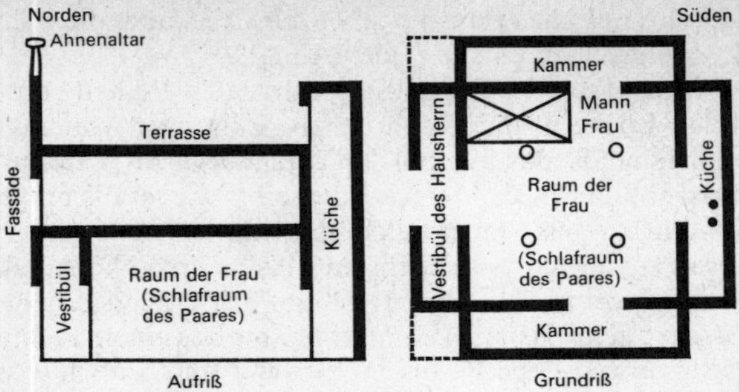

Das Vestibül, das Zimmer des Herrn, stellt den männlichen Teil des Paares dar. Sein Geschlecht ist die Außentür.

Das große Mittelzimmer ist das Reich und das Symbol der Frau. Die seitlichen Kammern sind ihre Arme, die Verbindungstür ihr Geschlecht. Zimmer und Kammern stellen die Frau dar, die mit weit gestreckten Armen und offener Tür auf dem Rücken liegt, bereit zur Vereinigung.

Der Raum im Hintergrund, der den Herd enthält und sich nach oben auf die Terrasse zu öffnet, stellt die Atmung der Frau dar, die von der Decke, dem Symbol des Mannes, dessen Skelett aus den Deckensparren besteht, überwölbt wird. Ihr Atem tritt durch die obere Öffnung aus. Die vier Pfeiler (Ziffer der Weiblichkeit) sind die Arme des Paares, die der Frau stützen den Mann, der sich auf den seinen von der Erde abstützt. Zur Niederkunft begibt sich die Gebärende in die Mitte des Raumes; den Rücken nach Norden, setzt sie sich auf einen Schemel, wobei Frauen sie stützen. Das Kind gelangt auf den Boden und nimmt da, wo es gezeugt wurde, seine Seele in Empfang.

Die Erdanhäufung dient als Bett und erstreckt sich von Norden nach Süden. Dort ruht das Paar, den Kopf nach Norden, wie das Haus, dessen Fassade das Gesicht ist.

Der Mann schläft auf der rechten Seite, das Gesicht nach Westen. Die Frau schläft auf der linken Seite, das Gesicht nach Osten, in der gleichen Lage, in der sie auch im Grab liegen werden.

»Der Mann liegt auf der rechten Seite und berührt die Frau mit der linken Hand. Er berührt sie nie mit der rechten. Die Frau liegt auf dem linken Arm und berührt den Mann mit dem rechten. Nie legt man sich anders. Die Frau wird auf dem linken Arm, der Mann auf dem rechten bestattet, als ob sie schliefen.«

Und über dem Paar wird die Totendecke ausgebreitet.

Unter dem Bett liegen alle Körner, die für die Saat bestimmt sind. Nur die Baumwollsamen nicht, die sich über dem Sturz der zweiten Tür, dem Abbild des weiblichen Geschlechts, befinden.

Bei der Vereinigung befruchtet der Mann. Er gleicht dann einem Wassergeist, der das befruchtende Wasser über die Erde und über die Frau, über Körner und Saaten ergießt. So sind die Befruchtung der Landwirtschaft und die des Geschlechtsaktes miteinander verbunden.

So wie das Paar unter seiner Decke wie im Tode ausgestreckt ist, so ist auch das Bett ein Grab. Es ist das Grab des Lebeh, in das der Siebente Nommo eindringt oder aus dem er herausgeht, indem er die beiden Öffnungen zwischen den Türen der Fassade benutzt.

Wie der Lebeh in der Erde durch das Wirken des Geistes aufgeweckt wurde, so werden auch durch den Akt der unter der Totendecke, dem Symbol zahlreicher Nachkommenschaft und der bebauten Äcker, ausgestreckten Gatten die Kinder gezeugt und die Körner zum Keimen gebracht.

Aber das Haus ist nur ein Baustein des Dorfes, das ein Gewirr von mit Speichern und Nebengebäuden umgebenen Wohnstätten bildet. Gäßchen laufen in alle Richtungen und trennen die Häuserblocks ab. Jede Ansammlung unterteilt sich in Viertel, und in jedem Viertel wohnt eine erweiterte Familie, die ein großes Wohnhaus besitzt. Jedes Viertel hat sein Ratsdach auf einem kleinen Platz. Aber zu jedem Dorf gehört noch ein größeres Dach. Es ist Eigentum eines der Viertel und auf einem größeren Platz errichtet, auf dem sich die Zeremonien abspielen.

»Das Dorf«, sagte Ogotemmeli, »muß sich von Norden nach Süden erstrecken wie der Leib eines Menschen, der flach auf dem Rücken liegt. Unter-Ogol entspricht fast der Regel. Der Kopf ist das Ratshaus, das auf dem Hauptplatz, dem Symbol des Urfeldes, errichtet ist.«

Es ging schon aus den früheren Erklärungen des Blinden hervor, daß das Dorf einen viereckigen Grundriß haben muß, dessen eine Seite im Norden liegt, und daß die Gäßchen nordsüdlich und ostwestlich verlaufen müssen. Aber diese Anordnung ist nur in der Ebene möglich. Auf der zerklüfteten Hochebene und im Gezack der Klippen muß das Dorf sich dem unregelmäßigen Gelände anpassen.

Im Norden des Platzes erhebt sich die Schmiede, wie es schon die des kulturbringenden Schmiedes getan hatte.

Die Häuser der menstruierenden Frauen im Osten und Westen, rund wie Gebärmütter, stellen die Hände dar. Die großen Wohnhäuser bilden Brust und Bauch. Die gemeinsamen Altäre im Süden sind die Füße.

Die Steine in der Mitte, die dazu dienen, die Früchte der *Lannea acida* zu zerreiben, bilden das weibliche Geschlecht. Daneben müßte der Gründungsaltar, das Bild des männlichen Geschlechts, stehen, aber aus Rücksicht auf die Frauen ist dieser Altar außerhalb der Mauern errichtet.

Im Innern des Dorfes bildet jedes Viertel ein Ganzes und muß auf die gleiche Weise wie die Gesamtsiedlung als eigenes Lebewesen angelegt sein.

Aus der Vogelperspektive ist das Dorf das Abbild des Hauses des Ahnherrn mit achtzig Nischen und der großen Totendecke mit ihren schwarzen und weißen Vierecken. Die Häuser bilden die Auswölbungen der Fassade, die Höfe und die Zwischenräume stellen die Nischen dar. Die in der Sonne leuchtenden Terrassen und die auf den Boden geworfenen Schatten bilden die beiden Farben der Totendecke.

Die Gäßchen, die von Norden nach Süden laufen, sind die Nähte, die die Bahnen zusammenhalten.

Das Ratsdach der Männer, das sich auf jedem öffentlichen Platz und besonders auf dem Hauptplatz des Dorfes befindet, ist völlig anders konstruiert als die Wohnhäuser. In Sanga besteht es aus einem viereckigen Gerüst aus mehreren kreuzförmig übereinandergelegten Bündeln aus Hirsestengeln. Diese Masse ruht auf einem Gestell aus unbehauenen Stämmen, das über drei parallelen Reihen von Pfeilern aus getrockneten Steinen oder Holz im Gleichgewicht gehalten wird.

Unter diesem Dach treffen sich die Männer in den Stunden der Hitze, um auszuruhen oder zu plaudern. Die Greise vor

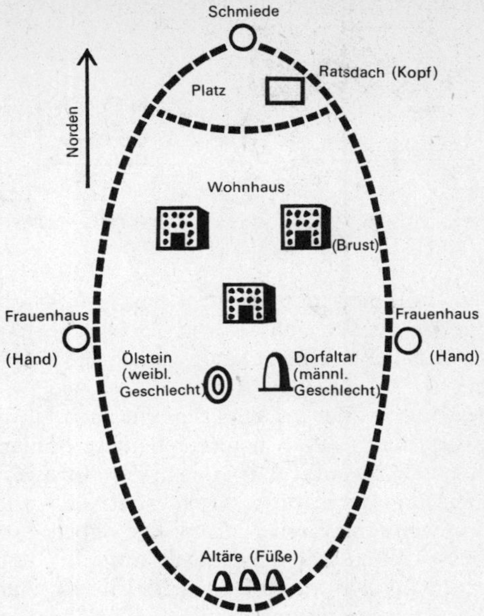

Schematischer Grundriß des Dorfes

allem halten dort Rat und treffen die Entscheidungen über die öffentlichen Angelegenheiten. Einst, als man das Dorf gründete, waren das Ratsdach und das Haus der Frauen die ersten Baulichkeiten.

Unter einer solchen Konstruktion berieten die acht Ahnen, als sie vor ihrer Verwandlung in Wassergeister noch Menschengestalt besaßen.

Die heutigen Ratsdächer sind, wenn sie nicht kreisförmig und von einem Gerüst in Form eines umgestülpten Kegelstumpfs überwölbt sind, nach den vier Himmelsrichtungen ausgerichtet oder sollten es sein. Sie enthalten oder sollten drei Reihen von Norden nach Süden ausgerichteter Pfeiler enthalten, deren beide äußeren Reihen aus drei und deren Mittelreihe aus zwei wechselständig gesetzten Pfeilern bestehen.

Diese stämmigen Säulen aus festen, übereinandergeschichte-

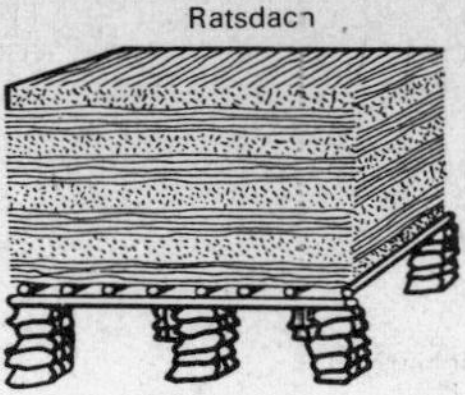

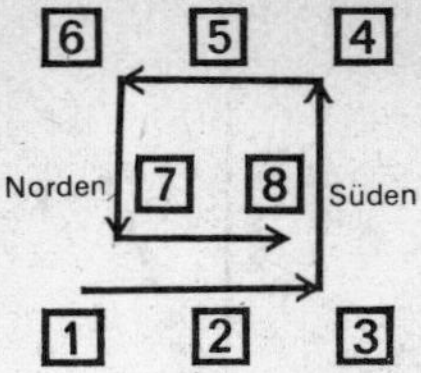

Anordnung der Pfeiler

ten Steinen, zuweilen mit einem Verputz aus weißgrauem Lehm umgeben, recken sich auf wie die Oberkörper der acht Ahnen, die zur Debatte beieinandersitzen, die Köpfe ins Gebälk gesteckt.

Einem Beobachter, der mit dem Gesicht nach Norden in der Mitte des Gebäudes sitzt, bieten sich diese Säulen in ihrer numerischen Ordnung dar. Die erste in der Nordwestecke, die zweite im Westen, die dritte im Südwesten, die vierte im Südosten und so weiter im Kreise herum. Die siebente steht in der Mitte nach Norden zu und die achte dahinter. So stellt sich die Folge der acht Säulen auf einem Grundriß wie eine in einer gebrochenen Linie zusammengerollte Schlange dar, welche die Symbole des Siebenten Ahns, des Herrn des Wortes, und des Achten Ahns, der das Wort selbst ist, umringt.

15. Tag: Das Heiligtum

Schon bei den vorigen Unterhaltungen hatte Ogotemmeli durchblicken lassen, daß das Wohnhaus nicht zuerst gebaut wurde. Das allererste Gebäude war ein Heiligtum von Binu im Bezirk Daleh, vom Priester des Ahns Dewa-aus-dem-Stock errichtet. Ganz genau hatte sich die Sache sogar an dem Tümpel Gibele von Kunnu abgespielt. In der Folge hatten die Menschen die Form dieses Heiligtums für ihre Wohnhäuser umgedeutet.

»Aber«, hatte Ogotemmeli gesagt, »das Heiligtum ist ein Grab, während das Haus ein Ort ist, an dem man lebt.«

Das Heiligtum des Binu wurde zu Ehren eines Ahns namens Binu errichtet. Dieser Name setzt sich aus zwei Begriffen zusammen, von denen der eine »abgereist« und der andere »wiedergekommen« bedeutet. Es handelt sich um einen Ahn, der offensichtlich verstorben, das heißt in die andere Welt gereist, dann zu den Menschen und den Seinen zurückgekehrt ist, um sie zu beschützen und ihnen Hilfe und Beistand zu leisten.

Die Unterhaltungen mit Ogotemmeli setzten die Kenntnis dieser bedeutenden Einrichtung voraus, die man in einem gewissen Maß totemistisch nennen kann, da es keinen besseren Begriff gibt. Ein späteres Gespräch sollte den Europäer in seiner vorsichtigen Haltung gegenüber einem Totemismus der Dogon noch bestärken. Aber er war der Ansicht, daß dieser Begriff handlich und, wenn man ihn definierte, ganz praktisch war. Außerdem war er der Ansicht, daß die Gedanken und Vorstellungen im Kopfe seines vortrefflichen Informanten wichtiger waren als seine eigenen, die hier ebensowenig interessierten wie die anderer westlicher Forscher.

Der Symbolismus des Heiligtums des Binu stand also auf der Tagesordnung des fünfzehnten Tages, und der Fremde begab sich mit Vergnügen zu dem Misthaufen der Enthüllungen.

Er erinnerte sich an die Hunderte von Heiligtümern, die er im Laufe seiner Reisen in den Klippen und auf dem Hochland untersucht hatte. Er dachte vor allem an die beiden großen haubitzenförmigen Türme, die die Fassade des Nommotempels Nanduli einrahmten, hoch in einem Trockental unter Affenbrotbäumen in einer schroffen Urweltlandschaft. Er hatte jeden Stoff ablegen, sich nackt ausziehen müssen, um in einen dritten Turm von der Gestalt einer weißen Pharaonenkrone einzudringen, wo er unter außergewöhnlichen Gegenständen mit Glocken versehene Schmiedewerkzeuge, Eisensandalen und eine Eisenkrone entdecken sollte, die an die der Langobarden erinnerte. Dort befand er sich am Kern des Problems, vor dem Altarthron des Wassergotts.

Im Süden des Hochlandes, in Dyombolo, hatte er das viereckige, an den Ecken abgerundete Haus des Binu Arsana gesehen, das in den roten, schwarzen und weißen Farben seiner Gemälde erstrahlte. Sie stellten Masken dar, eine Sonne, und ein Fundament von wechselnden Dreiecken formte ein Zickzackmuster. Das Relief einer gewaltigen Schlange mit getüpfeltem Leib trat ein durch ein Loch der Mauer und kam anderswo wieder heraus.

In den Gerölldörfern am Fuß der großen Felswände hatte er in Banani, in Yugo Pilu, Tempel gesehen, die nur aus Fassaden bestanden, die, auf eine Felshöhle geklebt, auf ein zurücktretendes Schutzdach gesetzt waren. Man erreichte sie durch Felsbuchten, von denen man den Schutt bis in die Ebene herabstürzen sah, bis zu den Bäumen, die so dünn gesät waren wie die eines Obstgartens.

In Yugo Dogoru waren alle Altäre in einer schmalen Schlucht versammelt, die sich bis ins Herz des Gebirgsstocks verengte. Sie waren gleichsam in die offenen, waagerechten Galerien, die sich über dem Abgrund entlangzogen, hineingeklebt, und die Enge der Felsnischen reduzierte die Gebäude zu einem winzigen Schmuckwerk, dessen Fassaden einige Zickzackmuster trugen.

Während in Banani der Opferpriester vor den Augen des ganzen Dorfes wirkte, zog er sich in Yugo Dogoru in die Eingeweide des Felsens zurück.

Ob es sich nun um ein in der Sonne ausgebreitetes, richtiges Gebäude oder um einen Schuppen im Winkel einer Schlucht handelt, das Heiligtum enthält immer einen einfachen, viereckigen (manchmal an den Ecken abgerundeten) oder kreisrunden Raum. Das im Wohnviertel Sodomma in Ober-Ogol, einem Dorf, das von Altären nur so strotzte, maß vier auf fünf Ellen. Seine Fassade wird von einer niedrigen Tür durchbrochen, über der sich zwei Löcher befinden, und von vier abgerundeten, zuckerhutförmigen Auswüchsen gekrönt. Es handelt sich da um ein Gebäude, das in einem winzigen Hof steht. Alle Heiligtümer, die einen solchen Standort haben, sind von geringen Ausmaßen.

Der Tempel von Binu Sangabilu im Wohnviertel Do hingegen steht auf einem ziemlich großen Platz außerhalb der Behausungen. Ein Würfel von ungefähr sechs Ellen Seitenlänge zeigt eine Fassade, die an den Ecken von leicht kegelförmigen Türmen flankiert und oben von zwei nabelförmigen Ausbuchtungen gekrönt ist, die zwischen sich einen eisernen Haken erkennen lassen. Über der ein auf zwei Ellen großen Tür befinden sich auf gleicher Höhe zwei viereckige Nischen. Rechts dieser Tür ist eine Bodenerhöhung angebracht, die dem Priester während der Zeremonien als Sitz dient. Links liegen

Totemistisches Heiligtum
mit Malereien

hohle Steine, alte Mahlsteine, die Steinhacken oder runde Kiesel enthalten.

Das Dach besteht aus einer Terrasse, deren Wasser sich über eine hölzerne Regenrinne entleert, und die beiden Türme an den Ecken sind mit einem großen, flachen, überkragenden Stein bedeckt, der die Schäfte vor dem Regen schützt.

Im Inneren des Heiligtums liegen die Requisiten des Kults: mit Wasser gefüllte hohle Steine oder Donnerkeile, allerlei Töpfereien, eiserne und hölzerne Instrumente, irdene Altäre.

»Das Heiligtum«, sagte Ogotemmeli, »sollte sich nach Norden öffnen. Aber wie beim Wohnhaus ist es der Regen, der entscheidet.«

Die beiden Seitentürme und die Mittelkegel sind die großen und die kleinen Altäre dieser Welt. Die in der Mitte empfangen die Trankopfer aus Hirsebrei und Opferblut. Zur Zeit der Opfer rinnen das Weiße und das Rote über die Fassaden und sickern in langen Linien zum Boden.

Dort, wo zwischen den nadelförmigen Ausbuchtungen der eiserne Haken ist, hat der Ahn Schmied im Urfeld zu schmieden begonnen.

»Aber dieser Haken?«

»Der Haken ist der Amboß. Er ist in eine Schwelle eingelassen.«

»Eine Schwelle des Daches?«

»Nein! Man legt ein kurzes Stück Holz über die Stirnseite, das man nicht mit dem Gebälk der Terrasse verwechseln darf. Der Amboß ist in das Abbild einer Schwelle eingelassen.«

Die Terrasse des Heiligtums ist das Symbol des Urfeldes, und das Innere des Gebäudes darunter ist das Grab des Lebeh.

Die äußere Erdaufschüttung ist der Platz, auf dem der Tote vor seiner Grablegung aufgebahrt wurde. Die Tür ist das Eingangsloch der Menschen, als sie die Knochen ausgraben wollten, um sie in neue Gegenden mitzunehmen. Die beiden Nischen über der Tür sind die Durchschlüpfe des Siebenten Ahns in seiner Schlangengestalt. Er drang in das rechte Loch ein, um den Toten zu verschlingen und ihn zu regenerieren. Und durch das linke Loch ist er wieder herausgeglitten.

Im Innern enthält der mit Wasser, Kieseln und Kaurimuscheln gefüllte hohle Stein den Auswurf des Siebenten: die Gewässer der Bäche und Sümpfe, die Knochen des in Bündnissteine verwandelten Toten und seine in Kaurimuscheln verwandelten Nägel.

Das Heiligtum ist der Raum der Verschluckung, wo der Siebente die menschliche Natur verzehrte und den Umriß der Weltordnung entwarf.

Aber das Heiligtum ist auch eine Schmiede. Der Haken der Stirnseite ist der Amboß, und der hohle Stein außen erinnert an denjenigen Stein, aus dem der Schmied das Wasser nimmt, um die glühenden Eisen abzukühlen. Die zwei kugelförmigen Altäre im Innern, persönliche Altäre des Priesters, die seinem Kopf und seinem Körper geweiht sind, sind die Tonschalen des Blasebalgs. Sie sind an einen rotgelben Flecken gelehnt, der an das Feuer erinnert, das sie entfachen.

Der Hammer wird durch den konischen Altar dargestellt.

Aber der wichtigste aller Gegenstände ist der eiserne Haken an der Stirnseite, der Amboß der Schmiede.

Meistens ist der Haken sogar doppelt, und jeder Sproß endet in einer engen Windung. Er ist die gehörnte Stirn des himmlischen Widders, dessen Spiralwindungen die Regenwolken zurückhalten.

Diese beiden Windungen werden auch als zwei Hände aufgefaßt, die die Feuchtigkeit festhalten, die den Überfluß festhaken sollen.

Aber der Haken ist auch oft durch einen eisernen viereckigen oder zylindrischen Stiel von der Dicke eines Daumens und der

Höhe einer Hand ersetzt, der sich von der Mitte ab in einen stumpfen Kegel verjüngt und in einer stumpfen Spitze ausläuft. In mittlerer Höhe wird dieser Stiel von einem winzigen flachen Eisenstück durchbohrt, das wie zwei seitlich ausgestreckte Arme aussieht, die sich leicht nach oben biegen. Jeder Arm läuft in eine Art abgeplatteter Hand aus, deren Finger durch Sägezähne dargestellt sind.

Dieser Gegenstand, der ebenso Haken genannt wird, erinnert von fern durch seinen senkrechten Stengel sowohl an den Amboß wie an den Hammer des Schmieds. Durch seine Querverzweigungen, seine Arme, ist er das Symbol des Wassergeistes, den dieser Hammer und dieser Amboß ohnehin darstellen.

Und seine leicht nach oben gebogenen Arme haben die gleiche Bedeutung wie die in Spiralen auslaufenden Hände der Haken. In ihrer Rundung halten sie den Regen zurück und die Körner, die den Menschen nötig sind.

Wegen der wohltätigen Wirkung dieser Eisen werden in Erinnerung an die acht Ahnen die acht bei der Ernte des Feldes eingesammelten und zum Heiligtum gebrachten Ähren oben an der Fassade aufgehängt.

Aus dem gleichen Grund werden auf seiner Terrasse bei Beginn der Aussaat die zum Säen bestimmten Ähren ausgebreitet.

Alle diese Körner tränkten sich dort mit Feuchtigkeit und den Kräften des Wiederbeginns, die an den Spiralen der Hörner und in den ausgestreckten Armen haften.

Von der Höhe dieser Terrasse, das heißt vom Urfeld aus, dessen Untergrund Zeugnis eines Todes und einer Wieder-

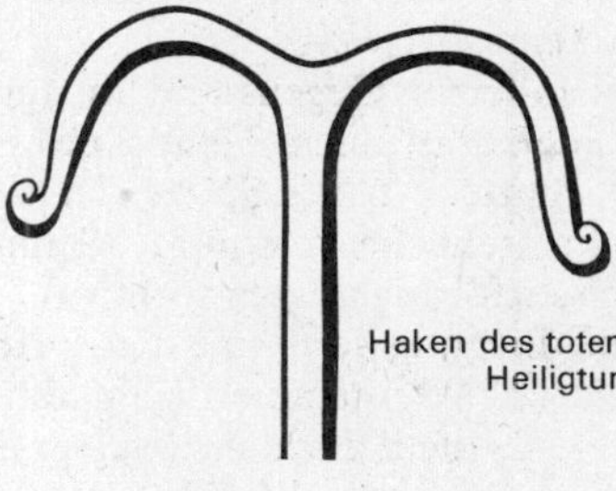

Haken des totemistischen Heiligtums

erweckung war, werden der Menge die lebensschweren Ähren zugeworfen, die sie unter ihr Saatgut mischen wird.

16. Tag: Das Heiligtum und die Gemälde der Fassade

Dieser eiserne Christus, der an der Stirn eines Grabes in eine Amboßschwelle eingelassen war, hat dem Christen den Schlaf geraubt.

Um die Wahrheit zu sagen, der Schlaf war kurz in dieser Gemeinschaft. Zwischen den Enthüllungen des nach Sanga verpflanzten Bambara, zwischen linguistischen Arbeiten und den kitzligen Untersuchungen über die Tätigkeitszyklen der Dogon blieb nur wenig Zeit für Ruhe und für den Frieden des Geistes.

Der Europäer war von der letzten Unterhaltung zurückgekehrt und hatte seinen Mitarbeitern die Neuigkeit entgegengeschleudert:

»Ich verstehe jetzt«, so rief er, »die Lanze von Orosongo. Ihr wißt, diese verlotterte Eisenlanze, die wir vor fast zehn Jahren fotografiert

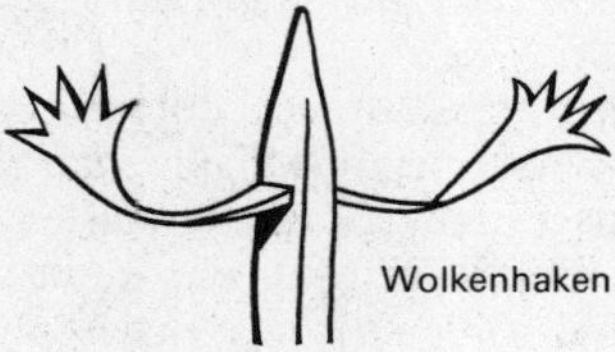

haben. Sie ist nur eine Variante der Haken. Sie hat den gleichen Geist wie die Haken.«

Er spielte dabei auf einen Gegenstand an, der ihn seit Jahren beschäftigte und den er in einem Tempel des Hochlandes von Wasuba gesehen hatte. An der Spitze der Waffe war, halb handgroß, eine menschliche Person aus Schmiedeeisen befestigt, die Arme kreuzförmig ausgestreckt.

Ihn bestürzte die Biegung der Arme dieses Amboß-Christus.

»Jawohl«, sagte er, »Ogotemmeli sieht darin ein System, etwas festzuhaken. Es dient dazu, die Wasser festzuhalten, die

Keime, die Fülle. Er hat die Arme voll, wenn ich so sagen darf, dieser Amboß.«

Und er dachte an die letzte Enthüllung des Siebenten Bewirkers, an das Fadenspiel zwischen seinen ausgestreckten Händen, durch das er das Achsel-Tamtam als Gewebe darstellte. Diese auf ein Grab gepflanzten Eisen waren gleichsam eine Erinnerung an das dritte Wort, das musikalische Wort.

Niemals jedoch sollte Ogotemmeli darüber ein Wort von sich geben. Beim sechzehnten Gespräch fragte der Christ, warum die Gegenstände und Symbole in diesem Grab-Schmiede-Heiligtum so verteilt waren, daß es unmöglich war, ihren Sinn zu lösen.

»Die Verteilung der Gegenstände«, erwiderte der Blinde, »dient dazu, denen, die begreifen wollen, den Symbolismus zu verbergen.«

Insgesamt gibt das Innere wie das Äußere des Gebäudes mit seinem Beiwerk dem Uneingeweihten ein unlösbares Rätsel auf.

Und ein weiteres Rätsel bietet sich den Augen der Zuschauer. Im Augenblick der Aussaat wird die Fassade des Heiligtums in eine Tafel voller weißer und manchmal roter und schwarzer Figuren verwandelt. Mit Hirsebrei, mit Ocker und Kohle schmücken die amtlichen Opferer die Wände für den neuen Kreislauf des Ackerbaus.

Wegen der Unwissenheit oder der unzulänglichen Ausbildung dieser Leute scheint in der Welt der Gegenstände und Figuren eine große Freizügigkeit zu herrschen. Ogotemmeli aber kannte die Regeln ihrer Anordnung.

Dem vor dem Tempel stehenden Betrachter unterteilt sich die Fassade in drei Zonen: die den weiblichen Wesen und Symbolen reservierte rechte Seite, die den männlichen reservierte linke und die Fläche über der Tür.

Die Hauptfigur rechts ist ein Widder im Profil, der uriniert und nach links blickt und von einer Gruppe von Flecken beherrscht wird, die Sterne darstellen.

»Aber die rechte Seite ist doch den weiblichen Symbolen vorbehalten!«

Ogotemmeli hob den Kopf.

»Er trägt zwischen den Hörnern eine Kalebasse, das Symbol der Frau und der weiblichen Sonne. Wegen dieser Weiblichkeit ist der Widder rechts.«

Er hatte schon oft auf dieses den Sudanesen als Verkörperung des Wassergeistes wohlbekannte Tier angespielt. Jedermann fürchtet sich vor den Widdern, die um die Tümpel herumstreifen, vor allem wenn sie eine Kalebasse auf dem Kopf tragen, die das Öl der *Lannea acida* rötlich aufleuchten läßt. Gewiß dient ihm dieser Gegenstand als Schutz gegen die Sonnenstrahlen, aber er benutzt ihn vor allem als einen Köder, die Menschen anzuziehen.

»Man sieht eine Kalebasse zwischen den Hörnern des Widders. Man ist erstaunt. Das ist ein angenehmer Anblick. Das ahmt die Sonne nach. Man fragt sich, warum ein so schöner, so leuchtender, so roter Gegenstand sich auf einem Widder befindet. Man ist erstaunt. Man meint, man müsse ihn ergreifen, damit er nicht zerbreche.«

Denn die Dogon achten sehr auf das Material.

Der Mensch stürzt also wie im Traum darauf zu, und die Kalebasse, die schon die Hörner verlassen hat, schwimmt auf den Wassern und zieht den Unvorsichtigen zu den Geistern hin, die ihm das Blut aus den Nüstern saugen.

Aber das sind nur irdische Erscheinungen. Hundert gut lokalisierte Legenden ranken sich um die geilen Widder, die Mädchen anziehen, in der Regenzeit an den Rändern der Wasserflächen herumstreunen und die Unglücklichen zu den Wassernixen entführen.

»Wer ist dieser Widder?« fragte der Fremde.

»Er ist das große himmlische Nommo, das Nommo-Paar.«

»Ein Paar?«

»Der Widder ist männlich, die Kalebasse weiblich. Es ist ein goldener Widder. Vor jedem Sturm in der Regenzeit kann man ihn am Himmelsgewölbe herumziehen sehen.«

Den Europäer störte diese neue Komplikation.

»Aus Gold?« Das war bisher noch nicht aufgetaucht.

»Das Gold«, sagte der Greis, »ist ein nachgeborener Bruder des Kupfers.«

Das Gold war also ein Nebenprodukt, ein Metall zweiten Ranges.

»In Wirklichkeit«, fuhr Ogotemmeli fort, »ist die Mähne aus Kupfer. Und das Kupfer ist das Strahlenbündel, das aus den

Regenwolken hervortritt, wenn die Sonne sich verbirgt. Das Kupfer ist der Kot der Wassergeister, die sich in der Feuchtigkeit des Himmels befinden.«

Ogotemmeli ließ sich über die bedeutungsvolle Rolle der Sonne als Wolkenpumpe aus und über die Verwandlung der durch die Nommo gereinigten Lichtstrahlen in Kupfer.

»Der Nommo-Widder«, sagte er, »wälzt sich in seinem Kot.«

Wenn er am Himmel erscheint, trägt er eine Kalebasse zwischen den Hörnern.

»Wie eine Mütze. Und sie glänzt vom Öl der *Lannea acida*.«

Dieser Widder ist auch das Symbol des Weltsystems.

»Die Kalebasse ist die Sonne. Der Körper ist die Erde. Die Blesse der Mond. Seine Augen sind die Sterne des Himmels.«

Die Mähne aus Kupfer ist zugleich eine Mähne aus Wasser, denn das Kupfer ist feuchter Strahl. Sie ist auch eine Mähne aus Blättern, denn das Wasser und die Vegetation sind vom gleichen Wesen.

»Und die Nase und der Mund bedeuten die Atmung aller Tiere der Welt, denn kraft seiner Hinterhufe vertritt er die großen Tiere, kraft seiner Vorderhufe die kleinen, kraft seines Schwanzes die Reptilien.«

Aber die Kalebasse ist auch das weibliche Nommo, das Weib schlechthin, dessen Brüste am Körper des Tieres selbst die beiden Auswüchse am Hals darstellen.

»Der Widder setzt die Kalebasse auf seinen Kopf, um sie zwischen seinen Hörnern zu halten, die Hoden sind, und um sie mit dem Phallus zu durchbohren, der sich auf seiner Stirn aufrichtet.«

Sobald er sich derart verwandelt, uriniert der Nommo durch sein inneres Glied die Regen und die Nebel aus. Und durch sein Glied auf der Stirn gießt er den befruchtenden Samen in die Weiblichkeit der Sonne, in das Weib, und auch in die in die Erde eingelassenen Körner.

Ogotemmeli sah in dem allen das Wesentliche für das Funktionieren des universalen Lebens.

»Die Sonnenstrahlen«, fuhr er fort, »sind Feuer und Kot des Nommo. Die Strahlen erst spenden der Sonne ihre Kraft, denn das Nommo erst belebt das Gestirn, das die Sonne in gewisser Weise ist.«

Diese dunkle Darlegung war schwer zu deuten. Der Christ

mochte sie wie ein Fell umwenden, diesen Teil der Kosmogonie mit Strenge prüfen, er konnte doch nicht die Ritze finden, durch die er in ihren Sinn hätte eindringen können.

Er stand da außerdem Identitäten gegenüber, die für einen Weißen, einen braven, mittelmäßig vernünftigen Weißen, unannehmbar waren. Und er fühlte sich angenehm gedemütigt, als er hörte, wie sein Gesprächspartner aus Feuer und Wasser keine Gegensätze, sondern Ergänzungen machte.

»Die Lichtstrahlen und die Hitzestrahlen ziehen das Wasser an und lassen es emporsteigen. Sie lassen es auch wieder in Form des Regens herab. Das ist eine gute Sache. Dieses Hin und Her, das Bewegung schafft, ist eine gute Sache. Durch die Strahlen entzieht das Nommo Lebenskraft und gibt Lebenskraft zurück. Es ist diese Bewegung, die das Leben ausmacht.«

Der alte Mann spürte, daß er da an einem Kernpunkt angelangt war. Wenn der Europäer dieses Hin und Her nicht begriff, dann würde er auch alles übrige nicht verstehen. Ogotemmeli wollte sagen, daß das, was das Leben ausmacht, nicht so sehr die Kräfte seien als die Bewegungen der Kräfte.

Er nahm wieder den Gedanken des universalen Schiffchens auf:

»Die Strahlen trinken die kleinen Gewässer der Erde auf, die kleinen Gewässer der Pfützen, die keine Tiefe haben, lassen sie emporsteigen und als Regen wieder herabkommen.«

Dann knüpfte er, ohne weiter vom Wasser zu sprechen, den Gedanken fort: »Ziehen und steigen lassen, ziehen und fallen lassen, das ist das Leben der Welt.«

Aber man konnte nicht ständig auf der Höhe der Metaphysik bleiben. Außerdem war dieser Widder ja in Bewegung. Er ging herum, er bezweckte etwas. Er urinierte ja nicht auf einer Stelle. Er lief über die Wolken und hinterließ eine Spur aus vier Farben, die aus der von seinen Hufen aufgewirbelten Erde bestanden. Der linke hintere Huf hinterließ eine schwarze Bahn, der rechte eine rote, die anderen eine gelbe und eine grüne. Diese vierfarbige Bahn heißt die »Spur des Nommo«; es handelt sich um den Regenbogen.

Aber der Regenbogen hat ein Ziel. Der goldene Widder steigt vom Himmel herab und taucht in die großen Teiche der Erde.

»Sie können ihn sehen, wie er bei heftigem Gewitter in den Sumpf von Bananga fällt, im Süden von Unter-Ogol. Haben

Sie ihn denn noch nicht gesehen?«

Und der Greis streckte seine dürre Hand nach Süden und fügte hinzu:

»Er stürzt in die Seerosen und ruft: ›Das Wasser gehört mir! Das Wasser gehört mir!‹«

17. Tag: Das Heiligtum und die Gemälde der Fassade (Fortsetzung)

Die Hauptfigur der rechten Seite der Fassade mußte also den Wassergeist, den Nommo, in seiner wunderbaren Gestalt als goldenen oder kupfernen Widder in einem Bett aus Sternen darstellen.

Ogotemmeli hatte aber noch eine Einzelheit vergessen, die die Säugetierforscher interessieren wird.

»Die Hörner des Tiers sind gerade oder gebogen. Sie können die eine oder die andere Form annehmen, aber die gebogene Form ist die ältere.«

Der Hirsebrei, mit Vogelfedern oder einem Pinsel aus Eselhaar auf den glatten Lehm gestrichen, sollte den Eindruck erwecken, die Mähne sei aus Blattwerk. Und um den Sinn auf das Werk der Keimung zu lenken, beherrschte eine aufgerichtete Hirseähre das Ende des schlangenköpfigen Schweifs.

Zur Rechten des Tiers stellen zwei oft im Relief aufgetragene Fußspuren zugleich die Sandalen des das Heiligtum betreuenden Priesters wie die Fußspuren des ersten Menschen dar. Sie bedeuten außerdem die Sandalen des ersten Nommo-Paars. Denn da dessen Leiber in einen Reptilschwanz auslaufen, genügt eine Sandale für jeden Geist, die linke für das männliche, die rechte für das weibliche Nommo.

Über jeder Sandale erscheinen acht Kleckse, die an die Kaurimuscheln erinnern, die im Grab der Wiederbelebung an der Stelle der Füße des Lebeh-Ahns niedergelegt wurden. Sie bedeuten zugleich die acht Ahnen, die acht Körner, die acht Bündnissteine. Schließlich sind sie auch die acht Kaurimuscheln, welche die Weihesandalen zieren, die der Priester am Tag seiner Einführung in das Priesteramt anlegt.

Über dem Widder und den Sternen stellen drei waagerechte Linien von roter, weißer und blaugrüner Farbe, die sich an den

Enden nach unten biegen, den Regenbogen dar.

Auf der Seite rechts der Tür ist also das große Bild des leuchtenden und regenspendenden Himmels aufgemalt.

Auf der linken Seite sind irdische Gestalten dargestellt. Zunächst eine Schlange, die in Sanga den Siebenten Ahn als eine den Weg des Wassers andeutende Wellenlinie darstellt. Sie befindet sich oft unter einer Fülle von senkrechten Zickzacklinien, die den Lauf der irdischen Rinnsale und den Absturz des sich als Regen vom Himmel auf die Erde stürzenden Nommo symbolisieren.

Dieser Weg kann zuweilen auch durch einen Strauß dargestellt werden, dessen Körper aus konzentrischen Kreisen mit Zickzacklinien versehen ist, da kein anderer Vogel der Ebene, wenn er verfolgt wird, derart im Zickzack entflieht.

Die Zickzacklinien können auch in senkrechten Reihen auftreten, die in einfachen oder doppelten Serien an den Spitzen gegeneinandergesetzte ausgefüllte Sägezähne enthalten. Das sieht dann aus wie aufeinandergeschichtete Sanduhren.

Im Oberteil der Fassade ist als Gegenstück zur Kalebassensonne der rechten Seite auf der linken der Mond gezeichnet, rund oder halbmondförmig. So wird auch auf der linken Seite an die himmlischen Regionen erinnert.

In dem noch freien Teil der Lehmwand sind ohne genaue Ordnung verschiedene Kultgegenstände und Kulttiere dargestellt:

der gegabelte Stock des Priesters, der zugleich die Männlichkeit und die Weiblichkeit symbolisiert. Der Mann ist der Stengel des Stocks, der die Höhe der Brust erreicht, die Frau ist die Gabel am Ende, in die der Priester seinen Zeigefinger stützt, der selbst wieder ein männliches Symbol ist;

der Sitz des Priesters, der oft aus einem ausgefüllten Kreis besteht, der von einer Kreislinie umgeben ist;

die Haken, die in ihrer vollen Wirklichkeit außerdem oben auf der Terrasse angebracht sind;

die Wurfhölzer, die die Knaben symbolisieren, die die Familie haben möchte, und die die wirklichen an der Stirnseite aufgehängten Hölzer verdoppeln;

ein Stab des rituellen Diebes, dessen Krücke mit einer Zickzacklinie verziert und dessen gebogener Stab wie ein rotlippiger Mund geöffnet ist, um daran zu erinnern, daß diese Lippen den Sonnenfunken getragen haben, den der Schmied aus dem Himmel stahl;

die Hacken;

die Trauben dicker Hirse und die Ähren kleiner Hirse;

das durch den Ahnenkult, dem das Heiligtum geweiht ist, verbotene Tier;

ein Schaf oder ein Huhn als das gewöhnliche Opfer, das auf den Altären dargeboten wird;

ein Wasservogel, der daran erinnert, daß der Priester vor seiner Inthronisierung Tümpel und Bäche durchforschen mußte, um den beim Tod seines Vorgängers dort versteckten Bündnisstein zu finden;

eine Schildkröte als Abbild derjenigen, die jede Familie, ob sie groß oder klein sei, besitzt. Wenn das Familienoberhaupt nicht zu Hause ist, dann nimmt sie für den ersten Bissen der Mahlzeit und den ersten täglichen Schluck Wasser seinen Platz ein. So erinnert die Zeichnung der Schildkröte an den Familienvater. Sie erinnert auch daran, daß der Rückenpanzer das vom Nommo bewohnte Gebiet, das heißt den konkaven Himmel, darstellt. Die rautenförmigen Zeichnungen auf der Schale symbolisieren die Fassade der Wohnung des Geistes, die viereckige Totendecke und die Zickzacklinien, die den Weg des Regens darstellen.

Auf der linken Fläche sind oft auch noch Masken gezeichnet, wie »das doppelstöckige Haus«, die »Reitantilope«, der »Ausbreiter der Buschflügel«. Dies sind zusätzliche männliche Holzmasken, die mehr Kraft haben als die geflochtenen Kutten.

Wenn diese Kutten eine Wirk-Feuchtigkeit enthalten, weil sie aus Fasern geflochten sind, so sind die Holzmasken noch feuchter, denn sie ziehen ihre Kraft einerseits aus dem Holz, aus dem sie geschnitzt sind, und aus den Fasern, in die sich ihre Träger kleiden.

»Da sie mehr Feuchtigkeit haben, stehen sie dem Nommo näher.«

Über der Tempeltür ist ein Schachbrett aufgemalt, dessen weiße Vierecke mit anderen Vierecken abwechseln, die die Farbe des Lehmhintergrundes tragen. Gewöhnlich besteht das Schachbrett aus acht Bahnen, einer pro Ahn.

Dieses Schachbrett ist das vorzügliche Abbild der »Dinge der Welt«, vor allem der Dinge, durch die sich die Organisation der Menschen ausdrückt.

Das Schachbrett ist das Symbol:

der Totendecke aus acht Bahnen schwarzer und weißer Vierecke, die die Vervielfältigung der acht Familien ausdrückt;

der Fassade des großen Hauses mit den achtzig Nischen, der Wohnstatt der Ahnen;

der bebauten Felder, die wie eine Decke gewebt sind;

der Dörfer mit ihren Gäßchen, die die Nähte bilden, und darüber hinaus der bewohnten Gegend, die die Menschen urbar gemacht und angebaut haben.

Das Schachbrett zeigt, wie die Decke, die acht Ahnen.

Im Inneren des Heiligtums sind außer dem roten Fleck, der das Feuer der Schmiede darstellt, wenn man hinausgeht, rechts der Tür, eine Schlange, das Abbild des achten Ahns, und links ein Krokodil aufgemalt, das Symbol des ältesten Mannes, den die Familie kennt.

So jedenfalls ist das in Sanga. Jeder Bezirk bildet die Wesen ab, mit denen er verbunden ist.

So ist das Weltsystem mit den Wesen und ihrem himmlischen und irdischen Zubehör mit Hilfe von Hirse- oder Reisbrei auf den Tempel gemalt.

»Was die Zeichnung nutzt?« sagte Ogotemmeli. »Sie nutzt den Pflanzen, sie nutzt der Keimung. Am Vorabend des Tages, an dem der Opferpriester seinen Pinsel einweicht, wird das Saatgut auf der Terrasse, dem Symbol des Urfeldes, ausgebreitet.«

Dadurch sollen die noch jungfräulichen Körner vom Anfang des Kreislaufs der Vegetation in den universellen Kreislauf, in die Bewegung zwischen Himmel und Menschen, einbezogen werden.

Aber da brannte eine Frage auf den Lippen des Fremden.

»Niemals«, sagte er, »habe ich auf der Fassade einen Widder aufgemalt gesehen. Niemals habe ich einen Tempel gesehen, der der Regel entsprechend geschmückt war.«

»Ich kenne niemanden«, erwiderte der Blinde, »der einen Widder zeichnen kann. Wenn ich nur sehen könnte! Es gibt also keinen Tempel mehr, der nach der Regel bemalt ist.«

Schuld daran ist zunächst die Unwissenheit. Der Priester und sein Opfergehilfe können sehr jung sein und haben vielleicht nur eine Ausbildung erhalten, die auf die Riten ihres besonderen Kultes beschränkt war. Viele kennen auch einen großen

Teil der aufgemalten Symbole nicht und wissen vor allem nichts von dem Bild des himmlischen Widders.

Aber selbst wenn gewisse Priester die Regel sehr gut kennen, so hüten sie sich doch, sie auch auszuführen.

Da nämlich diese Bilder wirken und dem Getreide eine um so größere Hilfe geben, je vollständiger sie sind, ist es nötig, daß der Priester nicht zuviel zeigt, sonst ahmen ihn die Nachbarn nach, die hinter allem her sind, was die himmlischen Mächte zwingt oder ihnen schmeichelt.

Er macht also aus seiner Fassade eine Art Rebus für den Gebrauch der Laien, die gewisse Einzelheiten wiedererkennen. Was seine Kollegen betrifft, so finden sie nur die gewöhnlichen Darstellungen, die wichtigsten aber nicht.

Ogotemmeli ließ sich auf diese Fragen nicht ausführlich ein, und so mußte man anderswo weiterforschen.

Da die Absichten, vor allem aber die Worte beim Kult eine entscheidende Rolle spielen, kann man annehmen, daß der Zeichner beim Malen der geläufigen Bilder im Geist und in Worten viel mehr dazutut, als seine Hände ausführen.

Mehr als Unkenntnis oder Mißtrauen spielt aber ein echt religiöser Faktor hinein, der die Darstellung bis zur Unterdrückung zügelt und die Ausbreitung der Kenntnis bremst: eine große Zurückhaltung aus Achtung und Ehrfurcht, wenn es sich darum handelt, die Namen der übernatürlichen Mächte auszusprechen oder ihre Formen zu zeichnen.

Es war eine bekannte Tatsache, daß man den Namen eines Abwesenden nicht aussprechen konnte, ohne im Unsichtbaren wichtige Bewegungen hervorzurufen. Das wurde gewöhnlich so erklärt: Das Aussprechen eines Namens zitiert das angerufene Wesen oder Ding herbei, und das kann nachteilige Folgen haben. Aber man ist nicht dem Grund nachgegangen, warum ein Wesen bei der Nennung seines Namens herbeieilt.

Einen Namen ausrufen heißt eine Form auswerfen, eine Stütze, die beste Gestalt, die geeignetste Stütze, um die Lebenskraft dieses Wesens zu empfangen.

Indem er das Wort ausstößt, strahlt der Sprecher eine Kraft aus, die, getragen vom Wasserdampf seines Mundes, aus ihm selbst kommt, und die sich in den Wasserdampf hineinmischt. Aber diese Kraft zeichnet das Angerufene nur vor, teilt sich ihm mit, setzt es in Stimme.

Und diese Gestalt, die für den Angerufenen die geeignetste ist, stellt dessen Lebenskraft gleichsam eine Falle und zwingt ihn zu erscheinen, auf Anruf aufzutauchen.

Das gleiche könnte man von der Zeichnung sagen, vor allem wenn das Material, mit dem man zeichnet, wirksam ist und wenn die Worte, die die Gesten der Hand begleiten, deutlich und zwingend sind.

Diese Gedanken führen, was die Namen betrifft, zum Schweigen oder zum Euphemismus. Bei den Malereien führt es zum Fehlen der Darstellung. So spricht man niemals den Namen des Wassergeistes aus, so zeichnet man niemals sein Bild. Es wäre eine Dreistigkeit ihm gegenüber. Ihn darstellen hieße ihn zwingen, sich zu zeigen, als ob man ihn nenne. Man würde ihn in seinen Plänen stören, in seine Handlungen als Mittler des Universums eingreifen.

Es gibt also für jeden Priester Grund genug, auf die Fassade seines Tempels nur die Figuren zu malen, die sich auf seinen Binu beziehen und deren Gebrauch allgemein und allen bekannt ist.

So malt also der Künstler rings um einen unsichtbaren Widder mit Blätter- und Kupferfell den Herrn des Keimens, eine Reihe himmlischer oder irdischer Zutaten an die Wand in einer Unordnung, aus der nur die Eingeweihten ein zusammenhängendes Weltsystem herauslesen können.

18. Tag: Der Kult des Lebeh

Es war Markttag. Die üblichen Störungen kündigten sich an. Das Gekläff in der Nacht, dann zur Morgenröte hatte den Westen erschüttert. Die Fläche des Marktes war wie jeden Morgen ans Licht emporgetaucht, aber mit vorbereitendem Leben überzogen.

Bei Ogotemmeli wurde eine Handelsberatung abgehalten zwischen dem Meister und einem vernünftigen Menschen, der unter den Ahnennischen hockte.

Kogem und der Fremde setzten sich auf ihren üblichen Platz und hörten den beiden Männern zu.

»Ogotemmeli«, sagte Kogem, »möchte einen Ochsenkopf essen. Er hat Dyugodyeh rufen lassen, um ihn mit dem Kauf zu beauftragen.«

Dyugodyeh erklärt, daß er neulich für einen Kopf fünfundsiebzig Franken bezahlte, ihn kochte, sich daran satt aß und schließlich das übrige Fleisch für einundneunzig Franken weiterverkaufte.

»Der Gewinn reicht nicht«, sagte Ogotemmeli. »Man muß den Kopf bei einem anderen Menschen kaufen, bei dem man ihn billiger kriegt.«

Ein anderes Mittel wäre, den Metzger, der zu teuer verkauft hat, zu verfluchen.

»Der Beweis, daß er das verdient«, sagte der Blinde, »ich habe einmal bei ihm vier Füße und einen Ochsenkopf gekauft.«

Er hatte sie in ein Fell gewickelt, und der Metzger hatte ihm einen Fuß gestohlen.

»Als ich heimkam, fand ich nur noch drei Füße.«

Vor einem derartigen Menschen muß man sich in acht nehmen.

»Ich weiß«, fuhr er fort, »daß einer meiner Brüder einen lebendigen Ochsen gekauft hat und ihn heute weiterverkaufen will. Ihn muß man um den Kopf bitten. Bei ihm ist das eine sichere Sache. Im übrigen muß man diesen falschen Metzger verfluchen.«

Außer mit der Verfluchung war Dyugodyeh mit allem einverstanden.

»Es ist nicht der Mühe wert«, sagte er, »weniger als fünfzig Franken zu verdienen, wenn man sich den ganzen Tag die Sonne auf den Schädel brennen lassen muß, um sechs Stunden lang einen Ochsenkopf zu kochen.«

Was aber den falschen Metzger betrifft, so wolle er ihn nicht verfluchen, sondern nur beleidigen.

»Ich hatte auch einen Ochsenkopf für hundertzehn Franken gekauft«, sagte Dyugodyeh, als er ging, wie zu sich selbst, »beim selben Metzger. Als ich gegessen hatte, habe ich ihn für fünfundachtzig Franken weiterverkauft. Habe ich für fünfundzwanzig Franken gegessen? Nein! Nicht einmal für zehn. Ich habe draufgelegt.«

Der Mann brummelte noch, als er über den Hof ging.

»Verfluch ihn!« schrie Ogotemmeli. »Verfluch ihn beim ›gekneteten Vorfahren!‹«

Das war die unauslöschlichste aller Verfluchungen. Der

Mann drehte sich um und sagte:

»Ihn beleidigen genügt.«

Dann spie er an die Mauer und ging über die Schwelle.

Ogotemmeli senkte die Stimme, um dem Christen zu antworten, der ihn über den Lebeh, über dessen heutigen Kult und über seinen Priester, den Hogon, ausfragte.

Der Hogon wohnte nebenan, hinter den Speichern. Über die Lehmmauer hinweg gehört zu werden, wäre eine Gemeinheit gewesen. Dort stand sein persönliches Wohnhaus. Seine Amtswohnung lag in Ober-Ogol.

Der Weiße kannte bereits in großen Zügen den Kult dieses ältesten Ahns, der verschluckt worden war vom Siebenten Nommo, dem Nommo selbst, dem Achten Nommo, der mit dem Siebenten eins war und dennoch von ihm unterschieden blieb.

Sein Bündnisstein war aus seinem Schädel hervorgegangen und war das Zeichen des Vorrangs über die acht anderen Hauptsteine und natürlich auch über alle kleineren Steine, die Zeichen der nachfolgenden Ahnen.

Läßt man sich nicht auf die örtlichen Überlagerungen ein, auf die ausweglosen Streitigkeiten um den persönlichen, familiären oder stammesmäßigen Vorrang, auf die endlosen Aufrechnungen der Abstammungslinien, der Vorrechte und Ansprüche, dann kann man sagen, daß es pro Bezirk einen Lebeh gab mit einem Priester, der nur einfach der älteste Mann war, und mit einem Altar, der für Sanga auf dem großen öffentlichen Platz von Unter-Ogol lag, an einer Stelle, die kein Laie betrat und zu der nur die Offizianten bei feierlichen Gelegenheiten Zutritt haten.

Dieser nabelförmige Altar bestand nicht aus gewöhnlicher Erde, denn seine Erde hatte bei der Gründung eine Kraft erhalten, die von weither kam – weit im zeitlichen wie im räumlichen Sinne.

Der Lebeh der mythischen Zeit war im Urfeld bestattet worden, und als den Menschen ihre Wohngebiete zu eng wurden, entschlossen sie sich, seine Überreste in die neuen Gegenden, die sie zu entdecken hofften, mitzunehmen.

Als sie das Grab aufgegraben hatten, fand ihr Ältester darin die Bündnissteine und eine große lebendige Schlange. Man nannte diesen Mann Dyon, das heißt »Ausgräber«. Der Dyon schloß daraus, daß es sich um eine gute Erde handele, da ein toter Körper dort das Leben wiedergefunden habe. Er dachte, wenn er etwas von dieser Erde mitnähme, könne er diesen Wiederbelebungskeim in die künftigen Bezirke verpflanzen und sie so mit den Wesen der Ahnen durchtränken.

Versehen mit diesem Erdklumpen, begab sich der Dyon, wobei ihn andere nachahmten, auf den geheimnisvollen unterirdischen Weg. Die Schlange, die lebendige Verkörperung des Siebenten Ahns und des Lebeh, folgte ihm und trug in einer Längsaushöhlung ihrer Schädeldecke eine Hirseähre.

Der unterirdische Marsch mündete im Südwesten der Klippen, wo der Dyon durch ein Bambusloch ans Licht trat, wie es das Motto, das er seinen Nachkommen hinterließ, noch immer anzeigt.

»Ausgräber! Stößt durch das Bambusloch!«

Andere stiegen in Amami ans Licht, am Fuß der Geröllhalden. Ein anderer am Fuß des Bambaberges.

Wieder andere hatten auf gewöhnlichen Wegen die gleiche Richtung genommen und sich wieder zu ihnen gesellt.

In Kani-Bonzon im Süden der Klippen wurde von Dyon der erste Lebeh-Altar errichtet. Die mitgebrachte Erde wurde am Fuß eines aufgerichteten Steins aufgeschichtet, den man mit Mörtel bedeckte.

In der Folge nahm jedes wandernde Oberhaupt ein wenig Erde von diesem Bauwerk und gründete in einiger Entfernung einen weiteren Altar, der seinerseits wieder den Ausgangspunkt für ganze Schwärme von Altären bildete. So breitete sich der Segen des Urfeldes über das urbar gemachte Land aus, drängte die Unreinheit zurück und half den Menschen, sich einzurichten.

Und die allgegenwärtige Lebeh-Schlange, einzig und vielfältig wie Gott, folgte jeglichem Gründer.

Und deshalb erblickt man unter den Felstafeln von Ober-Ogol im Nordwesten die »Höhle der Frauen, die die Regel haben«, aus der die Schlange am Abend hervorkommt, und im Osten die Höhle namens »Affenbrotbaum Gottes«, in die sie beim Morgengrauen zurückkehrt. Und deshalb konnten auch Leute, die keine gewöhnlichen Menschenaugen haben, sie zuweilen im vollen Sonnenlicht erblicken, zusammengerollt, hellbraun leuchtend, auf der Brache namens »Ruheplatz«, die die

Menschen ihr im Feld ihres Priesters unbebaut lassen.

Denn ihre Aufgabe ist gewaltig. Sie ist die Achse der Fruchtbarkeit, die Beschützerin der Plazenta, die Kupplerin der Lebenskräfte. Täglich muß sie wirken und zu besonderen Daten im Übermaß.

»Jede Nacht«, sagte Ogotemmeli, »begibt sie sich zu ihrem Priester, dem Hogon, durch das Westgäßchen, das Sodamma von Do trennt. Und bei Sonnenaufgang kehrt sie im Osten zwischen Gendumman und Do zurück. Deshalb muß der Hogon bei Nacht zu Hause sein und darf nie aus dem Dorf gehen.«

»Was macht die Schlange beim Hogon?«

Ogotemmeli schwieg lange. Dann sagte er mit noch leiserer Stimme, was jedermann weiß: daß der Lebeh den Leib des Hogon ableckt.

»So«, flüsterte er, »gibt er ihm die Kraft, zu leben für einen Tag.«

Und diese Kraft nützt allen. Der Hogon ist gleichsam der Stellvertreter der Schlange bei den Menschen. Er ist der Stellvertreter der Menschen bei der Schlange. Er ist beladen mit der Gesamtheit des den Menschen und dem Bezirk nötigen Lebens.

Denn im Speichel des Lebeh wohnt die Kraft der Feuchtigkeit, der tönende Dampf, der aus jedem Munde hervorkommt. Einen ganzen Tag lang ist der Greis mit dem Wort begabt.

Die Stimme des Blinden wurde zum Hauch. Er hielt ein, um das Geräusch der Gäßchen abzuhorchen, um zu erraten, wer zugegen war, um das Schweigen derer zu durchbohren, die auf Zehenspitzen mit offenem Mund aus den Winkeln der Gebäude herspähten.

»Deshalb darf keinerlei Schweiß über den Körper des Hogon rinnen. Der Schweiß nähme ihm seine Kräfte. Und wenn Schweiß aus seinem Körper tritt, dann hat er den Lebeh getäuscht und seine Gebote übertreten. Speichel ist Lebenskraft. Wenn das Gebot gebrochen ist, weicht diese Kraft, und der Hogon stirbt.«

Einige Wochen zuvor hatte sich eine der Europäerinnen, die in letzter Minute benachrichtigt worden war, in großer Eile zur Einsetzung des Hogon von Ninu begeben und hatte beobachten können, welche Vorsichtsmaßregeln man getroffen hatte, um ihm jede Anstrengung, jeden Schweiß zu ersparen. Der Greis, der in den Höhlen von Kunnu Sese geweiht wurde, war auf dem Rücken von Männern bis vor seinen Tempel getragen worden, über einen Felsenwirrwarr und schimmernde Steilstrecken hinweg, die einen Fußgänger schon hätten zurückschrecken lassen.

Über diese Maßnahmen befragt, erklärte Ogotemmeli, daß nicht nur der Schweiß, sondern auch die Berührung des Bodens zu vermeiden war.

»Wenn er den Boden berührt hätte, wäre die ganze Hirse rot und trocken geworden.«

Er hätte die Erde versengt.

Denn der Hogon, gewissermaßen ein Produkt der Natur des Lebeh, also des Nommo, also der himmlischen Mächte, also ihres Feuers (denn die großen Nommo sind die Schmiede des Himmels), also der Sonne, darf den ihm zugewiesenen Bezirk nicht zu Fuß verlassen. Dieser Bezirk ist das Dorf und jenes Gebiet außerhalb der Mauern, in dem sich das Geflügel herumtreibt, also nur ein paar Dutzend Ellen.

»Könnte der Hogon nicht auch das Dorf versengen?«

»Gewiß. Aber er trägt Sandalen. Die Sandale ist den Priestern vorbehalten und vor allem dem Hogon. Niemand darf mit Sandalen an den Füßen zum Hogon eintreten. Es darf auch niemand in die Schmiede eindringen, der nicht barfuß ist, denn das Feuer der Schmiede ist dem Himmel gestohlen worden. Es ist Sonne wie der Hogon.«

»Sandalen anlegen heißt also sich für die Sonne halten«, sagte der Weiße. »Aber wieso verhindern sie, daß der Träger die Erde in Brand steckt?«

»Die ersten Sandalen waren aus Eisen. Nicht aus Kupfer, welches Wasser und außerdem Lichtstrahl ist. Sie waren aus Eisen, denn Eisen hat die Farbe des Schattens.«

Der Schatten ist kühl. Er bezeichnet die Abwesenheit der Sonne. Er hilft mit, gegen die Sonne zu kämpfen. Das schattenfarbene Eisen ist ein guter Schutz des Bodens vor feurigen Füßen. In der Hochebene, in Nanduli, zieht der Priester während der höchsten Augenblicke der Weihe, wenn er ganz mit dem Nommo identifiziert ist, die beiden auf dem Altar liegenden Eisensandalen an.

Aber das war noch das erste Stammeln der Technik des Schuhwerks. Man brauchte bequeme Gebrauchssandalen, biegsam wie der Fuß. Die ersten wurden aus dem Fell geschnitten, das der Schmiede als Blasebalg gedient hatte.

»Der große Nommo wies selbst auf das Leder hin, denn das Fell hatte bei der Herabkunft des Schmieds das dem Himmel gestohlene Feuer empfangen.«

Das Fell war also feuerfest. Es war selbst Feuer oder besser: es war gegen das Feuer gewappnet. Es war der beste Schirm zwischen dem Fuß und dem zu beschützenden Boden.

So erlaubten die Ledersandalen den Menschen mit himmlischen Wesenheiten auf der Erde zu wandeln, ohne den Keimen zu schaden. Sie waren diesen Personen vorbehalten, und niemand durfte sie ohne Anmaßung tragen.

Ein anderes dem Hogon eigentümliches Kleidungsstück, das ebenfalls den Ursprung seiner Macht zeigt, ist die rote Mütze.

»Die rote Mütze gleicht einer Sonne auf dem Kopf des Hogon. Niemand anders in Sanga darf sie tragen.«

Kogem lächelte:

»Als ich Soldat war«, bekannte er dem Fremden, »nahm ich an der Grenze unseres Gebietes immer mein rotes Käppi ab.«

»Auch des Kupfers wegen darf der Hogon das Dorf nicht verlassen.«

Wenn ein Hogon stirbt, legt man ihm einen Kupferring um die beiden Knöchel und die beiden Arme. Diese beiden Ringe kommen aus dem Land des Ursprungs, dem Urfeld, dem Grab des Lebeh. Sie wurden aus dem Metall gemacht, das der Siebente nach seiner Verschlingung als Kot von sich gab.

Ogotemmeli erklärte noch einmal das Kupfer.

»Die Strahlen, die aus den Wolken fallen, verwandeln sich in Kupfer, wenn sie die Erde berühren. Aber nicht auf der Oberfläche. In der Tiefe der Erde, tiefer als es die Menschen fassen können. Das des Lebeh hat man gefunden, denn es befand sich in einem Grab, das man aufgegraben hat.«

Die Ringe, die man aus dem Metall schmiedete, sind das Eigentum des Lebeh. Der auf der Erde frisch eingesetzte Hogon wird damit geschmückt. Dann nimmt man sie ihm wieder ab, nicht um sie seinem Nachfolger zu geben, sondern dem ältesten Mann, der diesem Nachfolger folgen wird und der seinerseits, sobald die Stelle von neuem frei wird, zum Hogon ernannt werden wird.

Jeder Hogon hat also während der Zeit der Herrschaft seines Vorgängers die Ringe bereits gehütet. Er ist vom Kupfer durchdrungen. Er ist also wie Kupfer. Und deshalb darf er kein Wasser überqueren, denn dies ist eines der strengsten Verbote des Nommo. Denn da das Nommo in gewisser Weise durch sein himmlisches und lichthaftes Wesen Kupfer ist, nimmt es alles Kupfer wieder zu sich, wenn es über die Wasserstellen geht, die ihm vorbehalten sind.

Der Europäer hatte sich sehr gut mit allen diesen Vorstellungen, allen diesen Modalitäten abgefunden, mit denen die Menschen das Unsichtbare und das Unsichtbare die Menschen manipulieren. Aber im Gedanken an jene Außenstehenden, die eines Tages aus Neugier die Metaphysik der Dogon studieren wollen, warf er jedesmal, wenn sich die Gelegenheit ergab, einige Hindernisse in die Darlegung, durch die der Blinde das Universum zerpflückte.

»Das Nommo«, sagte er, »ist Herr des Kupfers. Es ist also Kupfer. Es sondert Kupfer als Kot ab. Einverstanden. Aber es könnte doch dieses Metall jederzeit überall wieder aufheben und nicht nur dann, wenn der Träger in der Nähe des Wassers vorbeigeht.«

»Habe ich Ihnen nicht gesagt, daß das Kupfer auch Wasser ist? Mit diesem Metall an gewissen Gewässern vorbeigehen heißt es in Gefahr bringen, daß es zu sich selbst zurückkehrt. Heißt riskieren, daß man selbst in die Rückkehr einbezogen wird.«

Tatsächlich sind, wenn das Kupfer an Nommo und dieses an Wasser geknüpft ist, die Flüssigkeit und das Metall von gleicher Wesenheit.

Und Ogotemmeli fuhr in der konkreten Verdeutlichung der Grundlage des Dogondenkens fort:

»Die Sonne ist gebrannte Erde, von einer Kupferspirale umgeben, die in Weißglut gebracht ist, die ihr ihre tägliche Bewegung verleiht und die dem Universum Licht und Leben gibt. Die Sonne ist wie geschmolzenes Kupfer. Man kann es nachprüfen. Im Feuer erstrahlt das Metall wie das Gestirn. Aber diese Strahlen, das sagte ich Ihnen schon, sind die Pumpen der Feuchtigkeit, die Wolkenbildner. Sie sind die Wege des Wassers, sie sind Wasser. Man sieht sie daher nur zur Zeit der heißen Nebel und der Gewitter. Und deshalb heißen die Sonnenstrahlen *Menn di,* ›Wasser aus Kupfer‹.«

Der Weiße machte absichtlich einen Gedankensprung:

»*Mendi* ist auch der Name eines Gebirges.«

Ogotemmeli hob den Kopf. Diese Weißen, dachte er sicher, diese Weißen sind manchmal gar nicht so dumm, wie es sich die Schwarzen gewöhnlich vorstellen.

»Ja«, sagte er. »Die Unwissenden sagen Menti. Aber man muß es Mendi aussprechen.«

Der Mendi erhob sich wie ein Dom über dem Hochland des Nordens, nicht weit von Tintam, zwei Tagereisen von Sanga. Der Europäer hatte das Gebirge schon einige Zeit zuvor in einem trockenen Nebel daliegen sehen, der aufgeblasen war wie ein Schlagwetter, das platzen will.

»Man nennt das Gebirge Kupferwasser, weil es Kupfer enthält und viel Wasser liefert. Und deshalb kehren die Seelen der Toten dorthin zurück, bevor sie ihre Reise nach Süden antreten. Sie versorgen sich dort mit dem Kupfer, das sie auf ihrer langen Reise trinken. Es ist ihr Wasservorrat.«

Der Europäer erinnerte sich eines Informanten angesichts des Gebirges.

»Die Seelen der Toten ziehen massenweise dorthin. Sie drängen sich zum Mendi zu Fuß, zu Pferd, auf Tragochsen. Heutzutage kommen sie auf überladenen Lastautos, um Wasser zu suchen.«

»Der Segen des Nommo«, schloß Ogotemmeli, »besteht auch darin, daß es den Menschen das Kupfer gegeben hat.«

19. Tag: Der Kult der Binu

Man durfte annehmen, daß die Institution des Lebeh im Zentrum jenes pseudototemistischen Binukultes stand, mit dem sich die Weißen seit mehreren Jahren beschäftigten.

Auch hatten die Untersuchungen, die sie im Laufe ihres neuerlichen Aufenthalts durchführten, nur die Bestätigung dessen erbracht, was die Forschergruppe hierüber bereits veröffentlicht hatte.

Der Kult der Binu verehrt die acht Ahnen und trachtet danach, sie und gewisse hervorragende Menschen, die in der Folgezeit im Kielwasser dieser acht lebten, den Lebendigen günstig zu stimmen.

Erst lange Zeit nach der Enthüllung des Wortes und der modernen Organisation der Welt war der Tod aufgetreten. Bis dahin waren die Menschen unsterblich oder machten zumindest nach einem langen Leben eine Metamorphose durch, die der der acht Großen vergleichbar war. Sie begaben sich in den Ameisenhügel, tauchten in ihn ein und ließen an seinem Rand als Zeichen ihrer Leiblichkeit einen Napf zurück. Aber statt daß sie, nachdem sie Nommo-Gestalt angenommen hatten, in den Himmel stiegen, blieben sie auf der Erde.

Als der Tod erschien, konnten sich nur noch einige sehr alte Menschen nach dieser Regel verwandeln. Die anderen folgten dem Gesetz der Zerstörung des Körpers. Die neuen Riten sollten daher die geistigen Kräfte, die sie freigesetzt hatten, wieder in Ordnung bringen.

Vom Auftritt des Todes an wurden die Menschen unbekannten Gefahren unterworfen, und ihre Ahnen, die den Tod nicht kannten, kamen ihnen zu Hilfe und kehrten zu ihnen zurück, daher ihr Name Binu.

Bei seiner Verkörperung erschien der Binu einem seiner Abkömmlinge in menschlicher oder tierischer Gestalt und gab ihm einen der Bündnissteine *(Dugeh)* zurück, die er im Grab des Lebeh gefunden hatte. Diese Steine hatten die Greise auf ihren Wanderungen bei sich getragen, oder sie waren in der Erde zurückgelassen worden und auf mysteriösen Wegen bis ins heutige Gebiet der Dogon gelangt.

Mit diesem Stein und verschiedenen Gegenständen versehen, die zu den Gerätschaften des Ahns gehörten, baute der auserwählte Abkömmling ein Heiligtum und begründete einen Kult, dessen Priester er wurde.

Vor seinem Tod verbarg er den Stein in Schluchten oder Tümpeln, und sein Nachfolger, besessen vom Nommo und dem Geist des Binu, machte sich auf die Suche, schweifte um die Felsen herum, durchwühlte die Gewässer, bis er ihn gefunden hatte und so die Wirklichkeit seiner himmlischen Berufung nachwies.

Noch heute trifft man in den Dörfern Menschen mit leuchtenden Augen, die auf einmal ihre Arbeit verlassen oder mitten in der Nacht emporfahren, um sich unermüdlich auf eine Suche zu machen, die jahrelang dauern kann.

Der Europäer hatte im Viertel Spitz-Dodyu den Bewerber um die Priesterschaft von Binu-Ogoineh kennengelernt, einen der intelligentesten und gebildetsten Burschen von Sanga. Er bewarb sich um einen Kult, dessen letzter Priester vor mehr als einem Jahrhundert verstorben war. Doch hatte bisher niemand in all dieser Zeit die rituellen Gegenstände dieses Kultes wiederfinden können.

Jede Familie, die zu einer der acht großen Ahnengruppen gehört, hat einen Binu, der dieser Gruppe zukommt. Dieser Ahn kann weitverzweigten Familien gemeinsam sein, die dadurch eine wichtige Gemeinschaft bilden. Zuweilen wird auch das Material eines Heiligtums zwischen verschiedenen Familien geteilt.

Bei der Aussaat und bei der Ernte werden den Binu regelmäßige Opfer dargebracht. Dabei handelt es sich für die Angehörigen darum, an der Kraft des Ahnherrn teilzuhaben, einer Lebenskraft par excellence, denn der Ahn hat ja den Tod nie erlitten.

Schon am Anfang ihrer Forschung, der fünfzehn Jahre zurücklag, hatte die Forschergruppe diese Einrichtung zu untersuchen begonnen.

Der äußere Eindruck war überzeugend. Im Laufe der Mythen tauchten die Tiere auf, spien die Bündnissteine aus, die ihnen der Ahn hatte zukommen lassen, und mußten daher gemieden werden, wurden »tabu«, wie man im europäischen Kauderwelsch sagt. Die einen schienen eine einfache Mittlerrolle zu spielen, als Überbringer von Botschaften, als Retter. Andere hingegen wurden mit dem Ahn selbst gleichgesetzt. Der Mythos von Binu Tireh, dem Ahnherrn der Familie von Ogotemmeli, die ursprünglich dem Wohnviertel Sodamma in Ober-Ogol entstammt, gibt dafür ein gutes Beispiel:

Als er alt geworden war, pflegte dieser Ahn, wenn die Erwachsenen bei der Feldarbeit waren, im Haus seines ältesten Sohnes die Kinder zu hüten. Eines Tages verwandelte er sich in eine Schlange, was die Kinder erschreckte. Da er aber bei Heimkunft der Männer seine frühere Gestalt wieder annahm, glaubte man an kindliche Einbildungen. Die Verwandlung wiederholte sich jedoch, und als der älteste Sohn einmal unvermutet von den Feldern zurückkehrte, überraschte er den Greis in voller Verwandlung. Dieser schämte sich, daß er entdeckt worden war, und verwandelte sich sofort in eine Pferdeantilope, um schleunigst zu entfliehen. Von den Menschen verfolgt, stürzte er sich im Südwesten beider Ogol in eine Höhle namens Kommo Dama und grub sich darin ein.

Der Mensch, der ihm nicht zu folgen wagte, blieb am Eingang des Loches und hörte, wie der donnernde Galopp des Tieres sich in den Eingeweiden der Erde verlor und verhallte. Schon wollte er fortgehen, da er nichts mehr vernahm, als er einen Lärm hörte, der immer stärker wurde. Der Lärm wurde zum Grollen, wuchs an zum Gewitter, und eine gewaltige Welle brandete schließlich aus der Tiefe der Höhle hervor, erstarb vor den Füßen des Menschen und zog sich wieder zurück.

Als er zu Boden blickte, bemerkte der Mann einen Stein, den die Flut dort niedergelegt hatte: den Bündnisstein, den der Greis bei seinem Verschwinden in die andere Welt zurückließ. Er hob ihn auf, vertraute ihn schließlich einem Angehörigen seiner Familie an, der sich als vom Geist des Ahns und des Nommo besessen erwies und der der erste Priester des Binu Tireh von Sodamma werden sollte.

Man hätte also annehmen können, daß der Totemismus der Dogon, obwohl er einen besonderen Charakter hatte, dennoch die Bedingungen erfüllte, welche die Soziologen erwarten.

Darüber hinaus stützen die Einheimischen noch diese Auffassung durch einen Wortmißbrauch: Sie bezeichnen den Ahn und das zu meidende Tier ohne Unterschied als Binu.

Und dennoch blieb ein Zweifel. Es war der menschliche Ahn und er allein, der in dem Kult die große Rolle spielte. Das Tier schien immer nur eine Zutat zu sein. Die Beziehungen zwischen den Menschen und dem Tier traten nicht klar hervor. Die Forschergruppe war schließlich dazu gelangt, das Wort Totem zu vermeiden und allerlei Neuprägungen zu versuchen. Sollte man von einem Binuismus sprechen?

Solange die Beziehungen zwischen dem Menschen und dem Tier nicht klargestellt waren, ließ sich das nicht entscheiden.

Ogotemmeli lieferte eine Lösung, die zweifellos provisorisch, aber so originell war, daß sie die Frage des Totemismus völlig neu aufwarf.

Er begann jedoch das Gespräch mit einigen Aphorismen, die

das Problem noch in keiner Weise erhellten.

»Das Tier«, sagte er, »ist den Menschen überlegen, denn es stammt aus dem Busch und ist nicht zur Arbeit gezwungen. Viele Tiere ernähren sich von dem, was der Mensch mühsam anbaut.«

Er ging sogar so weit, zu sagen, daß die Tiere vollkommener seien als die Menschen, solange sie das Wort nicht hatten. Für sie bedeutete es eine besondere Qualität, das Wort nicht zu haben.

Wollte er damit sagen, daß das Wort, der Träger des Fortschritts, die Grundlage der Organisation der Welt, schließlich nur ein Unglück war? Wollte er sagen, daß das Wort irgendwie aus der Unordnung geboren und nötig geworden war, um den normalen Ablauf der Dinge wiederherzustellen? Wollte er sagen, daß, wenn sich die Welt ohne Bruch von ihrem Ursprung her weiterentwickelt hätte, weder das Wort noch die Techniken, diese beiden so eng miteinander verbundenen Dinge, je nötig gewesen wären? Wollte er sagen, daß die Tiere vom Unheil der Menschen verschont geblieben seien?

Ogotemmeli hat nie eine Antwort auf diese Fragen gegeben.

Aus seinen ersten Erklärungen schien hervorzugehen, daß die Rolle des Tiers mit der ursprünglichen Zwillingsgeburt verknüpft war, daß sie in der Wiederverteilung, der Reorganisation, der Kompensation bestand.

Der Mensch, sagte sich der Europäer, um seine Gedanken zusammenzufassen, hat die Zwillingsgeburt verloren. Da greift das Nommo ein und gibt jedem Kind zwei Seelen verschiedenen Geschlechts. So entsteht eine Schwierigkeit. Das Wesen ist männlich und weiblich. Man muß im einen oder im anderen Sinne entscheiden. Beschneidung und Exzision sind die Lösung. Vorhaut und Klitoris, in denen die zweite Seele fixiert ist, werden entfernt. Zweite Schwierigkeit: Eine Seele bleibt übrig und hat keinen Träger. Die Lösung: Die Vorhaut wird zur Eidechse namens »Sonne«, die Klitoris zum Skorpion. Nächste Schwierigkeit: Diese Trägertiere sind ungeschlacht, zu nahe den Schöpfungen aus der Urzeit der Welt. Die zweite Seele, die immer mit dem Betroffenen in Beziehung bleibt, ist schlecht abgestützt, schlecht gesichert. Und die Lösung?

Ogotemmeli überlegte. Man war an der Wurzel einer der

ältesten menschlichen Einrichtungen.

»Als aus dem ersten Paar die acht Ahnen geboren wurden, wurden im Himmel acht verschiedene Tiere geboren.«

»Von wem?«

»Von den von Gott Amma von Ursprung an geschaffenen Tierpaaren. Bis dahin hatten sie aber keinerlei Beziehung zur Erde. Als die acht Menschen geboren wurden, hatte jeder von ihnen eine Seele, die er gemeinsam mit einem Tier besaß. Aber der Mensch blieb auf der Erde, und seine Entsprechung blieb am Himmel. Erst nach der Verwandlung im Ameisenhügel, nach ihrer Verwandlung in Nommo, stiegen die Ahnen zum Himmel empor und gesellten sich zu ihrem Tier, ohne jedoch in ihm aufzugehen.«

Und in der Folgezeit verwandelten sich die Menschen auf die gleiche Weise. Aber sie stiegen nicht zum Himmel empor, blieben also für immer geschieden von ihrer Entsprechung, die zur gleichen Zeit wie sie in jener Gattung, die ihrer Familie entsprach, geboren wurde.

Als der Tod auftrat, war das neue Weltsystem in Form des himmlischen Speichers, auf dem alle Tiere dargestellt waren, bereits vom Himmel herabgekommen. Deshalb waren die verwandelten Ahnen irgendwie durch ihre tierischen Entsprechungen vertreten, die seit jener Zeit die unbebaute Erde bewohnten, die die Dörfer umgibt, und nicht mehr im Himmel.

»Das Tier«, sagte Ogotemmeli schließlich, »ist gleichsam der Zwilling des Menschen.«

Und dieses Zwillings bediente sich der Ahn, um sich den Lebenden, denen er helfen wollte, zu erkennen zu geben. Denn das Tier war wie sein Zwilling, deutlich unterschieden von ihm, in anderen Zonen geboren, offensichtlich von vielfältiger Gestalt, aber von gleicher Wesenheit und von dem gleichen Ursprung, der bis in den Himmel hallt.

Indem sich der Ahn manifestiert, läßt er dem Menschen eine wertvolle Hilfe zuteil werden, eine Hilfe, deren wirksamstes Element die Offenbarung dieses unbekannten Zwillings ist, in dessen Nähe ein jeder lebte, ohne es zu wissen, und der geachtet werden muß, indem die Familie ihn meidet.

So richtete sich von Enthüllung zu Enthüllung das Volk der Dogon insgesamt in einem neuen System ein, in dem jeder

Mensch zwei Träger für seine zweite Seele hatte. Die eine bestand von seiner Geburt an in dem Tier, die andere war bei der Beschneidung die Eidechse »Sonne«.

Ogotemmeli ging breit auf die Rolle des Tiers ein, auf diesen Zwillingsaspekt, auf die Verteilung des Geistigen, auf die Pflichten des Menschen gegenüber seiner Entsprechung, seinem zu Meidenden, auf diese Lebensbürgschaft außerhalb seiner selbst. Plötzlich aber erschien das System in seiner ganzen erstaunlichen Kompliziertheit.

»Ich habe gesagt«, bemerkte er und faßte wie üblich das, was er dargelegt hatte, zusammen, »daß die ersten Kinder und die Tiere des Himmels keine Folge hatten (er wollte damit sagen, keine Beziehungen zueinander). Erst nachdem man beschnitt und exzisierte, gab es Beziehungen. Bei jeder Geburt eines Menschen wird also ein zu meidendes Tier geboren. Dieses aber hat wiederum einen Zwilling, ein zu meidendes Tier. Dieses abermals, und so weiter. Jede Menschenfamilie steht an der Spitze einer ganzen Klasse von Tieren.«

Er betonte diese wichtige Tatsache. Jede Menschenfamilie war Teil einer langen Serie von Wesen, und die Gesamtheit der Familien war mit der Gesamtheit des Tierreichs verbunden. Und dahinter tat sich, noch dunkel, das Pflanzenreich auf.

»Wenn ein Mensch geboren wird«, sagte der Blinde, »werden, da er der Kopf (das heißt das Oberhaupt) ist, alle zu meidenden Tiere und alle, die von den zu Meidenden gemieden werden müssen, gleichzeitig geboren.«

So war also in jeder der acht Familien der Mensch ein Auslöser von Wesenheiten, der das Leben bis an den äußersten Rand einer Serie von Wesen erschütterte, die ein Achtel der gesamten Schöpfung ausmachte.

Die Auffassung, die einer solchen Ordnung zugrunde liegt, setzt voraus, daß der Zwang der Meidung vom menschlichen Standpunkt aus sich auf die gesamte Gattung erstreckt. In Wirklichkeit galt diese Regel aber nur für eins oder zwei Tiere und eine Pflanze. Denn der Mensch war sonst in ein Netz von Unmöglichkeiten eingezwängt.

»Als ich auf die Welt kam, wurde eine Pferdeantilope geboren. Das Wesen, das die Antilope meiden muß, ist der Panther. Also wurde auch ein Panther geboren. Aber der Panther muß seinerseits die Antilope meiden.«

So war der Ring geschlossen.

»Obwohl jedoch«, sagte der Blinde, »der Mensch sich nicht um alle Wesen der Serie kümmert, werden bei jeder Niederkunft die Geburten aller der Tiere und Pflanzen ausgelöst, die mit seiner Familie verbunden sind.«

Das heißt also: Wenn in irgendeiner der acht Familien ein Kind geboren wird, wird die ganze Schöpfung in Bewegung gesetzt.

Der Europäer verabschiedete sich. Die ersten Schreie der von den Weiden zurückkehrenden Esel ließen sich in Richtung Lulli vernehmen.

Hinter jedem Menschen, den der Europäer in den Gäßchen traf, glaubte er die Schatten eines Achtels der belebten Welt zu erkennen.

20. Tag: Das Opfer

Während er die Gäßchen von Unter-Ogol, von Spitz-Dodyu über Ginna und Amtaba nach Tabda hinaufschritt, dachte der Christ an das unauslotbare Mysterium der Riten, aus denen das Blutopfer besteht.

In den Binutempeln, auf den Lebeh-Altären, auf den zu tausenderlei Verwendung bestimmten nabelförmigen Erdhügeln, die sich schamlos inmitten der Höfe erheben oder sich längs der Wände verbergen, sterben das ganze Jahr über Tiere zu den dafür vorgesehenen Zeiten. Alle verlieren ihr Blut, um die Verbindungen mit dem Himmel herzustellen, die die Menschen hartnäckig aufrechterhalten. Die Hühner vergießen ihr Blut mit hängendem Kopf, die Flügel gespreizt, die Füße zusammengepreßt in der harten Faust des Opferers. Die Lämmer werden mit ausgestreckten Armen, noch zuckend, zu den Männern auf den Terrassen emporgereicht, um über die mit Haken und kreuzförmigen Amboßeisen versehenen Stirnseiten geschleudert zu werden. Die Schafe verspritzen ihr Blut aus mit Blasen gefüllten Wunden, und die Blutströme rieseln über die Fassaden und ziehen ein Rot hinter sich her, das sich allmählich in Braun verwandelt, so wie rotglühendes Eisen langsam in dunklere Töne übergeht.

War ein Opfer so schwer, daß man es nicht von dem Boden,

auf dem es starb, emporheben konnte, dann hielt man ihm Kalebassen unter die Kehle, aus der das Blut wie eine Fontäne herausschoß, und dann verteilte der Opferer die Fluten wie ein geistlicher Gärtner über alle eisernen Stecklinge und geweihten Hölzer.

Man hätte sagen können, daß alle Haustiere von Sanga auf den Altären starben, mit Ausnahme des wenigen Rindviehs, das man seit ein paar Jahren auf dem Markt feilbot.

Und der Christ, der weiter durch die Gäßchen schritt, in denen die Frauen mit ihrer sanftesten Stimme den Morgengruß austauschten, dachte an all die Tinte, die wegen dieses Blutes geflossen war, an alle die Hypothesen, die man aufgestellt hatte, um die Blutgier der opfernden Menschen zu erklären.

Er hatte den Eindruck, daß die einzigen, die es verstanden, die einzigen, die es erklären konnten, gerade die einzigen waren, die die Schrift nicht kannten.

Er hatte schon einige Jahre zuvor den Mechanismus der rituellen Tötung erahnt. Ein fünfzehnjähriger Dogon hatte ein Mitglied der Forschergruppe auf die richtige Bahn gelenkt, und plötzlich war alles klar geworden. Unter den verschiedensten Erscheinungsformen, ob es sich um Weihe, um Buße, um Zukunftsschau, um Reinigung, um einen Verkehr mit dem Unsichtbaren oder mit sich selbst handelt, bei den Dogon hat das Opfer immer die gleiche Wirkung: die Neuverteilung der Lebenskraft.

Dabei handelte es sich aber nicht sosehr darum, einem Opfer seine Kraft zu nehmen, um sie woanders hinzubringen und die Kraft dieser oder jener sichtbaren oder unsichtbaren Person zu vergrößern. Es handelte sich vielmehr darum, Kräfte in Bewegung zu setzen, in einem Kreislauf, der aus dem Opferer, dem Opfer, dem Altar und der angerufenen Macht bestand. Im Falle eines gewöhnlichen Gottesdienstes gegenüber einer Macht wie dem Nommo, dem Sohn Gottes, oder wie dem Gott Amma trat dieser Mechanismus deutlich zutage.

Im kritischen Augenblick, das heißt, wenn das Blut fließt, dann formuliert der Mensch ein Gebet, durch das er die Macht, zum Beispiel das Nommo, anruft und seine Gebärde erklärt. Dieses Gebet wird mit lauter Stimme gesprochen. Es ist also selbst eine Ausspeiung der Kraft, die den Spiralen des Wasserdampfs folgt, der dem Munde entweicht. Diese Kraft ruft einesteils das Nommo selbst an. Anderenteils leitet sie jene Kraft an, die aus der offenen Kehle des Opfers herausfließt und sich über den Altar ergießt.

Auf dem Altar gesellt sich die neue frische Kraft jenen Kräften zu, die eine lange Reihe ritueller Tötungen bereits dort niedergelegt hat.

Denn der Altar ist ein Reservoir, in dem sich Kräfte aufspeichern und aus dem der Mensch im gegebenen Augenblick Kräfte schöpfen kann. Er ist auch der Ort der Begegnung zwischen dem Menschen und dem Unsichtbaren.

Sobald der Altar genährt ist, sobald seine Macht durch den frischen Beitrag erneuert ist, kommt das durch das Wort in Bereitschaft gesetzte Nommo, trinkt, stärkt sich und erhält sich am Leben. Daher kommt das Dogonwort, das das Opfer bezeichnet, aus einer Wurzel, die »wiederaufleben lassen« bedeutet.

Aber indem es den Altar heimsucht, führt das Nommo einen Strom herbei, der ebenfalls ein frischer Beitrag ist. So entsteht eine Emulsion, ein brodelndes Amalgam, aus dem zwei Strömungen hervorbrechen.

Die eine davon wird vom Nommo gepackt und stellt seine Nahrung dar. Die andere, vom menschlichen Standpunkt aus wichtigere, steigt dem Blutfluß des Opfers entgegen, dringt in die offene Kehle ein, folgt den Blutkanälen und lagert sich in der Leber ab, dem bevorzugten Organ, dem geheimen Schmelztiegel der Persönlichkeit.

Dann wird das Opfer zerlegt, zubereitet, verzehrt. Aber die mit frischer Kraft gefüllte Leber kommt dem Berechtigten des Ritus zu, also dem Opferer, dessen eigene Leber sich durch den kräftigenden Zustrom aufbläht. Durch diesen Verzehr nimmt er also einen Teil der Kraft des Nommo zu sich und schließt so den durch das Wort geöffneten Kreis, da das Wort ja bereits aus einer Leber hervorkam.

Der Europäer erinnerte sich an alle diese Einzelheiten, die wohl die besten Erklärungen darstellten, die von den Ausübern eines oft tausendjährigen Brauches gegeben wurden. Und er stellte fest, daß das, was aus der Leber gekommen war, in die Leber zurückkehrte. Der Mensch spie etwas aus, um es wieder einzuschlucken, und in diesem Zyklus geistiger Wechselbeziehungen einer scheinbaren Nahrungsaufnahme befanden sich sowohl das Opfer wie der Altar Gottes.

Aber schloß sich der Zyklus wirklich auf diese Weise?

Ogotemmeli hatte sich über das Funktionieren des Opfers nie besonders ausgelassen. Er nahm an, der Europäer habe das Problem gelöst, denn er wußte, daß der Europäer sich darüber informiert hatte, und außerdem schien ihm die Sache recht selbstverständlich.

Er hatte zwar über das Opfer Deutungen zu bieten, aber er hatte damit gewartet, bis sein Gesprächspartner mit verschiedenen Praktiken und Vorstellungen vertraut war. Denn ihm war klar, daß ohne Kenntnis der Vorstellungen, die sich die Dogon über das Wort und seine Wirkungen machten, seine Erklärungen unverständlich bleiben mußten.

Der Weiße, der in Tabda eindrang und die Wegbiegung einschlug, die zu dem Blinden führte, blieb plötzlich stehen und machte Kogem ein Zeichen, auch zuzusehen. Im dunklen Winkel des Gäßchens verfolgte ein schwarzes Küken mit einem umgekehrt trapezförmigen Schwanz irgend etwas Unsichtbares. Es sprang in alle Richtungen, drehte sich in der Luft um sich selbst, blieb plötzlich stehen, um vorsichtig weiterzulaufen, den Schnabel dicht über der Erde. Aber da der Fremde stehengeblieben war, stürzte sich das Tier auf einen hellen Fleck, der einige Augenblicke unbeweglich auf der Mauer lag. Es war der Reflex des gelben Schirms der Kamera, die der Weiße immer bei sich trug.

In seinem Hof schritt Ogotemmeli in seinen braunen Lumpen mit vorsichtigen Schritten voran. Seine Füße kannten alle Ritzen der Steine, alle Staublöcher. In der Rechten hielt er seinen glänzenden Stock, der ihm bis zur Schulter reichte. Mit der Linken preßte er jenen Sack aus schwarzem Leder an sich, den man zwei Tagesmärsche weit im Umkreis kannte und der seine Zaubermittel enthielt.

Nachdem er lange gegrüßt hatte, setzte er sich an seinen gewöhnlichen Platz in den Eingang des zweistöckigen Hauses. An diesem Tag war seine Stimme kaum zu vernehmen, denn er sprach abermals vom Lebeh und seinem Priester, dem Hogon. Er wollte dem Europäer den Sinn des jährlichen Opfers erklären, dessen erster Teil auf dem Außenaltar vollzogen wird, der in der Mitte des großen Platzes von Ober-Ogol liegt und »Terrasse des Lebeh« genannt wird.

Es handelte sich da um einen nabelförmigen Hügel aus grauer Erde, um den alle Bewohner sorgfältig herumgingen und in dem ein Stückchen Erde enthalten war, die man in früheren Zeiten dem Altar von Kani-Bonzon, der ersten Zwischenstation auf den Wanderzügen der Dogon, entnommen hatte, und der selber aus jener Erde des Grabes geformt war, die man aus dem Urfeld mitgebracht hatte. Dieser Erdhügel stellt also irgendwie das Grab des Lebeh dar.

Am festgesetzten Tag wird nach den Feierlichkeiten, die die Periode der Aussaat eröffnen, auf dem Altar eine Ziege geschlachtet.

»Ein Schmied ist dabei«, sagte Ogotemmeli. »Mit seinem Amboß. Er steht vor demjenigen, der die Leber essen wird.«

»Wer wird die Leber essen?«

»Der älteste der ›unreinen‹ Leute.«

Die »Unreinen« sind jene Menschen, die von den meisten Meidungen entbunden sind, besonders von denjenigen, die den Tod betreffen. Jede Familie hat deren mehrere, die durch das Orakel bezeichnet worden sind. Nur sie sind befähigt, ohne Gefahr mit den Kräften, die die Toten ausstrahlen, umzugehen.

»Warum ein ›Unreiner‹?«

»Weil das Opfer auf einer Grabeserde vollzogen wird und weil der ›Unreine‹ heutzutage weder tot noch lebendig ist, so wie es der Lebeh einst war.«

So war also der »Unreine« eher geeignet, die Kraft zeitweilig in sich aufzunehmen, die durch das Verschlingen der Leber vom Opfertier in ihn hinübersteigen sollte.

»Von der Schlachtung an«, fuhr der Blinde fort, »schlägt der Schmied mit seinem Amboß auf den Boden. Und er hört erst auf, wenn alles verzehrt ist. Indem er schlägt, hilft er dem Hinübersteigen der Kräfte.«

Die Lebenskraft des Lebeh, die in der Grabeserde enthalten ist und die des Altars durchdringt, steigt im Rhythmus der Schläge in die Leber der Ziege, und von dort dringt sie in die Leber des »Unreinen«, der ja die Leber der Ziege, nachdem sie gekocht ist, verzehrt.

»Die Schläge des Ambosses rufen die Bewegung hervor.«

Er wollte damit sagen, daß die Schläge das Anrufungsgebet ersetzen und der Bewegung ihre Richtung vorschreiben. Außerdem sollten diese Schläge an jene Schläge erinnern, die der vom Himmel gefallene Schmied austeilte, während sich die unterirdische Verschlingung und Auferstehung vollzog.

»Wenn der ›Unreine‹«, fuhr Ogotemmeli fort, »die Leber des Tieres verzehrt, so ist es, als ob er den Schädel des Lebeh, den Schädel seines Urvaters äße. Denn es ist die Kraft des Schädels des Lebeh, die in das Opfertier übergeht.«

Dies erinnert an die Lage der Steine, die der Siebente Nommo, nachdem er den Lebeh verzehrt hatte, in das Grab hineinspie. Während die Steine der Gelenke für den Kult der Binu bestimmt waren, war der Stein, der den Kopf ersetzte, das Zeichen des Lebeh-Kults selbst, da er sowohl den wunderbaren Achten Ahn darstellte, wie auch mit ihm identifiziert wurde.

»Der ›Unreine‹ ißt die gekochte Leber«, sagte der Blinde, »denn das Feuer läßt alles Schädliche daraus entweichen. Der schlechte Teil der Galle, der in der Blase enthalten ist, entweicht in den Flammen, und das gute Prinzip bleibt.«

Schließlich erklärte Ogotemmeli, der die Stimme immer mehr senkte und sich versichert hatte, daß weder die Frau des Hogon noch seine eigene ihn hören konnten:

»Indem der ›Unreine‹ die Leber ißt, gibt er sein eigenes Leben.«

Man war an einem Wendepunkt der Untersuchung angelangt. Ogotemmeli spie aus und nahm sich wieder Tabak. Während einiger Minuten war nur von einem undurchsichtigen Streit um ein nördlich des Sammtigu-Tales gelegenes Feld die Rede, das rechts von einem Felsen namens »Ta-Höhle« lag. Ogotemmeli sprach mit Leidenschaft. Er fand die Sache sonnenklar und hielt die Leute des Felsens von Go für Lügner. Er wollte nicht einmal ihren Namen in den Mund nehmen. Er sagte: »Die Leute von Go.«

»Der ›Unreine‹?« ermahnte ihn der Christ.

»Indem er die Leber ißt, wird der ›Unreine‹ zum Lebeh selbst.«

Das heißt zu demjenigen, der gestorben ist, der verschlungen wurde, der wieder auferstand für die Neuordnung der Welt.

»Der ›Unreine‹ ist wie der Lebeh. Er trägt in seiner Leber die Lebenskraft des Lebeh. Er ist gleichsam seines eigenen Lebens entleert, um sich mit dem des Ahnherrn zu füllen. Und da in der Leber das Wort geboren wird, ist alles, was der ›Unreine‹ sagt, beim Opfer und noch lange nachher, als sei es vom Lebeh selbst gesprochen. Indem er spricht, vermittelt der ›Unreine‹ allen das gute Wort.«

So durchlief man also einen anderen Abschnitt des Opfers. Man hat bereits gesehen, wie der Kreislauf der Bewegungen der Kräfte vom Opferer ausgeht, die unsichtbare Macht, den Altar und das Opfer durchdringt, um zum Opferer zurückzukehren. Man hätte sich mit dieser Deutung zufriedengeben können. Aber das Denken der Dogon blieb nicht dabei stehen. Die einmal angestoßenen Kräfte setzten ihren Weg fort. Durch das Wort des Menschen, der sich mit dem Toten, dem Handelnden der dritten Offenbarung, identifizierte, verteilten sich die Lebenskräfte auf die Menschheit, soweit dessen Stimme reichte.

Bei dieser Handlung war der älteste »Unreine« nicht allein. Er wurde von anderen Menschen der gleichen Art unterstützt, die den Rest des Opfers verzehrten. Auch sie erhielten die Macht über das Wort, aber in geringerem Grade. Aber auch ihre Stimme war wirksam, und man vernahm sie zum Wohl der Gesellschaft.

Ogotemmeli setzte jedoch seine Darlegung fort. Er behandelte dabei nicht mehr das Generalthema des Opfers, sondern jenes Opfer, das man dem Lebeh während der Aussaat brachte und das man am Tage nach der Schlachtung der Ziege auf dem äußeren Altar fortsetzte.

Das zweite Opfer fand im Hause des Hogon statt auf einem Altar, der nicht eigentlich für den Lebeh, sondern auch und vielleicht überhaupt für den Siebenten Nommo errichtet war, der den Lebeh verschlungen hatte.

Dieser Altar war wahrscheinlich nicht aus Grabeserde geformt, denn der Hogon, ein besonders »lebendiger« Mensch, verzehrte die Leber des Opfers, nachdem er das Gebet aufgesagt hatte, das die Erwartung des ganzen Gebietes zusammenfaßte:

»Gott, empfange den Gruß des Morgens!
Ahnen, empfangt den Gruß des Morgens!
Wir sind angelangt am gewählten Tag.

Wir gehen hinaus, um zu ackern.
Gott, bringe die Hirse zum Keimen.
Mögen die acht Körner aufbrechen
So wie die neunte Kalebasse.
Gib dem eine Frau, der keine Frau hat.
Dem, dessen Frau kein Kind hat.
Gib ein Kind.
Beschütze die Männer vor Dornen.
Vor den Bissen der Schlange.
Vor dem üblen Wind.
Gieße den Regen aus.
Wie man den Wasserkrug ausgießt.
Hirse, komme!«

Ogotemmeli sagte nicht, ob der Hogon sich mit dem Siebenten Nommo identifiziere. Aber das war nicht sehr wichtig, denn die Verbindung des Siebenten, des Verschlingers und Auferweckers, mit dem Lebeh, dem Verschlungenen und Auferweckten, fand am gleichen Tag statt. Die »Unreinen«, die am Tage zuvor im Fleische des Lebeh kommuniziert hatten und deren Ältester eine richtige Transsubstantion durchgemacht hatte, stürzten sich im Augenblick des Opfers zur Wohnung des Hogon, um die Nichttrennung, die ständige Vereinigung des Siebenten und des Lebeh, der ja die Familie des Achten Ahns darstellte, zu erbitten, das heißt die enge Verbindung zwischen dem Wort und dem Herrn des Wortes.

So versicherte man sich durch den Opferritus des Fortbestandes der Ordnung, die seit der Wiederauferstehung im Urfeld bestand und die durch das Keimen der in die Erde gelegten Körner fortgesetzt werden sollte.

Aber Ogotemmeli wollte einen nicht in dem Glauben lassen, daß allein das während der Aussaaten dem Lebeh dargebrachte Opfer die Fähigkeit habe, die Ausbreitung der guten Worte zu gestatten.

»Bei jedem Opfer«, sagte er, »ist die Wirkung die gleiche wie bei dem des Lebeh. Zuerst nährt man sich selbst, stärkt sich, dann gibt man das Wort, die Kraft, an alle Menschen weiter.«

Selbst bei den Opfern der Selbsterhaltung, bei denen jeder auf seinen eigenen Altären opfert, von denen der eine seinen Kopf, der andere seinen Körper darstellt, dient das Mahl des Opferers der Allgemeinheit.

Und das gilt für die ganze Skala der Blut- und Trankopfer, die die Menschen über die Altäre der Dorfgründung, über die Altäre der Wohnviertel, über die Heiligtümer der Familie, über die Zwillingstöpfe, über die Ahnentöpfe, über die Große Maske, über die Feueraltäre ausgießen.

So haben alle Opfer die gleiche Wirkung wie der gemeinsame Ritus, der bei der Aussaat von der Gemeinschaft gefeiert wird. Nachdem er kommuniziert hat, spricht der Mensch, und sein Wort, das von den Kräften der Ahnen durchdrungen ist, teilt sich den anderen mit.

»Der Altar«, sagte Ogotemmeli, »gibt den Menschen, und der Mensch gibt einen Teil davon an alle. Ein Opfer dient ein wenig einem selbst, und den Rest erhalten die anderen. Die Kräfte des Opfers kehren in den Menschen zurück, durchströmen ihn und kommen wieder heraus. So ist das bei allen.«

So gibt jeder allen, aber er empfängt auch von allen. Es gibt zwischen den Menschen einen fortgesetzten Austausch, eine unaufhörliche Bewegung unsichtbarer Ströme. Und so muß es sein, damit die Weltordnung ihre Dauer habe.

»Das Wort«, sagte Ogotemmeli, »ist für alle in dieser Welt. Man muß es austauschen. Es muß kommen und gehen. Denn es ist gut, die Lebenskräfte zu geben und zu empfangen.«

21. Tag: Das fruchtbare Wort

Das Gespräch des vorigen Tages hatte die Allmacht des menschlichen Wortes deutlich werden lassen. Durch seine Stimme ruft der Mensch Gott an, durch seine Stimme setzt er das göttliche Werk fort.

Man mußte sich schon damit beschäftigen, denn Gott selbst hatte mittels seines Sohnes Nommo dreimal die Welt mit Hilfe dreier aufeinanderfolgender, immer deutlicher werdender, immer weiter ausgedehnter Worte neu geordnet. Und durch die Stimme des Nommo, die mit sich selbst sprach, sich selbst befruchtete, wurde die Regeneration der acht Menschen und ihre Wiedergeburt als Wassergeister bewirkt.

Woher kam dieses Wort, das sich auf den schraubenförmigen Windungen des Wasserdampfs vor dem Gesicht entwickelte?

Welche Wege nahm es im menschlichen Wesen?

Es lag Ogotemmeli nicht, solche Fragen direkt zu beantworten.

»Das Nommo«, sagte er, »das Wasser und Hitze ist, dringt in den Körper ein durch das Wasser, das man trinkt, und es teilt seine Glut der Leber und der Galle mit. Die Lebenskraft, die das Wort trägt, die das Wort ist, kommt aus dem Mund als Wasserdampf hervor, der Wasser und zugleich Wort ist.«

Wie er es schon tags zuvor gesagt hatte, erinnerte Ogotemmeli daran, daß das Wort aus der Tiefe, aus der geheimsten Stelle des Wesens hervorkam, das heißt aus der Leber.

Aber er wollte dem Weg seiner eigenen Gedanken folgen und keine Fragen beantworten.

Er erinnerte daran, daß das erste Wort vor dem Geschlecht einer Frau gestammelt wurde. Tatsächlich war der erste Lendenschurz die Stütze des Wortes, von dem Nommo vor seiner Mutter geflochten, also »gesprochen« worden.

»Das Wort«, sagte er, »ist dann aus dem Ameisenhügel hervorgekommen, das heißt aus dem Mund des Siebenten Nommo, also aus dem Geschlecht einer Frau.«

Das zweite Wort, das in das Weben eingewirkt war, war aus einem Munde hervorgegangen, der gleichfalls das Urgeschlecht war und aus dem die ersten Geburten hervorgingen.

»Aus dem Geschlecht einer Frau hervorgekommen, dringt das Wort in ein anderes Geschlecht ein, das das Ohr ist.«

In dem Symbolismus des Körpers, den der Blinde schon dargestellt hatte, war das Ohr ein doppeltes Geschlecht. Die Ohrmuschel war männlich, der Gehörgang weiblich.

Aber in Wirklichkeit kann das Wort seiner Eigenschaft gemäß durch zwei Öffnungen in die Frau eindringen; durch das Ohr und durch das Geschlecht.

»Das schlechte Wort dringt ins Ohr ein, dringt durch den Hals in die Leber und schließlich in die Gebärmutter. Der schlechte Geruch des weiblichen Geschlechtsteils ist das schlechte Wort, das das Ohr gehört hat.«

Das Phänomen des Geruchs erschien als die Vollendung des Kreislaufs der Worte.

Das gute Wort hingegen, das vom Ohr empfangen wird, dringt direkt ins Geschlecht und rollte sich dort um die Gebärmutter, wie sich die Kupferspirale um die Sonne windet. Dieses Wasserwort bringt und bewahrt die zur Zeugung nötige Feuchtigkeit, und durch dieses Mittel läßt das Nommo in die Gebärmutter einen Wasserkeim eindringen. Es verwandelt das Wasser des Wortes in einen Keim und gibt ihm die Gestalt eines Menschen, aber das Wesen eines Nommo.

Oder das Nommo, das im feuchten Geschlecht wie in jeglichem Wasser vorhanden ist, formt mit den Wirkworten, die Wasserdampf sind und die sich dem weiblichen Samen beimischen, ein kleines Wasserwesen nach seinem Bilde.

Am Ursprung des Menschen findet sich also ein himmlischer Keim, der in jeder Gebärmutter einer fruchtbaren Frau bereitliegt. Er ist von dem Nommo geformt. Aber der lebendige Stoff, aus dem er besteht, ist die Sache der Menschen. Alle guten Worte, ob sie aus dem Mund von Frauen oder aus dem Mund von Männern kommen, dringen in den Leib aller Frauen und machen sie bereit für die Vereinigung und künftige Geburten.

Doch der so aus Wasser geformte Keim könnte sich nicht entwickeln. Er besteht aus Erwartung. Er kann sogar durch üble Vorschläge zerstört werden. Er ist unbeweglich, und der Strom des guten Wortes könnte, selbst wenn er unaufhörlich flösse, ihn nur in seinem Wesen bewahren. Er stagniert. Er verbleibt an seinem eigenen Anfang.

Ogotemmeli erklärte nicht, warum dieser himmlische Keim sich nicht aus eigenem Wesen entwickeln konnte. Hätte man ihn gefragt, hätte er gewiß geantwortet, daß das Warum der Regeln des Universums ihm nicht bekannt sei und daß diese Regeln nicht so seien, wie sie sind, wenn die Gebärenden himmlische und vollkommene Geister zur Welt brächten.

Der Keim brauchte also einen neuen Anstoß. Zudem mußte seine Transsubstantiation ins Werk gesetzt werden, denn seiner Natur nach hätte er sich sonst nicht an das irdische Leben gewöhnen können.

So tritt also nun der Mann in Aktion. Aber es scheint, daß dieser Auftritt, so notwendig er ist, durch gewisse Urereignisse geprägt ist. Der Liebeskampf des menschlichen Paares, bei dem die Frau Widerstand leistet, während ihr Partner die Initiative hat, spiegelt jenen ersten Kampf wider, den der Schakal, der erstgeborene Sohn Gottes, mit seiner Mutter, der Erde, ausfocht. Der heutige Mann ist der Schakal, der bei der Verfolgung der Ameise, der Verkörperung der Erde, den

Ameisenhügel aufbricht. Die Frau ist die inzestuöse Mutter, die sich schließlich dem stärkeren gegenüber geschlagen gibt und sich mit ihrem Sohn vereinigt.

Die Vereinigung des Paares vollzieht sich im Schatten des zweiten Zimmers, in dem die vier Pfähle stehen, auf der ausgerichteten Erdaufschüttung. Der Mann blickt nach Westen und liegt auf der rechten Seite. Die Frau blickt nach Osten.

Da das Bett das Urfeld darstellt und das zum Keimen bereite Saatgut enthält, ist es mit Leben angefüllt.

Im Augenblick der Vereinigung lenkt das Nommo den männlichen Samen, der sich, wie es das Wort bereits tat, spiralförmig um die Gebärmutter herumlegt. Dieser Same, der aus einem aus Erde gemachten Organ kommt, ist selbst ein Symbol der Erde. Er ist auch deshalb Erde, weil er aus den Gelenken des Mannes kommt, die im Urgrab durch die herausgespienen Bündnissteine bezeichnet wurden.

»Die Steine«, sagte der Blinde, »liegen an den Gelenken, denn im menschlichen Körper sind die Gelenke die Hauptsache.«

Das Nommo knetet diesen Ton mit dem Wasser des Keims zusammen, der selbst aus den Worten besteht, die der Himmel gelehrt hat.

»Das Wasser der Frau«, sagte Ogotemmeli, »welches das Nommo nach seinem Bilde geformt hat, mischt es mit dem Samen des Mannes, der aus Erde besteht.«

Wie stets ließ Ogotemmeli seinem ersten Satz einige Korrekturen folgen, um schwierige Gegenstände besser einzukreisen.

»Wie Gott den Menschen aus Erde und Wasser geknetet hat, so knetet das Nommo den Samen des Mannes mit dem Wasser der Frau.«

Und dann fügte er noch hinzu:

»Das Nommo formt aus Worten und weiblichem Samen ein Wasserwesen nach seinem Bilde. In diesen Keim dringt der Same des Mannes ein wie ein Mann.«

Er wollte damit sagen, daß in die himmlische Wesenheit, die in der Gebärmutter bereitliegt, die menschliche Natur plötzlich, also wie ein Mann, eindringt.

Und da der männliche Same aus den Gelenken kommt, überträgt er die Gelenke. Er gibt dem Wesen, das wie die Nommo-Wesen biegsame Glieder hat, die Ellenbogen und Knie eines Menschen.

Der männliche Same, der Extrakt der acht Gelenke, verteilt sich also im Inneren des Embryo an jene Stellen, die er auch in den Gliedern des Mannes einnimmt. Er gibt ihm durch diese erste Prägung die menschliche Natur.

Durch seine irdische Qualität bezeugt und erinnert der Same an die Schuld, die jeder der Erde schuldet, denn das erste Paar wurde aus Lehm geformt. Und diese Schuld muß durch das Vergießen von Blut bei der Beschneidung, bei der Exzision, bei den Menstruationsperioden bezahlt werden.

Ogotemmeli behielt sich jedoch vor, von dieser Schuld später zu sprechen. Er kam auf die Wirkung des Worts bei der Zeugung zurück.

»Bei Tag tritt das Wort in den Leib der Frauen ein. Alle Männer sind der Zeugung behilflich, indem sie zu allen Frauen sprechen.«

Indem man zu einer Frau spricht, macht man sie fruchtbar. Indem man in sie zumindest einen himmlischen Keim eindringen läßt, setzt man sie in den Zustand, daß sie menschlich befruchtet werden kann.

Und der Blinde verglich die schwangere Frau mit der Hirseähre, die in ihrer Spirale von Blättern zu schwellen beginnt. Man sagt von dieser Ähre, daß sie »ihre Stimme empfangen« hat, vielleicht in Analogie zu der befruchteten Frau, die ebenfalls eine Stimme, die Stimme der Männer, empfangen hat.

Ogotemmeli bestand jedoch auf der Notwendigkeit, daß das Wort gut sein müsse und daß es bei Tage gesprochen werden müsse.

»Allein das Wort des Tages ist gut. Das nächtliche Wort ist schädlich.«

Und deshalb ist es verboten, in den Dörfern bei Nacht laut zu sprechen, zu schreien oder zu pfeifen.

»Nachts fliegen die Worte davon. Man weiß nicht, wohin sie gelangen. Sie verlieren sich. Die Kraft ist dann verloren, denn alle Frauen ruhen, kein Ohr, kein Geschlecht hört zu.«

Wohin können die Worte ohne Echo verschwinden? Und ohne daß eine Person sie empfängt? War es gut, Worte ohne Empfänger über die Einfriedungsmauern, durch die Türritzen in die verlassenen Gäßchen zu schleudern?

Es gab Schlimmeres als das Fehlen von Zuhörerinnen. In einem Dorf gibt es immer Frauen, die nicht schlafen.

»Das nächtliche Wort dringt in das Ohr der Frauen ein. Sie fragen sich: ›Wer spricht?‹ Und sie werden es nie wissen. Das nächtlich gesprochene Wort ist ein unbekanntes Wort, das zufällig in den Leib fällt.«

Wenn eine Frau also derart befruchtet wird, dann ist der Embryo eine Frucht des Zufalls, »wie das, das sie empfangen, wenn sie wahllos mit Knaben schlafen«.

Zudem befruchtet das nächtliche Wort die Frauen nicht, so wie die Schläge bei Nacht auf den Boden das Tagewerk zerstören, das der Schmied bei Tag auf seinem Amboß leistet.

»So dringt das nächtliche Wort in das Ohr der Frauen ein, zieht durch Hals und Leber, wickelt sich um die Gebärmutter im umgekehrten Sinn, wickelt also die wirksamen Spiralen des Tageswortes wieder ab.«

Das böse Wort macht also die Frau augenblicklich empfängnisunfähig, denn es zerstört oder, noch besser, demontiert den Wasserkeim, der bereit ist, den männlichen Beitrag zu empfangen.

Seine Wirkung geht jedoch noch weiter. Der Blinde hatte schon gesagt, daß das schlechte Wort nicht nur die Gebärmutter belästigt, es dünstet auch Ströme aus, die bei dem Spiel der Zeugung eine entscheidende Rolle spielen.

»Das schlechte Wort ist ein Gestank. Es wirkt auf die Manneskraft ein. Durch die Nase gerät es durch den Hals zur Leber, von der Leber ins Geschlecht.«

Es führt dazu, daß der Mann sich entfernt. Ogotemmeli kam dann auf die weibliche Hygiene zu sprechen, die zu einem hohen Grade die Wirkungen der schlechten Worte bekämpfen soll. Er erinnerte an den himmlischen Speicher, dessen Mitte ja von dem kugelförmigen Tongefäß eingenommen wird, dem Abbild der Gebärmutter und der Sonne, das die Bündnissteine enthält, die ihrerseits wieder dazu bestimmt sind, die fruchtbringenden Gelenke des männlichen Samens zu bezeichnen.

Über dieser Kugel war als Verschluß eine kleinere Tonkugel angebracht, die mit dem zu intimem Gebrauch bestimmten Öl der *Lannea acida* gefüllt war und ihrerseits den Embryo symbolisierte. Auf diesem Gefäß stand ein noch kleinerer Topf, der wohlriechende Wurzeln enthielt.

Gestützt auf dieses Material, entwickelte Ogotemmeli die Regeln der Hygiene, zu denen auch die genaue Gebärdensprache der Frauen gehörte, die darauf abzielt, die Männer anzuziehen. Das Parfüm wirkt wie ein gutes Wort, denn es kämpft gegen den Gestank, der aus dem schlechten Wort hervorkommt.

Von da aus kam er wieder auf die Bedeutung des Schmucks und der Kleider zurück, die er ja bereits ausführlich dargelegt hatte.

Und der Ring schloß sich mit der Rolle, die das Wort in den Kämpfen und Winkelzügen, die der Zeugung dienen, fortgesetzt ausübte. Das gleiche Wort, das die Gebärmütter für die Vereinigung bereit machte, lockte die Männer in die Falten des Lendenschurzes, dessen Kette und Schuß in ihren Fäden bereits die Worte der acht Ahnen umschlossen.

22. Tag: Das Blut der Frauen

Der Europäer hatte aus dem Stegreif eine Frage gestellt, die mit dem Thema scheinbar nichts zu tun hatte.

»Warum haben die acht Familien unterschiedliche Meidungen? Warum alle diese Tiere?«

Ogotemmeli, der sich nie aus der Fassung bringen ließ, gab darauf eine Antwort, bei der sein Gesprächspartner vor Zufriedenheit lächeln mußte.

»Die Meidungen sind deshalb verschieden, weil es vier Formen von Gebärmüttern und drei Formen männlicher Glieder gibt. Die Kinder, die durch die Kombinationen dieser Formen bestimmt werden, fielen also verschieden aus. Und die Tiere, die zu jeder Menschenart wie Zwillinge sind, mußten also auch voneinander verschieden sein.«

Er erinnerte daran, daß das erste geschaffene Paar acht Kinder zur Welt gebracht hatte: vier männliche, die zuerst geboren wurden, und vier weibliche. Diese nahmen den Rang fünf bis acht ein, und ihnen kamen jene Gebärmütter zu, deren Eigenschaften mit denen der Zahlen in Beziehung standen.

Die Form Nummer fünf heißt Pobu und spielt auf die Frucht eines Baumes an, der den gleichen Namen hat.

Ogotemmeli und Kogem lachten in sich hinein, als er dieses Wort aussprach, denn es ist eine der gemeinsten Beleidigungen, die man einer Frau entgegenschleudern kann.

Die Form Pobu ist eiförmig, an der Unterseite rund und oben spitzer. In der Ordnung des himmlischen Speichers entspricht sie dem fünften Gefach, also dem Korn der Bohne, das gleichfalls länglich ist. Sie ist schädlich, und ihre Frucht ist kränklich, denn sie hat wenig Tiefe und erlaubt keine normale Entwicklung.

Sie trägt die Zahl der Fehlgeburt und der schwächlichen Kinder.

Die Form sechs heißt »Antilopenfuß«. Da sie dreieckig ist (das heißt, auch die männliche Ziffer drei enthält), bringt sie theoretisch männliche Zwillinge hervor (zweimal drei, also zweimal die männliche Ziffer). Sie ist eine Glückszahl wie die beiden folgenden. Sie entspricht dem einheimischen Sauerampfer, dem Hibiskus.

Die Form sieben, die »Gespaltene«, ist länger und schmäler als die Form fünf. Sie ist der Länge nach gespalten wie das Reiskorn, mit dem sie verbunden ist. Sie gebiert Zwillinge verschiedenen Geschlechts (vier und drei).

Die Form acht, »Brust« genannt, hat wie eine Brust umgekehrte Trapezform. Sie hat also vier Seiten (weibliche Zahl) und bringt weibliche Zwillinge hervor (zweimal vier). Sie entspricht der *Digitaria*, der Fingerhirse.

Die Formen des männlichen Geschlechtsorgans, deren Verteilung auf die vier ersten Ahnen nicht bekannt ist, heißen »der Dicke«, »der Eidechsenköpfige«, »der Lange«. Der erste davon ist glückbringend und paßt vor allem zu den weiblichen Formen fünf und acht. Der zweite, lanzenförmige sticht und bringt allen Formen Unheil. Die dritte Form paßt zu den Formen sechs und sieben und ist für die anderen ungünstig.

Wohlverstanden verteilen sich diese vier weiblichen und drei männlichen Formen über alle Familien. Aber beim Entstehen der Menschheit standen sie am Ursprung der Klassifikationen.

Klärten diese Gedankengänge der Dogon das Entstehen dessen, was die Linguisten als Nominalklassen bezeichnen? Dieses System beruht darauf, daß die Wesen, die Gegenstände, die Bewegungen, die Seinsweisen in Kategorien eingeteilt werden, deren jede in den wohlerhaltenen Sprachen der Schwarzen einer charakteristischen Klasse von Substantiven zugehört.

Die Sprache der Dogon scheint auf den ersten Blick diese Unterteilung nicht aufzuweisen. Aber sie bietet demgegenüber erstaunliche Beispiele von Kategorien von Wesen, Dingen oder Abstraktionen, die äußerlich nichts miteinander zu tun haben, jedoch Bezeichnungen aus der gleichen Wurzel tragen, die in der Mythologie, im Ritus oder in den Gedanken der Sprechenden eng miteinander verbunden sind. Die Gespräche mit Ogotemmeli hatten daher nicht nur in den Worten, sondern auch in den Dingen und Handlungen die enge Verwandtschaft deutlich werden lassen zwischen Stoff – Gewand – Wort – Schmuck – sieben; Sonne – Kuh – Mutter – Eidechse (Verwandlungsform der Vorhaut) – vier und zwischen Speicher und rauben.

Man könnte auch, allerdings mit einiger Kühnheit, vom linguistischen Standpunkt aus die Beziehung herstellen zwischen Fingerhirse und Monatsregel und zwischen Stimme – Spirale – Kupfer – Regen, die am Ursprung des religiösen Systems der Dogon stehen.

Aber diese Gedanken durchzuckten nur den Kopf des Weißen, der den je nach den Geräuschen, die aus dem Gäßchen kamen, geflüsterten oder mit leiser Stimme gegebenen Enthüllungen lauschte.

»Nachdem Gott die Frau gemacht hatte, gab er ihr ein schlechtes Blut, das allmonatlich hervorflutet.«

Man könnte diese Unpäßlichkeit als eine ewige Strafe für jenen Ur-Inzest erklären, den der Schakal mit seiner Mutter, der Erde, begangen hatte. Der Schakal hatte sich an den Lendenschurz seiner Mutter herangemacht, den das Nommo geflochten hatte. Bis dahin waren die Fasern des Gewandes von heller Farbe gewesen. Danach aber wurden sie purpurrot.

»Die Röte der Fasern«, sagte Ogotemmeli, »stammt von dem Menstruationsblut der Erde. Aber es gehört sich nicht, von den Monatsregeln der Erde zu sprechen. Daher sagt man, es habe geregnet, die Fasern seien feucht geworden und man habe sie zum Trocknen in die Sonne hängen müssen.«

Auf die Folgen dieser Zurschaustellung des Blutes wollte er später noch zu sprechen kommen.

»Das Menstruationsblut ist die Folge der Vereinigung des Sohnes mit der Mutter. Es ist die Folge eines übertretenen Verbotes.«

Im übrigen verglich Ogotemmeli dieses Blut mit dem Blut der Beschneidung, das als eine Sühne an die Erde betrachtet wird.

»Da die Frau aus Erde gemacht ist, ist sie ihr etwas schuldig. Gott hat eine Blutschuld in die Frau hineingelegt. Sie muß das ›Wasser vom Leib Gottes für die Erde‹ vergießen.«

So nämlich wird aus Hochachtung vor den Frauen das Menstruationsblut genannt.

»Nur während der Schwangerschaft und während des Stillens treibt die Erde diese Schuld nicht ein, denn auch das Kind ist eine Bezahlung.«

Während ihrer schlimmen Periode muß die Frau sich von der Gemeinschaft entfernen. Der Kontakt mit ihr würde die Menschen beflecken, ihre Gegenwart an bewohnten Orten die Altäre schwächen. So lebt sie am Rande des Dorfes in einem runden Haus, dem Symbol der Gebärmutter, das sie nur zu ihren nächtlichen Waschungen verläßt. Und auch dabei folgt sie einem vorgeschriebenen Weg, der sie nur zu jenen Gewässern führt, die ihr erlaubt sind. Jeder andere Weg würde die Gegend verpesten, die Lachen auskippen, die Bäche zum Kochen bringen.

In diesem Zustand gehört die Frau zu den größten Meidungen des Nommo. Es verlangt nämlich glückbringendes Blut und keinen schlechten Ausfluß. Es flieht beim Nahen einer Frau.

Und deshalb entleeren die Schritte einer Frau, die im Zustand der Unreinheit ist, alle Orte, die sie nicht betreten darf.

Ja in gewisser Weise sind die Störungen, die sie hervorruft, wenn sie das Gesetz übertritt, in ihr selbst enthalten, denn der Ausfluß, an dem sie leidet, ist der Überschuß an Blut, der aus einer überfüllten Galle hervorbricht.

»Die Galle«, sagte Ogotemmeli, »besteht aus den schlechten Worten, die in die Frau eingedrungen sind.«

Sie rollen nicht nur die befruchtende Spirale der guten Worte wieder auf, sondern sie speichern sich in den Bläschen und drücken das Blut zusammen.

Es ist, als ob das Nommo, das in der Leber sitzt und sie nicht verlassen kann, ohne den Tod zu verursachen, das unerwünschte Blut, das das Symbol des schlechten Wortes ist, hinauswerfe.

»Die Schwangerschaft hingegen«, sagte der Blinde, »ist das

Zeichen, daß die guten Worte Eingang gefunden haben, daß sie von der Gebärmutter nicht wieder abgerollt worden sind. Sie ist das Zeichen, daß die Dinge gut verlaufen.«

23. Tag: Das Blut der Frauen und das Dreschen der Fingerhirse

Die Einrichtungen der Dogon waren voller ungelöster Rätsel, allenthalben von Geheimnissen, Bezüglichkeiten und unendlichen Symbolismen verstellt.

Bevor die Forschergruppe mit Ogotemmeli in Beziehung gekommen war, hatte sie bereits eine beträchtliche Arbeit geleistet. Große Teile dieser Zivilisation waren entdeckt und bis in die Einzelheiten untersucht worden. Das Funktionieren der Masken war bekannt, der Kult der Toten, gewisse Opfermechanismen, der Binukult, der Lebeh-Kult waren auseinandergenommen worden. Die von spezialisierten Arbeitsteams durchgeführten Untersuchungen hatten in das unendlich reiche Gestrüpp der Fakten bereits ganze Schneisen geschlagen, die an einem hochgelegenen zentralen Punkt zusammenzulaufen schienen, wo die geheimsten Beweggründe der Menschen, die Verknüpfungen des Netzes, die Warums und die Wies, die subtilsten Mechanismen des Dogondenkens angesiedelt waren.

Aber dieser Zentralpunkt erschien bald als ein undurchdringlicher Felsen, bald als ein ungreifbarer Nebel.

Ogotemmeli hatte das Wunder vollbracht, dieses großartige Zentrum zu entschleiern, auf das alles Bezug hatte. Außerdem zeigte er die Querverbindungen auf, die die verschiedenen Einrichtungen, Ritus um Ritus, Gesetz um Gesetz, miteinander verknüpften.

Durch ihn erschien die Dogonzivilisation als ein gewaltiger Körper, in dem jedes Organ seinen rechten Platz und seine bestimmte Funktion hatte und so zur allgemeinen Fortentwicklung der Gesellschaft beitrug. Und zu diesem Körper gehörten alle Institutionen. Keine blieb am Rande, und eine nach der anderen, auch die scheinbar völlig abweichenden und unerklärlichen, hatten ihren Stellenwert in einem System, dessen Gerüst sich von Tag zu Tag klarer abzeichnete.

Jahrelang hatte sich der Europäer mit dem Problem der *Digitaria exilis,* der Fingerhirse, beschäftigt, die im westlichen Kauderwelsch »Fonio« heißt, einer zu den Gräsern gehörenden Pflanze, deren Anbau keiner anderen Anbaumethode gleicht.

Vor fünfzehn Jahren hatte er bei Sonnenuntergang zum erstenmal die Hörner des nächtlichen Dreschens erklingen hören.

Zuerst hatte er in dem Felde Ba Digilu vor den Mauern von Dodyu ein Kuhhorn muhen hören. Es stieß ein dumpfes »Tuhluh« aus, das die jungen Leute, jeder mit einem kurzen Stock bewaffnet, auf die Gäßchen trieb. Dann hatte sich das Horn bei den letzten Sonnenstrahlen in Richtung Gona verzogen, um spät in der Nacht zurückzukehren, nachdem es aus weiter Ferne Antilopenhörner angekündigt hatte, deren zwei schrille Töne der Urzeit entsprungen zu sein schienen.

Die runden, winzigen Körner der Fingerhirse werden, wenn sie gerade reif sind, in aller Eile geerntet. Ihr Stengel, der bis zur Wade reicht, legt sich, sobald er trocken ist, beim leisesten Wind um, und die Körner fallen heraus. Man mußte also schleunigst die Vorbereitungen treffen und sie, wenn möglich, am gleichen Tag dreschen. Diese Arbeit wird praktisch in den ersten Nachtstunden ausgeführt, und da sie schnell durchgeführt werden muß, versammeln sich die jungen Leute wohnviertelweise und dreschen mehrere Wochen lang nacheinander die Ernte eines jeden Familienoberhaupts. Die Mädchen sind ebenfalls an dieser Gemeinschaftsarbeit beteiligt. Sie kehren die ausgedroschenen Körner auf dem Stein zusammen und tragen die mit den Körnern gefüllten Ziegenhäute auf ihrem Kopf weg. Die kräftigeren von ihnen mischen sich unter die jungen Männer, um den Dreschflegel zu betätigen.

Gewisse Einzelheiten geben diesen Arbeiten einen besonderen Charakter. Während die Erwachsenen ernten, wobei die Frauen mithelfen, indem sie die abgeschnittenen Stengel transportieren, werden zwischen den Geschlechtern Lieder von ungewöhnlicher Schamlosigkeit ausgetauscht. Andererseits geben gewisse Schläge der Schnitter am Rande des Feldes oder bei der Begegnung mit denen, die ihnen helfen kommen, dieser Arbeit einen besonderen Charakter.

Vor allem aber war der Gebrauch dieses Getreides ein Rätsel.

Einer großen Zahl Menschen war es verboten. Nur die »Unreinen« durften es ungestraft verzehren. Die gewöhnlichen »lebendigen« Menschen konnten in gewissen Fällen vom Verbot ausgenommen werden. Andererseits besudelte schon der einfache Kontakt damit die Priester, und wenn man den Hogon nicht berühren durfte, so teilweise deshalb, weil man vielleicht unter den Fingernägeln etwas Fingerhirsestaub haben und so auf ihn übertragen könnte.

Außerdem war es keine Kleinigkeit, eine ordentliche Frau dazu zu bewegen, die Fingerhirse zu stampfen. Man mußte sie außerhalb der Mauern sieben, an bestimmten verbotenen Orten. Und sie ist ein hartes winziges Korn, das nach großer Mühe nur wenig Nahrung ergibt. Man erzählte von Frauen, die die Scheidung erbeten hatte, um ihrer Zubereitung zu entfliehen.

Schließlich war diese Pflanze eine der strengsten Meidungen des Wassergeistes.

So war die Neugier des Weißen geweckt, als Ogotemmeli in aller Ruhe erklärte, daß Fingerhirse und Menstruation ein und dasselbe seien.

Er hatte am Abend zuvor von der Blutschuld der Frauen gesprochen, und nichts hatte darauf hingedeutet, daß das Gespräch diese Wendung nehmen würde.

»Fingerhirse und Menstruation«, wiederholte er, »das ist ein und dasselbe.«

Die beiden Worte haben in der Dogonsprache die gleiche Wurzel.

»Diesmal«, dachte der Europäer, »wird es nicht leicht sein, die beiden Dinge miteinander in Beziehung zu setzen.«

Denn er hegte den Linguisten gegenüber das größte Mißtrauen, da sie sich damit begnügen, über die Wörter zu arbeiten, ohne sich dafür zu interessieren, was diese alles einschließen.

Ogotemmeli saß wie üblich auf seiner Schwelle, das Gesicht zur Erde geneigt und die Hände über dem Kopf verschränkt. Während der Gespräche wurde er nie lebhaft, es sei denn, um die Hähne zu verfluchen oder um den Leuten zu antworten, die ihm Grußformeln zuriefen. Er empfand offenbar keinerlei Erregung, wenn er von den Grenzen der Zeiten oder der Gedanken sprach. Unter seinen Händen wurde das kugelförmige

Tongefäß eine Sonne mit acht Spiralwindungen aus Kupfer, der alte Korb zu einem Universum. Das alles war ihm vertraut.

Er sprach von der Fingerhirse mit sehr leiser Stimme, wie es sich bei einem verbotenen Korn gehörte, das mit dem intimen Leben der Frauen in Beziehung stand. Er mußte weit in Zeit und Raum zurückgreifen. Die Sache begann, als sich die acht Ahnen nach ihrer Metamorphose in Nommo-Geister im Himmel aufhielten.

»Im Himmel mußten die acht neuen Nommo getrennt voneinander leben. Aber der erste, der später zum Schmied wurde, besuchte den dritten, den Ahnherrn der Kastenleute. So brachen sie das Verbot.«

Da sie dadurch unrein geworden waren, mußten sie sich von den anderen trennen. Damit sie aber leben konnten, gab ihnen Gott die acht Körner, darunter die Fingerhirse.

Da erklärte der erste feierlich vor allen anderen, daß er dieses winzige Gras niemals äße. Er gab es seinem Freund, dem dritten. Als aber eines Tages die sieben anderen verbraucht waren, kam es dazu, daß er um die Nahrung betteln mußte, die er verschmäht hatte. Obwohl ihn der dritte an seinen Schwur erinnerte, kümmerte er sich nicht darum und verzehrte das Korn, über das er böse Worte gesprochen hatte.

Er bat seinen Gefährten, er solle darüber nichts sagen. Beide schworen über der Fingerhirse eine Treuebündnis und baten Gott, den zu töten, der den Eid bräche. Aber die anderen witterten die Sache. Da ein Nommo, selbst wenn er unrein geworden ist, sein Wort nicht brechen darf, schämten sie sich seiner, weil er das Getreide gegessen hatte, und verboten es sich.

»Warum aber wurde es in den Speicher gelegt, der zur Erde kam?«

»Es war wegen des schlechten Wortes da. Es war das schlechte Wort.«

In dem neuen Weltsystem mußte auch das Unheil seinen Platz haben. Ogotemmeli wollte sagen, daß das schlechte Wort nicht mehr ungeschehen gemacht, nicht mehr aus der Organisation der Welt ausgeschlossen werden konnte, da es bereits verschiedentlich ausgespien worden war. Und nichts konnte es besser repräsentieren als dieses Gras. Über ihm hatte der erste Ahn sein Wort widerrufen, über ihm hatte er den Eid der Verheimlichung geschworen.

»Es war das Symbol des schlechten Worts, das der Frau schmeichelt und sie am Zeugen hindert, das die Spiralen des guten Wortes um die Gebärmutter zurückdreht und sich an ihrer Stelle darumwindet. Es war das Symbol des Menstruationsblutes, des Zeichens der vorübergehenden Sterilität, die durch dieses schlechte Herumrollen bewirkt wird.«

Und deshalb wurde die Fingerhirse in die achte Abteilung des Speichers geschüttet, deren Rang der des Wortes ist und die im Körper der Gallenblase entspricht.

Aber man mußte auch begreifen, daß dieses Korn dennoch auch seine gute Kraft bewahrte, das gute Wort, das Gott in es eingesenkt hatte, als er es schuf. Es ist der Galle vergleichbar, deren Inhalt unheilvoll ist, wenn er überläuft, aber deren Hülle eine segensreiche Sache ist, denn sie trägt ja zum normalen Funktionieren des Organismus bei.

Und man muß außerdem bedenken, daß der Rang der Abteilung, in der es lag, den Rang der Gebärmutter namens »Brust« bezeichnet, die ja die vollkommenen Zwillinge hervorbringt.

Das Beste und das Schlechteste befanden sich also an der gleichen Stelle und hatten den gleichen Rang.

Und es war gut, daß das Beste und das Schlechteste durch den gleichen Träger bezeichnet wurden. Es war gut, denn so konnte man sie durch die gleiche Geste voneinander trennen, eine zugleich anziehende wie abwehrende Geste: das nächtliche Dreschen.

Man sah daran, zu welchen Paroxysmen sich die Feinheit dieses Denkens erhob und zu welchen logischen Verästelungen es zu gelangen vermochte.

Das Getreide war im Universum gegeben. Man mußte es gebrauchen. Man mußte es darüber hinaus in der Rolle verwenden, die ihm hinsichtlich der Zeugung zugewiesen war.

Also wurden der Anbau und vor allem das Dreschen der Fingerhirse eingerichtet.

Sobald die Versammlungshörner erklingen, machen die jungen Männer und die Mädchen des Wohnviertels sich bereit. Keiner darf fehlen, sonst muß er dem Chef der Altersklasse der Zuvorgeborenen eine harte Buße zahlen.

Teilweise wird auch aus diesem Grund die Zeit des Sonnenuntergangs gewählt, denn dann ist man sicher, daß alle Bewohner von den Außenarbeiten heimgekehrt sind und sich also kein Dienstpflichtiger entziehen kann.

Die Knaben ziehen zuerst los und begeben sich auf den Arbeitsplatz, wo sie den großen Stein mit ihren Stöcken zu schlagen beginnen. Kreisförmig angeordnet schlagen sie in einem Dreiertakt, wobei jeweils ein Drittel der Gruppe schlägt, so daß es wie ein langsamer Pferdegalopp klingt. Sie begleiten sich dabei mit allerlei Liedern, die an die obszönen Gesänge erinnern, die bei Tag die erwachsenen Männer und Frauen bei der gemeinsamen Ernte gesungen haben. Von Zeit zu Zeit treten zwei Knaben zurück, um eines der Mädchen, die sich hinzugesellen, in den Kreis treten zu lassen.

Die Schläge auf das Stroh und die Gesänge haben das gleiche Ziel.

»Schlägt man die Körner«, sagte Ogotemmeli, »so schlägt man die Kräfte, also die Worte, die sie enthalten. Das gute Wort, das sie bei ihrer Schöpfung empfingen, tritt heraus und mischt sich in die Gesänge.«

Die Gesänge bilden also ein tönendes Netz, in dem die segensreiche Kraft, das mit Gewalt herausgezogene gute Wort, gefangen wird. Die guten Worte werden also verstärkt. Sie werden die Gebärmütter noch wirksamer in ihre befruchtenden Spiralen wickeln, um so mehr, als der Sinn der Worte ganz deutlich ist, die ja fortwährend das Geschlechtliche anrufen.

Diese Gesänge sind der tönende Behälter, der aus den Körnern die guten Kräfte aufnimmt und den die Knaben und Mädchen ins Dorf tragen, während die Hörner erschallen, die schon von fern die zu Hause gebliebenen Männer und Frauen bereit machen.

»Die gute Kraft der Körner tritt heraus und folgt den Worten und Gesängen der Drescher.«

Die dumpfen Schläge des Dreschens, die Gesänge und der Klang der Hörner haben das gleiche Ziel.

»Sie geben etwas, als erzeugten sie Kinder. Obwohl sie in der Nacht stattfinden, üben sie auf die Gebärmütter die gleichen segensreichen Wirkungen aus wie die Worte des Tages.«

Der Europäer glaubte jedoch, in dem geordneten Ablauf dieser sichtbaren und unsichtbaren Gestik einen Bruch zu finden. Das »obwohl sie in der Nacht stattfinden« war ihm nicht entgangen, und er ergriff die Gelegenheit zu einer verfänglichen Frage.

»War es nicht zu gewöhnlichen Zeiten außer bei gewissen Spielen oder Riten verboten, bei Nacht den Boden zu schlagen, zu schreien oder zu singen?«

»Gewöhnlich«, sagte Ogotemmeli, »ist es verboten, den Boden zu schlagen. Eine Buße bestraft den Schuldigen, mit der man ein Opfertier kauft, das auf dem Dorfgründungsaltar geopfert wird. Denn dieser Altar verehrt auch das bebaute Gebiet, und so gibt man durch das Blut dem Boden die Kraft zurück, die man unrechtmäßig aus ihm herausholte, als man ihn verletzte. Aber die Schläge, die die jungen Leute austeilen, sind keine gewöhnlichen Schläge.«

Ogotemmeli schwieg einen Augenblick. Er glaubte, im Gäßchen Schritte anhalten zu hören. Mit ganz leiser Stimme fuhr er fort.

»Wenn die Fingerhirse geschlagen wird, so ist das, als ob ein Mann auf einem Altar ein Opfer tötet.«

Der Weiße lauschte und hielt den Atem an.

»Es ist eine Opfergebärde.«

»Aber wo war das Blut? Durch welche Umwege der Symbolik konnte man zu diesem Vergleich gelangen?«

»Das achte Korn«, fuhr Ogotemmeli fort, »ist das Symbol der Galle und des Menstruationsbluts.«

Er erinnerte an das, was er zu Anfang des Gesprächs gesagt hatte. Das Korn in der achten Abteilung (Gallenblase) des himmlischen Speichers enthielt gute und schlechte Worte. Was es Gutes enthielt, war herausgezogen und in den Gesang gemischt worden. Was es Schlechtes enthielt, blieb darin, fiel unter den Streichen des Dreschflegels zu Boden, fiel also wie Blut.

Wie beim Blutopfer wurden also die geistigen Prinzipien des Opfers getrennt. Durch die Gesänge wurde die gute Kraft gefangen. In den verstreuten Körnern blieb das schlechte Prinzip übrig, das Menstruationsblut, das die Schuld darstellte, die der Erde zu zahlen war.

»Das Schlagen der Körner«, sagte Ogotemmeli, »ist, als ob eine Frau der Erde ihr Blut zu trinken gibt.«

Das symbolische Opfer der totgeschlagenen Fingerhirse hatte also zwei Aspekte:

einerseits bezahlte es die Buße für die nächtlichen Schläge des Dreschflegels, andererseits zahlte es der Erde die Urschuld der Frauen.

Und dieses zweite Ergebnis wurde noch ergänzt durch das Werk der Fruchtbarkeit des aus den Körnern herausgezogenen guten Wortes. Wenn die rüden Gesänge dieses Wortes die Frauen in den Zustand der Zeugung versetzten, das heißt in einen Zustand, in dem sie den Menstruationsfluß nicht mehr erleiden mußten, so mußte man die symbolische Geste vollenden, indem man die Blutschuld an die Erde im voraus bezahlte.

So waren also die Frauen, solange das Dreschen dauerte, in eine zeugungsgünstige Atmosphäre getaucht, und alle jungen Männer und jungen Mädchen, die Hoffnung der Gesellschaft, mußten zu dieser Arbeit und zu diesen Gesängen ihren Beitrag leisten und daraus die Kraft zu ihren künftigen Liebschaften schöpfen. Und die Strafe, die sie traf, wenn sie sich entzogen, zielte weniger auf den Verlust an Arbeitskraft als auf das Versäumnis, an der gemeinsamen Belebung der Zeugungskräfte teilzuhaben.

24. Tag: Die Doppelseele und die Beschneidung

Die Ernte war schon lange beendet. Die Männer hatten die kopfhohen Stengel einen nach dem anderen umgelegt, hatten Ähren oder Trauben abgeschnitten und hatten die von der Last befreiten Stützen sich wieder aufrichten lassen. Die Felder waren nur noch von hohem gilbendem Rohr besiedelt, das nach und nach den Messern zum Opfer fiel. In gewaltigen Bündeln, die auf den Köpfen der Menschen schaukelten, in hoch auf dem Rückgrat der Eselchen aufgetürmten Haufen ergoß sich das Rohr in die Gäßchen, kratzte an den Lehmwänden, rutschte in die Höfe und ließ die Misthaufen anschwellen.

Vorbei war die kurze Periode, in der die langen, trockenen Rohre von den kleinen nackten Kindern gestohlen wurden, die damit durch die Dörfer rannten und diese Riesenlanzen in der Faust schwangen, an denen die im Wind raschelnden Blätter wie Wimpel flatterten. Zu fünfen oder sechsen taten sie sich zusammen und umstellten die Hunde in den Sackgassen, um sie zu verprügeln. Die Hunde flohen, sausten die Mauern entlang, bis sie am Ende des Platzes das kleinste der Kinder entdeckten. So ging das eine gute Woche lang.

Dann hörte das Spiel auf, weil es keine Lanzen mehr gab. Die

Schafe und die Erwachsenen hatten sie zertrampelt, zerbrochen und in die Misthaufen integriert. Dann stürzten sich die Kinder auf ein anderes Spiel, heimlich auf das vorzeitige Herabfallen der Früchte des Affenbrotbaums zu lauern.

»Die Unbeschnittenen«, sagte Kogem, »denken nur an Unordnung und Unfug.«

Für ihn war die Sache einfach. Für Ogotemmeli war der Zustand der Kindheit viel komplizierter. Wenn man ihn hörte, begriff man die unermüdliche Sorge der Erwachsenen für die Kleinen, die Erregung der Männer und Frauen vor dem, was gewisse Soziologen die »Invasion der Barbaren« genannt haben, die die Gesellschaft alljährlich durch den Geburtensegen überschwemmt.

Tatsächlich leben die Kinder am Rande der Gruppe. Sie haben ihr eigenes Leben, ihre eigenen Pfade, ihre Materialien, ihre Herden aus Käfern und Heuschrecken, denen sie vorsichtigerweise die Flügel brachen. Sie kennen den Wert des Strohhalms, des runden Kieselsteins und benutzen den Stengel der Wasserrose als Hirtenflöte. Da sie nackt sind, kennen sie keine Scham. Die Gefahr läßt sie gleichgültig. Eine Nichtigkeit setzt sie in Schrecken. Sie zeigen auch eine geheimnisvolle Neigung zum Tode.

»Für sie ist noch nichts festgelegt«, sagte Ogotemmeli.

Und er erklärte ausführlich, wie auch dieses, wie alles, auf den Ursprung der Schöpfung zurückging.

»Wenn alles nach der Regel laufen, alles gut sein soll«, sagte der Blinde, »muß man zu zweit sein. Die Wurzel aller Unordnung ist die Einsamkeit des Schakals, des erstgeborenen Gottes. Man kann nicht sagen, daß der Schakal nicht übel sei, denn seine Einsamkeit trieb ihn zu seiner Mutter. Um daher die Einsamkeit zu vermeiden, bittet das Nommo Gott bei jeder Niederkunft um eine Doppelgeburt. Aber sein Gebet wird nicht immer erhört, und deshalb hat er jedem Neugeborenen zwei Seelen gegeben.«

Den Europäer hatte es immer erstaunt, daß der Name der Seele – um einen Begriff der üblichen Nomenklatur zu verwenden – aus einer Wiederholung der gleichen Vokabel bestand: *Kindu-Kindu,* das man mit »Seele-Seele« übersetzen müßte.

Das Nommo erschafft einem einzigen Wesen zwei Zwillingsseelen. Denn das Nommo hält sich bei der Niederkunft im zweiten Zimmer des großen Hauses zwischen den vier Stützpfeilern auf. Die Frau sitzt auf einem niederen Schemel oder einem umgedrehten Mörser, und zwei Matronen helfen ihr. Das Kind gelangt auf den Boden, den es mit seinen vier Gliedmaßen berühren muß.

Denn das Nommo hat den Umriß zweier Seelen auf die Erde gezeichnet, zwei Umrisse in Menschengestalt. Der eine weiblich, der andere männlich. Sobald das Neugeborene sie berührt, dringen die beiden Seelen in es ein. Körperlich ist es ein Wesen, aber geistig besteht es aus zweien.

Über den Ursprung dieser Seelen, über das unerschöpfliche oder stets erneuerte Reservoir, aus dem das Nommo seine nie aufhörende Spende gewinnt, sprach Ogotemmeli sich nicht aus.

Das Kind kommt also mit zwei verschiedenen geschlechtlichen Prinzipien auf die Welt. Theoretisch gehört es sowohl zu dem einen wie zu dem anderen. Das Geschlecht seiner Person ist unbestimmt. Die Gesellschaft nimmt praktischerweise die Entscheidung vorweg und teilt ihm das Geschlecht zu, das es äußerlich trägt. Dennoch bleibt in den Einzelheiten des Symbolismus die geistige Zwitterhaftigkeit bestehen.

Die Mutter bleibt daher nach ihrer Niederkunft vier Wochen lang (jede Woche besteht aus fünf Tagen) eingeschlossen. Dann geht sie ins Dorf, das Neugeborene auf dem Rücken. Drei Wochen lang trägt sie einen Pfeil in der Hand, wenn sie einen Jungen, ein Messer, wenn sie eine Tochter hat. Offensichtlich will sie damit das Neugeborene gegen sichtbare und unsichtbare Gefahren verteidigen.

Diese beiden Perioden von vier und drei Wochen haben die weibliche und die männliche Ziffer.

»Während der ersten vier Wochen«, sagte Ogotemmeli, »spinnt die Niedergekommene Baumwolle. So erinnert sie an die Hauptarbeit, zu der die gerade auf die Welt gekommene künftige Frau bestimmt ist. Die mit einem Knaben niedergekommene Frau spinnt ebenfalls, aber weniger. Es soll nur die Solidarität des webenden Mannes mit der spinnenden Frau dargestellt werden.«

Die im Schatten des Zimmers in Bewegung gesetzte weibliche Spindel und der in den Gassen von der Mutter eines Knaben zur Schau gestellte männliche Pfeil stellen gemeinsam den himmlischen Ursprung der Menschheit dar.

»Wenn ein Mädchen auf die Welt kommt«, sagte Ogotemmeli, »dann trägt die Mutter ihre Spindel, um daran zu erinnern, daß der vom Himmel gekommene Speicher an einem Faden am Himmelsgewölbe befestigt war. Der Faden, den sie spinnt, ist der Faden, der bei dessen Herabstürzen abrollte.«

Und der männliche Pfeil, den sie nach der Geburt eines Knaben in der Hand trägt, ist der Pfeil, mit dem sich der Schmied verteidigte, als er den Weltenraum durchquerte.

Die beiden Gegentände haben jedoch den gleichen Sinn, denn die Pfeile des Schmiedes waren mit Spitzen versehene Spindeln. Und der Pfeil, den er in den Speicher hineinschoß, wurde zu einer Achse, um die sich das gesamte Gebäude als gewaltiger Wirtel drehte.

Die Handlungen und die Gegenstände, die die Geburt begleiten, erinnern also an die Neuordnung der Welt. Sie zeigen die Einordnung des Neugeborenen in das vom Schmied und dem Siebenten Nommo offenbarte System. Sie manifestieren die zur Arbeit bestimmte menschliche Natur.

»Was aber«, fragte der Europäer, »wenn eine Doppelgeburt stattfindet?«

Diese gewaltige Frage verlangte eine lange Antwort. Ogotemmeli hob sie für später auf. Dann wollte er den Zwillingskult behandeln.

Der Europäer erfuhr jedoch, daß bei der Geburt jeder Zwilling zwei Seelen erhält und daß man die gleichen Gebräuche beachtet wie bei Einzelkindern. Wenn jedoch die Einschließung ebenso lange dauert, so währt das »Ausgehen in Waffen« der Mutter, und das ist eine wichtige Einzelheit, vier Wochen. Nach acht Wochen nimmt sie also erst ihr normales Leben wieder auf. Denn acht ist die Ziffer der Vollkommenheit, wie Ogotemmeli bereits erklärt hatte.

Mit zwei Seelen versehen, wächst das Kind seiner Bestimmung entgegen. Die ersten Jahre aber sind durch eine Unsicherheit der Person gekennzeichnet. Solange es seine Vorhaut und seine Klitoris behält, die Stützen des Gegenprinzips am jeweiligen Geschlecht, sind Männlichkeit und Weiblichkeit noch gleich stark. Es ist also nicht richtig, den Unbeschnittenen mit einer Frau zu vergleichen, aber er ist wie das noch nicht exzisierte Mädchen zugleich männlich und weiblich. Sollte diese Unentschiedenheit andauern, so hätte dieses Wesen niemals die Neigung zu zeugen.

Die Klitoris des Mädchens ist also ein symbolischer Zwilling, ein männliches Hindernis, mit dem sie niemals zeugen könnte und das sie sogar daran hindert, sich mit einem Mann zu vereinigen. So wie sich das Glied der Erde vor Gott aufrichtete, so würde auch der Mann, der sich mit einer nicht exzisierten Frau vereinigte, »gestochen« werden. Das Organ, das sich für seinesgleichen hält, würde ihm die Beiwohnung streitig machen.

Andererseits kann sich das Einzelwesen bei dieser Doppelgerichtetheit nicht normal betragen. Das eine Prinzip muß also endgültig die Herrschaft über das andere gewinnen.

»Ein Kind kann nichts Ernsthaftes tun, und man kann auch nichts Ernsthaftes mit ihm anfangen, solange es nicht beschnitten ist.«

Es kann also weder seinen Wahlspruch empfangen noch einem Kult angehören, noch die Mittel tragen, die von den Heilern gegen Krankheiten verabreicht werden. Es kann auch keine Amulette benutzen. Denn diese Praktiken setzen das Kommen und Gehen von Lebenskräften voraus, die für ein Wesen, dessen Seele noch nicht »fixiert« ist, viel zu kräftig sind.

Aber die Dualität ist nicht der einzige Grund seiner Unausgeglichenheit. Da Gott den Menschen aus Lehm knetete, hat der Mensch der Erde gegenüber eine Schuld, die er mit Blut bezahlen muß. Da er aus ihr hervorging, muß er ihr sich selbst zum Opfer bringen.

»Das Blut der Beschneidung«, sagte der Blinde, »läßt sich mit dem Opferblut auf den Altären vergleichen. Die Erde selbst kommt und trinkt dieses Blut.«

Und solange diese Rechnung nicht ausgeglichen ist, ist die Seele nicht gefestigt und der Mensch nicht Herr über die Seele.

»Von seiner Geburt an ist das Kind gleichsam durch einen Faden an die Erde geknüpft. Man nennt ihn den ›Faden Gottes‹, und er geht von der Vorhaut oder der Klitoris aus und dringt in den Boden ein. Sowie das Neugeborene die Erde berührt, wird der Faden geknüpft. Er besteht aus Blut. Er verändert seinen Ort und dringt immer zu Füßen des Trägers in den Boden ein. Bei der Beschneidung wird er abgeschnitten.«

»Wer also ist die Erde?«

Ogotemmeli antwortete nicht direkt.

»Man läßt das Blut fließen, um der Erde das Geliehene zurückzugeben. Aber nicht nur die Erde erhält, was man ihr schuldet. Das Nommo kommt und trinkt und ruft den Lebeh, der ihm folgt und ebenfalls trinkt. Dennoch ist das Opfer nicht ihnen bestimmt. Es gehört der Erde und allem, was Erde ist, das heißt auch dem ersten von Gott gekneteten Paar.«

»Aber das Nommo und der Lebeh?«

»Die Stelle, wo der alte Mann war (das heißt das Grab des Lebeh), der Lehm, aus dem Gott den Menschen geknetet hat, und der in der Erde wiederauferstandene Lebeh, diese drei Dinge sind eins.«

Ogotemmeli hob damit das Prinzip der Einheit des Universums hervor. Das Grab der Auferstehung ist aus Lehm. Der Mensch ist aus Lehm. Der alte, wiederauferstandene Mann war aus Lehm, und in diesen Lehm wurde er lebendig hineingespien. Der Bewirker der Auferstehung, der selbst gestorben und unter der Schmiede beerdigt war, auferstand im Lehm.

»Warum aber muß man den Menschen an seinem Geschlecht verletzen?«

»Weil die Vorhaut und die Klitoris jene Seele tragen, die entfernt werden muß. Und weil auch der Embryo am Geschlecht beginnt.«

Im Mutterleib ist das Wesen zuerst ein Geschlechtsorgan, dem sich ein Kopf anfügt. Erst dann entwickelt sich der Körper. Das Geschlecht ist der »Hauptaltar der Menschengründung«. Gott verfährt also bei jedem Wesen »genauso, wie er es bei der Urschöpfung tat, und er richtet den« Altar des Menschen auf, wie ein Dorfgründer seinen Gründungsaltar aufrichtet.

Aber nicht nur der Körper besteht aus Erde. Manche sagen, daß Gott die Seelen genauso geknetet hat wie die Leiber. Und die Seele wird ja im Augenblick der Geburt auf den Boden gezeichnet.

Es scheint auch, daß sich zu dem Gedanken an die Schuld der Gedanke an eine unheilvolle Kraft gesellt, die ein Wesen zugleich mit seiner irdischen Gestalt aufnimmt. Daher muß man am Ende der Kindheit sich dieses Elementes wieder entledigen, und man schickt es an seinen Ursprungsort zurück.

Es gibt also verschiedene Gründe für die Beschneidung und die Exzision: das Kind muß von einer schlimmen Kraft befreit werden, es muß seine Blutschuld bezahlen, und es muß endgültig sein Geschlecht bestimmen. Außerdem muß der Mann aus Solidarität zur Frau auch an seinem Geschlecht leiden.

Schon von der Geburt an wird die Operation vorbereitet. Und da es sich darum handelt, die Seele zu befestigen, werden die Familienaltäre dazu verwandt, sie in der Nähe des Kindes festzuhalten.

»Der Pfeil, den die Mutter eines Knaben trägt«, sagte Ogotemmeli, »wird in der achten Woche nach der Geburt auf den Altar der Kleinfamilie gelegt. Der Vater dreht einem Opfertier den Hals um und spricht: ›Gott, empfange dieses Blut, und lasse das Glück meines Sohnes hervortreten.‹«

Von diesem Augenblick an stehen die Seelen der Ahnen, die gekommen sind, um am Altar zu trinken, dem Kind in seiner geistigen Anpassung bei und übertragen ihm einen Teil ihrer Kraft, die sie in die Leber des Opfertiers, das man ihnen vorgesetzt hat, einfließen lassen.

»Am Tage vor der Beschneidung erbittet man abermals vor dem Altar die Befestigung der Seele. Und in dem Augenblick, da die Vorhaut abgeschnitten wird, begibt sich die männliche Seele in diesen Altar. Dort wohnt sie während der ganzen Zeit der Zurückgezogenheit. Wenn das Kind nach der Heilung wieder zurückkehrt, bringt man ein anderes Opfertier um, und das Kind ißt dessen Seele. In diesem Augenblick kehrt die Seele in das Kind zurück.«

So hat auch die Beschneidung in erster Linie eine geistige Wirkung. Einerseits verwandelt sich die abgetrennte Vorhaut, der Träger der weiblichen Seele, unsichtbar in eine Eidechse, die »Sonne« genannt wird. So wird das Kind von seiner Weiblichkeit befreit. Andererseits entfernt sich seine männliche Seele vom Körper und wohnt auf dem Familienaltar. Sie handelt also wie die Seele eines Opfertiers. Und solange der Beschnittene abgesondert bleibt, ist er seiner geistigen Prinzipien entblößt, und jenes davon, das er wieder aufnehmen soll, wartet bei den Toten. Der Beschnittene ist gleichsam selber tot.

»Ist der Beschnittene, wenn er seine Seele auf dem Familienaltar wiedergewinnt, vollkommen befreit von seiner weiblichen Seele, die mit der Eidechse davonging?«

»Nein«, sagte Ogotemmeli. »Er behält noch ihren Schatten. Eine winzige weibliche Seele, die er mit der Eidechse gemeinsam hat. Dieser Schatten ist dumm, während die andere Seele intelligent ist.«

Abermals zeigt sich das Denksystem der Dogon als eine Folge von Handlungen und Gegenhandlungen.

»Die Eidechse ›Sonne‹«, fuhr Ogotemmeli fort, »ist das Symbol der weiblichen Vorhaut, die den männlichen Penis umgibt. Aber ihr kurzer Schwanz erinnert an den Penis. Er ist rot, und deshalb verbirgt sie sich vor dem Licht, denn sie möchte nicht mit ihm verglichen werden.«

Diese Eidechse lebt tatsächlich in der Erde und zeigt sich nur selten.

»Die Eidechse ist weiblich«, sagte Ogotemmeli, »aber ihr Hinterteil erinnert an einen Penis. Sie ist Vorhaut, aber sie gleich auch einem entblößten Penis.«

Umgeben von diesem Weiblichen, das »Sonne« ist, rot und rund wie dieses selbst weibliche Gestirn, wird der Penis schließlich von der Weiblichkeit überwältigt.

Und aus dieser Symbolik heraus kann man auch verstehen, daß der Beschneider, wenn er ins Fleisch schneidet, den Penis, das heißt die weibliche Sonne, befreit und bloßlegt.

»Welche Bedeutung haben die Kalebassenklappern, die die Beschnittenen während ihrer Zurückgezogenheit tragen?«

Diese Klappern bestehen aus einem Stöckchen, auf das Ka-

Rassel der Beschnittenen

lebassenscheiben aufgefädelt sind, Symbole der Weiblichkeit, mit ausgezackten Rändern. Die Kinder schütteln sie, um die bösten Geister und die Frauen damit zu vertreiben.

»Der Stock der Klapper«, sagte Ogotemmeli, »ist das von der Vorhaut befreite Glied. Die Kalebassenringe – sie haben die gleiche Anzahl wie die Beschnittenen – stellen die Vorhäute dar. Das Kind bewegt die Rassel mit einer Hand. In der anderen hält es einen Spazierstock, in dessen Rinde eine Spirale mit acht Windungen eingeschnitzt ist. Der Stock ist der Wassergeist, der seine Schritte leitet. Die Spirale erinnert an die Spirale, die sich um die Sonne rollt.«

Der Beschnittene hält also die Weiblichkeit, das Wasser und das Licht in seinen Händen.

25. Tag: Die persönlichen Altäre

Die Unterkunft wurde ständig von Tieren belästigt. Nachts stießen unbekannte Plünderer die vergessenen Teller um, zerbrachen die Zäune und flohen vor jedem größeren Schatten. Man mochte sich leicht einbilden, diese Einbrüche stammten nicht von gewöhnlichen Tieren. Aber das war eine Schwierigkeit, gegen die man nichts machen konnte. Dazu kamen noch innere Störungen, gegen die man zwar Mittel kannte, aber doch nie anwandte.

»Wenn ihr einen Hahn geschenkt bekommen habt«, wetterte der Europäer, »dann eßt ihn am gleichen Tag, oder legt ihn unter eine Matte mit einem Gewicht darauf, sonst weckt er euch um vier Uhr morgens auf.«

Seit einer Woche triumphierte ein Hahn mit hellem Schrei allnächtlich über alle Hindernisse und schlug schon lange vor der Morgenröte mit den Flügeln außerhalb der Kisten, Mauern und Weidengeflechte, zwischen die man ihn jeden Abend einsperrte. »Er ist noch schlimmer als der Widder von Duneyru«, sagte der Weiße.

Der Widder, den Duneyru, der Bezirkschef, geschenkt hatte, hatte den Sturm in der Mähne. Kaum hatte man ihn im Hof losgelassen, faßte er, ohne den Rest der Welt eines Blickes zu würdigen, die Umfassungsmauer ins Auge, ging langsam, wie auf einer Schiene, ein paar Schritte zurück und stürzte plötzlich unbarmherzig auf die Mauer zu. Da der Lehm einen Riß hatte, überwand er das Hindernis nicht wie ein Pferd, sondern wie ein Panther. Er verschwand und zog als Gefolge zwei Männer hinter sich her, die sich mit ausgestreckten Armen die Stimme ausschrien, und eine Kinderschar, die man nicht darum bitten mußte.

Es war aussichtslos, diesen Wirbelsturm einzuholen. Erst am Abend, zu der Zeit, da die gesamte Natur sich beruhigt, tauchten Fell und Hörner wieder auf, von einem Strick herbeigezogen.

»Zuerst hat er an dem Bann-Ort Ba Digilu die Hirse abgefressen, die der künftige Nachfolger des Hogon angepflanzt hat. Dann hat er Ogo Digu heimgesucht, das dem Hogon selbst gehört, und hat dort Hirse gefressen. Dann ist er in Spitz-Dodyu eingebrochen, ist geradewegs zu Ongnonlu gegangen und hat ein Lamm umgebracht, indem er es über den Haufen stieß. Den ganzen Tag hat er Spitz-Dodyu terrorisiert. Und da ist er nun.«

Man hätte glauben können, das Tier würde auf der Stelle zerstückelt. Aber das geschah nicht. Die menschliche Gutmütigkeit ließ ihn jeden Morgen mit dem gleichen Konzert von Verwünschungen wieder frei.

Und da waren die kleinen Zwischenfälle, die die Kröten verursachten.

Man rief einander herbei, um schweigend mit dem Finger darauf zu zeigen, daß sich wieder mal eine wie eine Faust in einen Segeltuchschuh eingenistet, eine andere sich in eine Seifenschale gesetzt hatte.

Man mußte auch schweigen und vorsichtig weitergehen, wenn sich ein daumengroßes Paar von Hirsefressern in einer Jackentasche eingenistet hatte, um sein Nest zu bauen. Waren sie schließlich fort, nutzte man die Gelegenheit und transportierte die Gräser und Fasern in einen nahebei aufgehängten Strumpf. Kurze Zeit später aber fand man die Gräser von neuem in der Tasche.

»Die Hirsefresser«, sagte Ogotemmeli, als man ihn in diese Kleinigkeiten einweihte, »lieben die Kleider. Sie bauen ihr Nest auch in Tragtaschen, in aufgehängten Töpfen.«

Er kannte ihren Wahlspruch und ihre Meidung, wie übrigens auch die von allen Vögeln, allen Wildtieren und Haustieren.

Das war eine noch unbekannte Welt, die er gern heranzog und von der er gern sprach, da er viele Jahre lang Jäger gewesen war.

Der Christ wäre gern in seinem Gefolge in dieses Leben der Tiere und der Buschpflanzen eingedrungen, wo alles seine Rolle, seine Ängste, seine Leidenschaft hat. Aber die Zeit drängte. Man mußte erst den großen Linien der Lehre Ogotemmelis folgen und die Entwicklung der einzelnen Institutionen auf spätere Untersuchungen verschieben.

In den von Regen und Wind zerfressenen Nischen der Fassade steckten zwischen einigen elenden Gegenständen zusammengepreßte Lehmkugeln auf flachen Steinen. Die einen enthielten eine in die Masse versenkte kuppelförmige Höhlung, auf anderen steckten Eisenhaken, kleine gegabelte oder eingekerbte Hölzer. Dies war das Gerät der persönlichen Altäre von Ogotemmelis Familie. Ihre Zahl zeigte an, daß er viele Kinder hatte und daß er, entgegen dem Brauch, die Dinge nicht zerstört hatte, als die Kinder gestorben waren.

Von diesen persönlichen Altären, auf die Ogotemmeli oft angespielt hatte und die dem Europäer gut bekannt waren, gibt es zwei für jedes Individuum: den Schädelaltar und den Körperaltar.

Ein paar Tage, bevor ein Knabe sich zum Ort der Beschneidung begibt, formt sein Vater dessen Schädelaltar. Dem Kind wird die modellierte Lehmkugel auf den Kopf gedrückt und durch eine Libation von Hirsebrei geweiht. Dazu spricht man folgendes Gebet:

»Nun geht das Kind in den Busch.
Altar nimm dein Wasser und trinke,
Daß die gute Kraft nicht mit dem Blut davonrinnt,
Daß die böse Kraft weiche.«

Dann wird der Altar mit dem Blut eines Hahns oder einer Henne bespritzt, die man schlachtet. Dem aufgeschnittenen Tier werden Leber und Herz entnommen und auf dem Grill gebraten. Ein kleiner Teil davon wird auf die Lehmkugel geworfen, während der Rest von dem betreffenden Knaben verzehrt wird.

Der Kopfaltar eines Mädchens wird von ihrem Vater in dessen Wohnung in dem Augenblick geformt, in dem die

Tochter das Haus verläßt, um bei ihrem Gatten zu wohnen.

Der Körperaltar wird aus einer Kugel geformt, deren Erde mit abgeschnittenen Fingernägeln, Wimperhaaren, Brauenhaaren, Kopfhaaren und einigen Tropfen Blut des Betreffenden angerührt wurde. Der Vater weiht den Körperaltar gewöhnlich vor dem Kopfaltar, wenn der Leib des Knaben aus irgendeinem Grund der Stärkung bedarf und wenn das mannbare Mädchen heiratsfähig wird.

Auf den ersten Blick stellen diese beiden Altäre eine Art äußeres Depot dar, einen Hort des Ich, auf den der Besitzer Einfluß nehmen kann und den er durch Blut- und Trankopfer verstärkt. Für den gewöhnlichen Dogon bedeutet das Opfer auf seinem Kopfaltar ein Opfer auf seinem eigenen Schädel, dem Sitz seiner Gedanken und seines Willens, dem wichtigsten Teil seines Körpers.

»Wenn der Kopf gesund ist, sagt man, geht es auch dem Rest gut.«

Zudem opfern die Dogon auf diesen Altären in einem regelmäßigen Rhythmus, der zum Teil mit dem religiösen Jahreslauf der Gemeinschaft zusammenhängt; andererseits bei besonderen Gelegenheiten.

Eine Krankheit, eine Unreinheit, die man sich durch den Bruch eines Verbotes zuzog, ein Verlust von Kraft, bei der Zeugung zum Beispiel, werden durch den belebenden Fluß auf die Altäre wiedergutgemacht, indem man Blut oder Brei auf den Altar sprengt. So kommuniziert der Besitzer, indem er das dargebotene Opfer verzehrt, auf gewisse Weise mit sich selbst.

Aber dieser Verkehr, den jedermann vollzieht, erschien dem Europäer unverständlich.

»Wie kann man sich selber ein Opfer darbringen?« sagte er sich. »Wenn man von sich selber einen Teil abschneidet, um es als einen Außenaltar zu errichten, dann zieht doch dieses Opfer keinerlei Kraft an. Zwar ist da die Kraft des Opfertiers, aber ein gebratenes Huhn, das man ißt, hätte doch die gleiche Wirkung und müßte die Kräfte des Opfernden ebenso zuverlässig verstärken.« Er entschloß sich also, Ogotemmeli diese Frage in der bei einer solchen Untersuchung üblichen Form vorzulegen:

»Wer kommt denn und trinkt das Blut des Opfers auf den Schädel- und Körperaltären?«

Diese Frage, die etwas einfältig erscheint, war dem Europäer in seiner ganzen Ethnographenkarriere am schwersten gefallen. Denn man muß sich die Form einer Frage überlegen, bevor man etwas herausfinden kann. Die Frage war so einfach, daß niemand daran gedacht hatte.

Als der Fremde sie zum erstenmal gestellt hatte, hatte er seinen Informanten klipp und klar in die Flucht geschlagen. Es handelte sich um einen ängstlichen Menschen, dem es davor graute, das Unsichtbare herauszufordern. In der Folgezeit hatte die Frage viel Nutzen gebracht, denn der Forscher schleuderte sie wie eine Brandfackel in das Durcheinander der Verschweigungen, Lügen und Geheimniskrämereien seiner Gesprächspartner. Es gab dann nur noch zwei mögliche Antworten: die Flucht oder die Wahrheit.

Für Ogotemmeli, der freiwillig einen Weißen herbeigerufen hatte, war diese Frage ganz natürlich.

»Wenn man auf den persönlichen Altären ein Opfer darbringt, dann kommen zwei, die das Opfer trinken: der erste von Gott geschaffene Mensch und der Lebeh.«

Und er fügte hinzu, daß in einem gewissen Sinn der erste Mensch und der tote und wiederauferstandene Lebeh die gleiche Person waren. Aber der Weiße behielt sich vor, dieser Feinheit später nachzugehen.

»Weshalb einen Altar für den Kopf und einen für den Körper?«

»Wenn man ein Opfer auf dem Kopfaltar schlachtet, dann steigt die Kraft aus dem Schädel des ersten Menschen und die Kraft aus dem Schädel des Lebeh in den Blutstrom hinauf und dringt in die Leber ein. Wird das Opfer auf dem Körperaltar dargebracht, dann ist es die Kraft des Körpers des ersten Menschen und des Körpers des Lebeh, die die Leber füllt, die der Opferer essen wird.«

Man formte also die beiden Altäre im Namen des ersten Menschen und des Lebeh und nicht nur im Namen des Besitzers.

»Welche Formel spricht man bei der Weihe?« sagte der Weiße.

»Während er den Kopfaltar formt«, sagte Ogotemmeli, »und während er ihn die Stirn des Kindes berühren läßt, ruft der Vater den alten Mann um Hilfe an.«

»Welchen alten Mann?«

»Den ersten geschaffenen Menschen und auch den Lebeh.«

Ogotemmeli kam auf diese Identität noch zurück. Er zitierte die Weiheformel:

»Du, Schädel des alten Mannes, komm und hilf!«

Beim Kopfaltar ist der Ritus ähnlich, aber diesmal wird nicht der Schädel angerufen:

»Du Körper des alten Mannes, komm und hilf!«

Der Weiße hatte also eine vollständige Antwort auf seine Frage erhalten. Aber das war nur ein Schritt zur Erhellung hin. Weshalb diese Trennung von Schädel und Körper? Wozu diese persönlichen Altäre? Da doch die großen öffentlichen Altäre zu bestimmten Zeiten die Libationen und die Blutopfer der Gemeinde empfingen.

»Indem man diese Dinge formt«, sagte Ogotemmeli, »erinnert man an die Geschichte des Lebeh.«

Er wollte damit sagen: an die Wiederauferstehung des Lebeh, an seine Ausspeiung durch den Siebenten Nommo in der Form des Umrisses aus den Steinen.

»Man formt den Kopfaltar getrennt vom Körperaltar, weil im Grab des alten Mannes der eine Stein an der Stelle des Schädels und die acht Steine und die anderen kleinen Steine an der Stelle des Skeletts gefunden wurden.«

Und so wie der Stein an der Stelle des Schädels von den anderen getrennt war und den Rang neun hatte, der dem Häuptlingtum vorbehalten ist, so schuf man auch den Kopfaltar für sich. Man fügte auch Kupfer hinzu, um an den Kot des Nommo zu erinnern, der hervorkam, als er den alten Mann verschlungen hatte.

Und da war noch eine andere Komplikation. Der Stein mit dem Rang neun, den der Nommo an der Stelle des Schädels ausgespien hatte, hatte noch eine besondere Bestimmung. Er war zum Zeichen der Funktion des Hogon geworden, des Priesters des Lebeh-Kultes. Der Kopfaltar konnte also symbolisch den Lebeh repräsentieren. Die Steine der Gelenke aber, die den Umriß des Wiederauferstandenen bezeichneten, hatten ebenfalls eine besondere Bestimmung. Sie wurden zu den Zeichen der Funktionen der Binupriester.

»Wenn der Kopfaltar der Lebeh ist«, sagte Ogotemmeli, »dann stellt der Körperaltar die Binu dar.«

In diesem Kult der Selbstbedienung hatte also jeder Mensch

für seinen persönlichen Gebrauch ein System von Lebeh und von Binu zur Hand, eine Zusammenfassung des Weltsystems, das in das Grab des Urfeldes hineingespien worden war.

Er verfügte also in der Form dieser beiden Lehmkugeln auf den flachen Steinen über ein Bild des Grabes selbst. Und er konnte, ohne den sozialen Mechanismus in Bewegung zu setzen, ohne die Feierlichkeit zu stören, die den Hauptaltären in den Heiligtümern zukommt, an der Verteidigung seiner bescheidenen Interessen arbeiten, die wohltätigen Kräfte für sich privat manipulieren und sich das Kosmische vergegenwärtigen, während er mit den Füßen im Misthaufen seines Hofes stand.

Aber man mußte noch weiter gehen. Im Licht gewisser Anspielungen in anderen Gesprächen begriff der Christ auch, warum der Betreffende dem einen Altar seine Nägel und Haare beimischte und den anderen mit seiner Stirn berührte. Wenn der Kopfaltar den Schädel des ersten Menschen, des Lebeh und des gegenwärtigen Menschen darstellte und der Körperaltar der Körper dieser drei war, dann bestand auch eine natürliche Identität zwischen dem Erstgeschaffenen, dem ersten erweckten Toten und dem heutigen Menschen.

Deshalb bildete man mit den Nägeln, den Haaren und den Wimpern des Lebendigen einen Altar, der den beiden anderen geweiht war. Und sowie der Opfernde das geschlachtete Opfertier auf einem Teil seiner selbst verzehrte, kommunizierte er in der religiösen Wirklichkeit mit dem ersten Menschenwerk Gottes. Er kommunizierte auch mit dem als himmlische Macht wiederauferstandenen Ahn, dessen Körper dazu gedient hatte, die neue Weltordnung zu umreißen, das heißt, er assimilierte sich die Lebenskraft des einen wie des anderen und sicherte so in seinem Privatleben und für seine Person den Ablauf des irdischen Geschicks.

So konnte man sehen, wie in der großartigen und genauen Planung der Dogon alles in allem ist, wie ein gewaltiger Kult sich bis in den Staub des Individuums zerteilt und wie dieser Staub durch das Spiel der Symbole die ganze Größe der Organisation der menschlichen Welt enthält.

26. Tag: Die Erfindung des Todes

In den Gesprächen mit Ogotemmeli war der Tod noch nicht aufgetreten. Alle mythologischen Ereignisse, die sich auf die Offenbarung der drei die Welt neu ordnenden Worte bezogen, hatten sich zur Zeit der Unsterblichkeit des Menschen abgespielt. Der Tod des Lebeh, der Tod des Siebenten Nommo, waren nur Kunstgriffe der göttlichen Vorsehung gewesen. Alles waren nur Erscheinungen, und die doppelte Wiederauferstehung hatte die Dinge nur wieder ihren Lauf nehmen lassen.

Seit langen Jahren kannte die europäische Forschergruppe bereits die Mythen von der Erfindung des Todes und die Funktion jener Einrichtungen, die dieser Kalamität entgegenwirkten. Aber im Netz der Hinweise gab es noch immer dunkle Stellen.

Der Weiße wußte, daß alles mit dem gewaltigen Ablauf der universalen Ereignisse verkettet war und daß das physische Ende des Menschen im Keim schon zu Urbeginn angelegt war. Es lag schon in den Fasern, aus denen der Wassergeist den Lendenschurz seiner Mutter, der Erde, geflochten hatte.

Ein gewaltiger Mythos betraf die Abenteuer dieser Fasern in der Welt. Gerötet von dem Menstruationsblut, das aufgetreten war, nachdem der Schakal, der Sohn der Erde, mit seiner Mutter Blutschande begangen hatte, wurden die Fasern zum Trocknen auf den Ameisenhügel gelegt. Sie waren so leuchtend rot, daß ein Passant, der sie sah, ausrief:

»Ist das die Sonne? Ist das das Feuer? Eine erstaunliche Sache!«

Und eine Stimme, die aus dem Ameisenhügel hervorkam, hatte geantwortet:

»Dies ist nicht die Sonne, und dies ist nicht das Feuer. Dies ist etwas Neues.«

Dann ging die Zeit dahin, und die gestohlenen Fibern wurden in die Reichweite der Menschen gebracht. Eine Frau hatte sich ihrer bemächtigt, sich mit ihnen bekleidet, hatte um sich Schrecken verbreitet, hatte regiert wegen dieses auffälligen Schmucks, den niemand zuvor gesehen hatte. Die Männer hatten der Frau diesen Besitz schließlich entrissen, hatten sich ihrerseits mit diesem Herrschaftsgewand geschmückt und es dem anderen Geschlecht bis auf wenige Ausnahmen verboten.

Alle jungen Männer tanzten mit roten Fibern bekleidet, und die Frauen mußten sich damit begnügen, sie zu bewundern.

Dieser durch Gewalt erworbene Besitz trug jedoch schon seine Strafe in sich. Diejenigen, die die Frau ausgezogen hatten, hatten ihre Beute vor dem ältesten Mann verborgen und somit eine Tradition des Respekts und der Unterwerfung vor dem natürlichen Oberhaupt gebrochen. Der Greis, der am Ende seiner menschlichen Lebenszeit angelangt war, hatte, wie die Ältesten, die Verwandlung in einen Nommo-Geist durchgemacht, war aber, der Regel gemäß, nicht in den Himmel emporgestiegen und setzte sein irdisches Leben in Gestalt der großen Schlange fort. Eines Tages hatten die jungen Leute die in den Höhlen versteckten Fasern wieder einmal angezogen und sich ins Dorf begeben. Da begegnete ihnen die Schlange und verlegte ihnen den Weg. Aus Zorn, weil er getäuscht worden war, sprach der Greis sie in der Dogonsprache an, die sie verstanden, und machte ihnen die heftigsten Vorwürfe. Und das war die Ursache seines Untergangs.

Denn da er die menschliche Gestalt verlassen hatte, deren Sprache das dritte geoffenbarte Wort war, hätte er die der Geisterwelt, der er zugehörte, vorbehaltene Sprache benutzen müssen, und das war die Sprache des ersten Wortes. Indem er die Menschen mit den ihnen vertrauten Lauten anredete, brach er ein Verbot, trennte sich von der übermenschlichen Welt, in der er nun als ein unreines Element nicht mehr leben konnte. Es war ihm auch nicht mehr möglich, zu den Menschen zurückzukehren. Folglich starb er auf der Stelle.

Dieser Tod war also die Folge einer Verbotsübertretung, die ihrerseits durch eine Regelwidrigkeit verursacht worden war. Es ist dies ein Ereignis, das man auf der ganzen Welt kennt. Alle Religionen erblicken den Verlust der Unsterblichkeit in einer Sünde, die Unordnung hervorruft. Worin aber bestand für die Dogon der Mechanismus der Kalamität? Was wurde aus den Kräften, die in dem Schlangenahn enthalten waren? Und wodurch sind sie in Bewegung gesetzt worden?

»Die Fasern, die die jungen Leute trugen«, sagte Ogotemmeli, »waren trocken.«

Die Erklärungen des Blinden begannen oft mit einer rätselhaften Wendung, dem Ausgangspunkt einer Kette von Gedanken, die sich logisch an bekannte Prinzipien anfügten.

»Sie waren das Symbol der als Folge des Inzests vom Blut geröteten Fasern, die zum Trocknen in der Sonne auf den Ameisenhügel gelegt wurden. Aber sie waren auch das Symbol der vom Nommo ursprünglich angefeuchteten Fasern, die den Leib der Frauen erfrischten. Es war also eine schlechte Sache, sie so der Hitze und dem Licht auszusetzen. Denn sie mußten immer feucht bleiben, um das Geschlecht zu beschützen und die Zeugung zu begünstigen.«

Er hob diese Notwendigkeit des Feuchtbleibens noch besonders hervor.

»Die angefeuchteten Fasern erfrischen. Sie dürfen nicht trocken werden. Trockene Fasern machen die Frauen trocken.«

Das heißt unfruchtbar.

Der Europäer fragte sich, worauf sein Gesprächspartner hinauswollte und was das mit dem Tod zu tun habe.

»Heutzutage«, fuhr der Blinde fort, »pflegt ein Mann jedesmal, wenn er die Faserjacke anlegt, um damit auf dem öffentlichen Platz tanzen zu gehen, sie mit ein wenig Wasser anzufeuchten, bevor er sie sich umgürtet. Und während er sie anfeuchtet, sagt er: »Langes Wort des Menschen.«

Man möchte damit daran erinnern, daß man einem alten Wort der Ahnen gehorcht, einer sehr alten Sitte.

»Das Tanzgewand mit Wasser besprengen ist gut für die Frauen. Es ist, als brächte man Feuchtigkeit in ihr Geschlecht, und die hilft ihnen bei der Zeugung.«

Die Rolle der Männer ging noch weiter. Sie stellte nicht nur die wesentliche Bedingung der Zeugung dar.

»Wenn sich die Männer mit Fasern bekleiden, so ist das, als verkleideten sie sich in Frauen, denn diese Schmuckstücke stellen das weibliche Geschlecht dar.«

Und sich so zur Schau zu stellen heißt aber nicht, sich als irgendeine Frau zu zeigen, sondern als eine fruchtbare Frau.

»Wenn die Männer Fasern anlegen, so ist das, als versähen sie sich selbst mit der Feuchtigkeit des weiblichen Geschlechts.«

Ogotemmeli schien großen Wert darauf zu legen, den Weißen von der Notwendigkeit dieser Feuchtigkeit zu überzeugen.

»An der Sonne wurden die Fasern heiß und trocken. Man hielt sie für Sonne. Man hielt sie für Feuer. Sie enthielten kein Wasser mehr, denn die Sonne hatte es getrunken. Aber sie enthielten noch ein wenig die Kraft des Durstes, der die Feuchtigkeit anziehen, sie wiedergewinnen wollte.«

Es fehlte ihnen also in gewisser Weise das Leben, nachdem es sie dürstete.

Durch ihre von Menstruationsblut verursachte Färbung aber waren sie unrein und konnten zweifellos nur Unreines aufsaugen, eine Kraft also, die ein Verbot brach.

»Als der alte Schlangenmann die jungen Leute beschimpfte, tranken die Fasern sein Wort. Sie tranken den Hauch, der zu ihnen gelangte und dessen Ursache sie waren, denn sie waren der Gegenstand seines Vorwurfs.«

Das bißchen Kraft, das also in den Fasern geblieben war, war ein Rest Wasser, das heißt ein Rest Nommo.

»Weil vom Wasser des Nommo ein bißchen zurückblieb, hat er, der Nommo, die Kraft des Alten getrunken. Er trank das Blut des Alten. Diese getrunkene Kraft, dieses Blut, folgte dem Wort des Alten, das von seinem Mund zu den Fasern gelangte.«

So also starb die Schlange, ausgetrocknet von den Fasern, getrunken vom Nommo.

Wie die Feuchtigkeit der Erde von der Sonne getrunken wird, so ging die des Greises in die der Tanzkleider über.

Das spielte sich ab, als ob die Feuchtigkeit der Worte von der Sonne der Fasern eingesogen worden sei.

Die Schlange lag also tot quer über dem Weg. Die entsetzten jungen Leute flohen ins Dorf und kehrten daraus mit den Greisen zurück. Man entschloß sich, den Leichnam in eine Höhle zu tragen und ihn in die Fasern zu hüllen, die die Ursache seines Todes waren. Aber das war die äußerliche Lösung, die für die Äußerlichkeit der Dinge galt. Sie regelte nicht das Unsichtbare. Aus dem unbelebten Leib war die Seele des Greises entflohen zusammen mit jener Kraft, die die Fasern nicht aufgetrunken hatten. Während die Verwesung ihr Werk verrichtete, suchten die befreiten geistigen Prinzipien einen Träger. Sie fanden ihn in der Person einer schwangeren Frau, die aus dunklen Gründen ein rotes Gewand trug, ähnlich dem, das den Körper der Schlange einhüllte. Die Frau gebar ein Kind, rot wie die Fasern und gefleckt wie das Reptil, ein Kind, das erst normal wurde, als man es dem Ahn geweiht hatte, dessen VeH,N,J.V,A,S rschwinden durch den Ungehorsam der Menschen verursacht worden war.

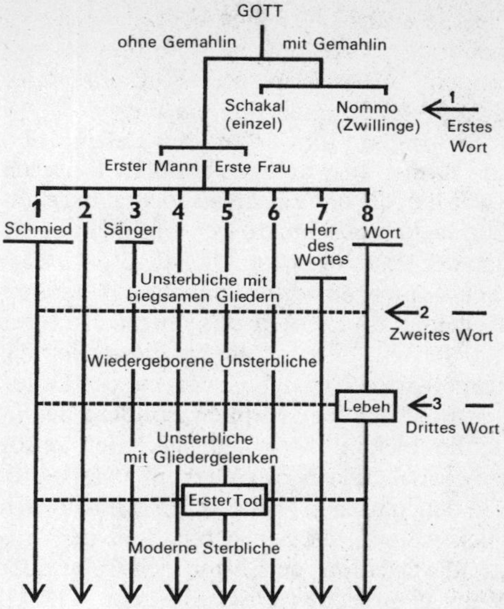

Genealogie des Dogonvolkes

Die Weihe wurde im Verlauf einer langen Absonderung vorgenommen, die dieses Kind in seiner Jugend durchmachen mußte. Dabei wurde ein großes Stück Holz geschnitzt. Man gab ihm die Form des Reptils, bemalte es mit den Farben des Verschwundenen und zog durch geeignete Opfer die geistigen Prinzipien, die das Kind nicht mehr tragen konnte, auf das Schnitzwerk herab. Zum Ausgleich wurde das Kind mit dem Kult verknüpft, den die menschliche Gesellschaft dem Ahn nun schuldete.

Diese Ereignisse und Taten hatten gewaltige Folgen. Der Weiße dachte lange darüber nach, während Ogotemmeli sich in die ernsthafte Aufgabe versenkte, wieder Tabak zu sich zu nehmen.

Mit dem Tode des Ahns, dem Vorspiel des menschlichen Endes, zeigte sich die Hörigkeit, in der sich die Menschen befanden, da sie allen Toten, die noch folgen sollten, für die befreiten Seelen und Kräfte eine Stütze liefern mußten. Sie mußten auch in ihren Reihen ein Kind finden, das für den in jedem einzelnen Fall eingerichteten Kult verantwortlich war. In ihrer ganzen Vielfältigkeit fing die Welt der Toten an, sich zu ordnen. Sie fing an, schwer auf den Lebendigen zu lasten. Sie löste die Kunst aus, denn es mußten hölzerne Abbilder geschnitzt werden, die die Verschwundenen darstellten, und es mußten Tiermasken geschnitzt werden, denn auch Tiere kamen um, von der Hand der Menschen getötet. Und sie löste die menschlichen Sorgen aus durch das immer dichter werdende Netz von Regeln und Verboten, das einen jeden einengte. Ja als Folge der Fehler und Übertretungen, die schließlich zum Tod geführt hatten, wurde eine neue Ordnung der Dinge herbeigeführt, in der nicht nur die Gruppen, sondern auch die Individuen ihre Rolle spielten. Obwohl die globalen Verantwortlichkeiten der menschlichen Natur blieben, zwangen diese Übertretungen, in denen man in groben Umrissen die Urformen der Sünde erblicken kann, die Menschheit zur persönlichen Entfremdung und verteilten die Lasten der Buße oder der Aufrechterhaltung einer neuen Ordnung derart ins Unendliche, daß jedem der ihm gemäße Teil zukam.

Der Europäer hatte nicht im Sinn, die Einzelheiten der zahlreichen Riten, Verhaltensweisen und Darstellungen, die durch den Verlust der Unsterblichkeit der Menschen entstanden waren, mit seinem Informanten bis in die Einzelheiten zu besprechen. Die Einrichtungen, die die Toten betrafen, waren wohlbekannt. Aber für jede stellte sich die Frage des Ursprungs, und nur ein Mann wie Ogotemmeli konnte bei der Lösung dieser Frage helfen.

Eine Frage zwang sich geradezu auf wegen der großen Veranstaltungen, die damit verbunden waren. Es handelte sich um ein Fest, das alle sechzig Jahre vom ganzen Volk gefeiert wird und das auf lange Zeit hin Jahr um Jahr und nacheinander alle Dogongebiete in Bewegung setzte. Dieser von Ort zu Ort ziehende Ritus, »Sigi« genannt, ging von dem Bezirk Yugo aus. Er erfaßte das ganze Gebirge und das Hochland von Nordosten nach Südwesten. Er veranlaßte tagelange Tänze und rituelle Handlungen. Schon die zum Verzehr bestimmten Nahrungsmittel zusammenzubringen, verursachte monatelange Anstrengungen. Alle Familien des Gebietes, das an der

Reihe war, dieses Fest zu feiern, lebten lange Zeit vorher in fieberhafter Anstrengung.

Zwei große Leistungen waren im Verlauf dieser Zeit zu vollbringen: man schnitzte eine lange Schlange aus Holz aus einem einzigen Baumstamm (einer dieser Masten, den der Weiße ins Musée de France brachte, ist zehn Meter hoch), und man trank das Hirsebier, wobei sich die Trinker auf einen Sitz namens »Maskensitz« setzten, der nur dieser Gelegenheit vorbehalten ist.

Der Sinn des Schnitzwerks ist klar. Es handelt sich darum, den Träger der geistigen Prinzipien des ersten Todes zu erneuern, denn das Holz der ersten »Großen Maske«, das die Ältesten einst geschnitzt hatten, war alt geworden. Andererseits war der Mann gestorben, der für ihre Erhaltung zu sorgen hatte. Diese beiden Umstände stellten die Ruhe der menschlichen Gesellschaft wieder in Frage. Der Geist des Ahns brauchte einen neuen Behälter. Und für seinen Kult brauchte man einen neuen Geweihten. Man hatte also aus der Nachkommenschaft dessen, der vom Tode gezeichnet geboren und irgendwie zum Sprecher der Menschen bei ihm geworden war, ein Kind ausgesucht. Man hatte es, gleichzeitig mit mehreren Kameraden, eingeweiht in der Höhle, in der die »Große Maske« aufgestellt war. Man hatte es durch ein blutiges Opfer dem neuen Holz selber geweiht, das seinerseits durch geeignete Riten und Gebete den Vorgänger ersetzte.

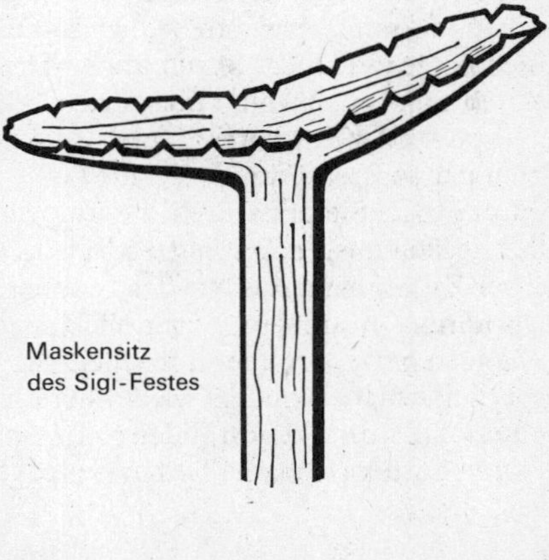

Maskensitz
des Sigi-Festes

So war man in der Folgezeit alle sechzig Jahre verfahren. Und in den alten Dörfern konnte man, in der tiefsten Tiefe einer Höhle aufgereiht, die großen Maste der Sechzigjährigen sehen, deren neueste noch ihre Farben hatten, deren älteste aber, in ihre Fasern zerspalten, unter der Hand in Staub zerfielen.

Das periodische Schnitzen der »Großen Maske« und die neuerliche Einweihung ließen sich also erklären. Anders stand es aber mit diesem Biertrinken nach Altersrängen, bei dem alle männlichen Personen des Bezirks sich auf einen Sitz von ungewöhnlicher Form niederließen. Gewiß hatte dieses Trinken seinen mystischen Sinn. Eine allgemeine Kommunion, an der die von Libationen triefende neue »Große Maske« und die Gesamtheit der Männer teilnahmen, vom Greis mit der vertrockneten Haut bis zum Neugeborenen des gleichen Tages. Bei dieser Weihe des Mastes der ganzen Gesellschaft nahm dieser auch die Sühne auf sich für die Schuld, die die Gesellschaft dem Ahn gegenüber begangen hatte.

Nichts aber hatte bisher je den Sinn des »Maskensitzes« erklären können, einer Art kurzer Krücken in Y-Form mit zwei weitgespreizten, oft fast horizontalen Armen, die sich verjüngten und an den Rändern gezackt waren. Die Kommunion hatte nur Gültigkeit, wenn der Kommunizierende auf diesem Sitz saß, den eine besondere Libation zuvor geweiht hatte.

»Der Maskensitz«, sagte Ogotemmeli, »ist das Bild des Wassergeistes.«

Wieder mußte er weit in mythische Zeiten zurückkehren.

»Bevor er sich in Nommo verwandelte, hatte der Ahn, der als erster starb, sich lange mit einem Mann seiner Altersklasse um den Vorsitz gestritten. Jeder wollte über dem anderen stehen, und jeder behauptete, der Stärkere zu sein.«

Beide gehörten der fünften Familie an, die heute ihren festen Wohnsitz in Yugo hat. Sie erreichten die Zeit der Verwandlung, ohne daß sie sich ausgesöhnt hatten.

Da geschah der Zusammenstoß mit den jungen Leuten. Die Schlange starb unrein. In diesem Augenblick stieg ihr Feind, den sie verschlungen hatte, der aber nur scheinbar getötet war, aus dem Körper seines Überwinders wieder hervor. Da er aber mit dem Leichnam in Kontakt gestanden hatte und aus einem Toten hervorkam, hatte er sich mit Tod angesteckt und mußte auch sterben. Seine Ende jedoch unterschied sich von dem seines Gegners. Sein Überwinder war unrein gestorben, er selbst aber verschwand ohne Befleckung, durch einfache Ansteckung, wie in der Folgezeit auch die Mehrzahl der Menschen umkommen sollte.

»Man sammelte sein Skelett ein, versah es mit Mörtel und baute daraus einen Altar. Sie können ein Beispiel davon hinter dem Feld von Samtigu sehen, beim neuen Dorf Go.«

Der Weiße kannte diesen hohen roten Markstein gut. Vor Jahren hatte er auf ihm ein Opfertier gesehen, den Leib geöffnet, die Pfoten gekreuzt, von Raubtieren ausgefressen. Monatelang hatte er in den Block des Schweigens, den die Familie Sangabinu, die Hüterin des Mysteriums, errichtet hatte, eine Bresche zu schlagen versucht. Bedeutungslose, unzusammenhängende Bruchstücke waren der ganze Lohn seiner Hartnäckigkeit geblieben. Die Sangabinu, lauter struppige Greise, hatten bald mit gebleckten Zähnen, bald mit gebeugtem Rücken und abwesenden Augen um die prächtige, mit geronnenem Blut bedeckte Lehmstele herum ihren Widerstand geleistet.

Die Sangabinu bildeten in dem Bezirk eine Minderheitengruppe des Aru-Stammes. Sie nannten sich die Ältesten, und das war wahr. Seit Jahrhunderten besaßen sie Go, das sie jedoch vor ein paar Jahrzehnten verlassen hatten, um dort ein neues Dorf zu bauen. Mit Stolz zeigten sie nicht weit von ihrem Ratshaus einen Steinhaufen, der der älteste Altar der Gegend war. Die Tellem hatten ihn errichtet, die früheren Bewohner, die von den Dogon friedlich verdrängt worden sind.

»Sie haben diesen Altar aus Yugo, wo sich der Altar befindet, der in den ältesten Zeiten gegründet wurde.«

Dieses Gebäude glich einem Grab, und obwohl es für das ganze Dogonvolk von Bedeutung war, war es nichtsdestoweniger einer besonderen Familie anvertraut. Ein anderer Gegenstand jedoch, ein Symbol des Ahns, sollte allen Männern, die am Sigifest teilnahmen, in bildnishafter Form zur Verfügung stehen. Dieser Gegenstand war ein Eisenstab, an dessen oberer Spitze eine Zunge in der Form einer Melonenscheibe mit stumpfen Winkeln in ihrer Mitte befestigt war.

»Der Stab«, sagte Ogotemmeli, »ist der Unterleib des Nommo in seiner Reptilgestalt. Das flache Quereisen bildet die leicht nach oben erhobenen Arme des Geistes. Der Kopf fehlt.«

»Aber war denn der Ahn in seiner Schlangengestalt nicht tot?«

»Doch. Die beiden feindlichen Ahnen sind in ihrer Schlangenform gestorben. Aber das ist die unsichtbare Form des Nommo-Geistes. In Wirklichkeit hatten sie also die unsichtbare Form des Nommo-Geistes.«

»Wenn sie die gleiche unsichtbare Form hatten, warum wird dann für den ersten ein langes Holz und für den zweiten ein Maskensitz geschnitzt?«

»Der erste ist unrein gestorben, weil er das Verbot des Worts übertreten hat. Ihm hat man die irdische Form der Schlange gegeben. Der andere ist nur durch Ansteckung gestorben. Außerdem hatte er den Vorrang vor jenem. Er war der ältere. Deshalb ist er der himmlischen Form des Nommo näher als der erste. Und so gab man ihm im Eisen eine Nommo-Gestalt, ohne ihm einen Kopf zu schmieden.«

»Aber dieser Kopf?«

»Man hat ihm keinen Kopf geschmiedet, denn dieser Gegenstand ist ein Sitz, und man kann sich doch nicht auf den Kopf eines Greises setzen. Jeder schnitzt sich nämlich aus Holz einen Sitz, der das eiserne Vorbild nachahmt.«

»Warum hat gerade der Sitz diese Gestalt?«

»Wenn der Mann auf dem Sitz sitzt und das Sigibier trinkt, ist er der Greis selbst. Es ist dann, als sei der Ahn zugegen. Der Sitz ist der Körper mit geöffneten Armen, und der sitzende Mann ist der Kopf des toten Nommo. Jeder einzelne ist eine Wiederauferstehung des alten Mannes.«

Ogotemmeli schien müde zu sein. Er hatte sich die vergangene Nacht erkältet, da er, ohne sich zuzudecken, auf dem Felsen geschlafen hatte. Seine Stimme belegte sich immer wieder.

»Die Frau des Sitz-Ahns«, fuhr er fort, »war jene, die die roten Fasern entdeckte. Auch deshalb war dieser Ahn wichtiger als der andere. Auch die Frau wurde am Ende ihres irdischen Lebens in einen Nommo-Geist verwandelt wie alle bedeutenden Greise. Ihr Symbol ist die Kalebasse, die jeder Mann während des Sigifestes trägt und aus der er das Bier trinkt.«

Während der Sechzigjahrfeier des Ritus ehren also die Trinker, die den Schlangentanz der Geister tanzen, im neuen großen Mast jenen Ahn, der als Sieger aus dem Streit hervorging. Und sie schwingen in ihren Händen den Holzsitz und die Kalebasse: die Frau-Kalebasse, aus der sie belebende Feuchtigkeit trinken werden, und den Ahnsitz, dessen Kopf sie selbst bilden. Indem sie die beiden toten Nommo darstellen, mimen sie die Wiederauferstehung.

Auf dem Rückweg von Unter-Ogol nach Ober-Ogol kam der Christ an dem Affenbrotbaum vorbei, in dessen Zweigen während des Sigifestes die Große Maske aufgerichtet wird. Er überquerte die Bannorte, an denen die Tänze und die gemeinsame Trinkerei die gesamte Gesellschaft der Männer vereinigt. Er versenkte sich tief in seine Gedanken.

Seit langem kannte er den Sinn dieses großen wandernden Ritus, den jede Gegend der Reihe nach feiert. Aber jetzt erst hatte er den Symbolismus des Maskensitzes erfahren, der plötzlich den Zusammenhang des gesamten religiösen Systems klar machte, das Gleichgewicht zwischen Leben und Tod, das aus einem unaufhörlichen Hin und Her vom einen zum anderen besteht.

Auf der Seite des Lebens gab es ein Bündnis, eine intime Nährverbindung der beiden Wesen, von denen das eine himmlisch, das andere menschlich war. Aber beide waren aus einem scheinbaren Tod wiederauferstanden, und der eine hatte durch den anderen und mit dem anderen, vermengt mit ihm und doch geschieden von ihm, eine neue Weltordnung sichtbar gemacht.

Heutzutage beseelten beide einen Lebenskult, waren auf den Heiligtümern dinglich dargestellt. Der eine, in seiner Menschengestalt aufgegessen, als Umriß aus Steinen ausgespien, war die in den Lehm der Fassaden geknetete wellenförmige Schlange, die lebte und den Brei und das Blut der Opfer trank. Er war der schimmernde Lebeh, der, um seinen geistigen Verkehr zu versehen, allnächtlich durch die Gäßchen glitt.

Der andere krönte die Stirnwand, ein Amboß mit zwei zum Kreuz erhobenen Armen, den Kopf zum Himmel gerichtet. Als Lebendiger hakte er mit seiner Biegung die befruchtende Feuchtigkeit fest. Er war himmlischer als der Lebeh, der als menschlicher Körper verschlungen worden war.

Auf der Seite des Todes war da der Kampf zwischen den beiden Geistern der gleichen Familie, von denen der eine den anderen verschlungen hat. Der eine, der Sieger, war unrein gestorben und wurde in seiner Schlangengestalt dargestellt und durch ein großes Stück Holz, das man alle sechzig Jahre neu schnitzte. Der andere, von himmlischerer Form, war lebend den Eingeweiden entschlüpft, um sofort zu sterben. Man stellte ihn in der gleichen Form dar wie denjenigen der Stirnseite der Heiligtümer des Lebens, mit zwei Armen und einem Körper, aber ohne Kopf. Aus diesem Kopf wurde alle sechzig Jahre der Mensch selbst, indem er das Bier des Totenkults trank.

Es gab in der Welt der Toten eine Antwort an die Welt der Lebenden.

27. Tag: Der Totenkult. Die berauschenden Getränke

An jedem Markttag stolperten Betrunkene durch die Gäßchen und brummelten wirkungslose Sätze über die Mauern. Die meisten waren betagte Männer, und niemand regte sich auf, weder über ihr Betragen noch über ihr Geschwätz. Sie schienen im Gegenteil eher von einer mit Furcht gemischten Hochachtung umgeben zu sein.

Als man die Dogon darüber befragte, hatten sie erklärt, es gehöre sich nicht für junge Leute, im Übermaß Hirsebier zu trinken. Den Erwachsenen aber schade es nicht, und erst recht nicht den betagten Leuten, die betrunken vom Markt oder den Familiengelagen zurückkehrten. Auf jeden Fall beleidigte man niemals einen Trunkenen, selbst wenn er unehrerbietige Worte ausstieß, woran es ihm allerdings nie mangelte.

Eine gewisse Art des Lächelns bewog den Weißen immer wieder dazu, zu fragen, was denn die Betrunkenen zu sagen pflegen.

»Was die Leute sagen, die zuviel Bier getrunken haben?« gab man zur Antwort. »Sie sagen: Die Toten sterben vor Durst.«

Es schien ein Scherz zu sein. Andererseits wäre dies eine fürchterliche Beleidigung gewesen, wenn ein nüchterner Mensch dergleichen gesagt hätte.

Es handelte sich dabei aber um nichts weniger als um den Ahnenkult und seine Kontrolle durch die Trinker des gegorenen Getränks.

Über dieses Getränk gab es viel zu sagen. In den Riten gehörte es zur Sache der Toten und zu den Dingen des Buschs. Die Ahnen hingegen, die als lebendige Wesen betrachtet wurden, empfingen Blut und Hirsebrei. Ihre Altäre wurden niemals unmittelbar mit Bier besprengt.

»Wenn diese Altäre Bier empfingen«, sagte Ogotemmeli, »dann würden die Ahnen sich betrinken, denn sie leben ja. Nur die Altäre für die ›Unreinen‹, die ja lebendige Tote sind, dürfen Bier empfangen.«

Diese Vorschrift setzte einen ganzen Abgrund von Erklärungen voraus, und Ogotemmeli gab sie alle. Obwohl der Weiße an diese Logik gewöhnt war, an diese unversöhnlichen Bestimmungen, diese kleinlichen Nuancen, staunte er immer wieder über die bruchlose Gedankenfolge, die sich jeden Tag vor ihm entfaltete.

Nun wollte er den tieferen Sinn jener Beleidigung erfahren, die die Betrunkenen mit dem Satz »Die Toten sterben vor Durst« ausstoßen.

Er wußte, daß die Seele einen Menschen oft lange vor seinem Ende verläßt. Sie kehrt dann erst im kritischen Augenblick des Todes zurück, um das Totenhaus während der ganzen Trauerzeit zu bewohnen, eingeschlossen in einen Totenritus, der den Abschied der Seele veranlaßt und die Familie und die Gesellschaft von den Verboten, die auf ihnen lasten, befreit. Bei dieser Gelegenheit werden gewaltige Mengen von Nahrungsmitteln und Getränken verschwendet, und Masken werden geschnitzt. Im allgemeinen hängt der Aufwand des Ritus vom Alter und der Bedeutung des Verstorbenen ab. Die Verwandtschaft muß den Trauernden um so mehr Lebensmittel anbieten, je mehr Totenwachen der Verstorbene selber gefeiert hat.

Der wichtigste Teil des Festes besteht aus einem Maskentanz auf der Terrasse des Toten. Auf diesem engen Viereck aus Erde, das die Himmelsregionen symbolisiert, bezieht die Maskentanzgruppe, die die Welt der Tiere und der Menschen, die sozialen Funktionen, die Handwerke und die Nachbarvölker zusammenfaßt, die Seele des Verschwundenen in ihren Tanz ein und zieht ihn aus der Welt der Lebenden heraus.

Einige Tage später lösen andere Riten die letzten Bindungen des Verstorbenen, der vom Zustand des Todes in den Zustand des Ahns übergeht, während das Kind, das er als Erben seiner Lebenskraft bezeichnet hat, den Tongefäßaltar errichtet, aus dem er in Zukunft trinken wird.

Alle diese Zeremonien, die haargenau vorgeschrieben sind, haben also das Ziel, die ungefestigte Lage des Verstorbenen, des Defunctus, der sich des Lebens entäußert hat, der aus seinen Funktionen ausgestiegen ist und im Ungewissen umherirrt, in Ordnung zu bringen. Die Gesellschaft ist also daran interessiert, die Totenfeiern innerhalb einer gewissen Zeit abzuwickeln, um die religiöse Ordnung und den Frieden zu sichern. Aber das geschieht nicht immer, denn die Familien müssen sich in große Unkosten stürzen, um die Aufhebung der Trauer zu organisieren.

»Man wartet immer in den Familien«, sagte Ogotemmeli, »mit der Aufhebung der Trauer und dem Aufstellen der Tongefäßaltäre, bis es mehrere Tote zu feiern gibt.«

So verringern sich die Ausgaben. Das führt aber auch dazu, die Zahl der unzufriedenen Verstorbenen zu vergrößern, deren Status nicht geregelt ist und die sich weiterhin ungesichert und mißgünstig in der irdischen Welt herumtreiben.

»Solange sie warten müssen und solange sie keinen Altar haben, sind die Toten empört und bringen Unordnung ins Dorf.«

Ogotemmeli meinte damit, daß sich die Familien in einem Zustand moralischer Unsicherheit befanden, der den normalen Ablauf des Lebens behinderte.

»Das Aufstellen der Altäre«, sagte er, »macht einem Dogon große Sorgen.«

Denn er war ständig hin und her gerissen zwischen seinem Wunsch, die Toten zufriedenzustellen, und seinem Versuch, sich der Schwierigkeiten, in die ihn die Ausgaben brachten, so gut als möglich zu entledigen.

Doch dieser Zwiespalt erklärt noch nicht ganz die persönliche und die soziale Bedrängnis. Die inneren Gefühle haben, wenn sie sich auf die Religion beziehen, bei den Dogon fast immer äußere Antriebe.

Dabei muß man zunächst den Grund für die ständige Unzufriedenheit dieser herumirrenden Toten kennenlernen.

»Die Toten«, sagte Ogotemmeli, »sind durch die Tatsache des Todes unrein.«

Beim Tode fielen die geistigen Prinzipien des einzelnen sozusagen auseinander. Die Seele trennte sich von der Lebenskraft, deren Wille und Bewußtsein sie darstellte. Und die Lebenskraft selbst zerfiel in vier Teile. Denn sie war ja zusammengesetzt aus Teilkräften, die dem Erzeuger, einem verwandten Ahn und verschiedenen weiteren Ahnen der Sippe und des Stammes entstammten. Diese Lebenskraft war im Laufe des Lebens durch Opfer an die Altäre dieser verschiedenen religiösen Persönlichkeiten aufrechterhalten worden. Indem sie ein zusammenhängendes Ganzes bildeten, das ihrem Träger zu handeln erlaubte, blieben sie, trotz ihrer unterschiedlichen Ursprünge, allen diesen Beziehungen verbunden.

Eine der Folgen des Todes bestand also darin, die Lebenskraft zu zerteilen und sie zu den Altären der Teile, aus denen sie bestand, zurückzuschicken. Und in gewissem Sinn bestand die Unreinheit des Todes in dieser Entblößung der Seele durch das Auseinanderfallen der Kraft. Dabei mußte man sich jedoch darüber klarwerden, daß das Wort Unreinheit unangebracht, unpassend, ja trügerisch war, daß es jedoch kein anderes dafür gab.

Die in diesen Zustand der Sorge und der Verwirrung gestoßene Seele suchte also ihr Gleichgewicht wiederzufinden, die Kräfte, die ihr entschlüpft waren, wieder zu vereinigen, wieder ein Ganzes zu bilden, jene »Reinheit« wiederzugewinnen, die das Leben dem Tode gegenüber darstellt, kurz: ihre lebendige Gegenwärtigkeit wiederzufinden.

»Da sie unrein sind«, sagte Ogotemmeli, »richten die Verstorbenen überall Unordnung an.«

Diese Unordnung ist übrigens nur ein Aufruf an die Lebenden, denn die hilflosen Seelen wollen sich ja nicht rächen, sondern nur die Menschen dazu anspornen, die Angelegenheiten der Toten endlich in Ordnung zu bringen.

Da sie unrein, da sie vorübergehend tot sind, bedienen sich die Verstorbenen, um die beunruhigende Unordnung zu schaffen, einer Substanz, die rituell den Toten vorbehalten ist, das heißt des Hirsebiers.

Da sie noch keine Kulthandlung empfängt und während der Trauerzeit herumirrt, löscht die Seele ihren Durst an dem gegorenen Bier, das die Verwandtschaft für profane und religiöse Zwecke braut. Wo immer aus den großen, mit Hirsewasser gefüllten Töpfen der Durst aufsteigt, eilen die Seelen herbei.

Sie kommen und setzen sich auf die Gärstütze. Die Gärstütze ist ein aus Fasern geflochtener Gegenstand, der wie eine langgezogene Mütze oder eine grobe Kugel aussieht und von dem zuweilen kleine Bommeln herabhängen. Man taucht sie in die Hirsebrühe, um deren Gärung zu bewirken.

Indem sich die Verstorbenen auf diese Stütze setzen, tränken sie sie mit dem bißchen Kraft, das ihnen noch geblieben ist. Diese Kraft mischt sich unter die Kraft des Wassers und der Hirse, dringt in das Getränk ein und gibt ihm seine berauschende Wirkung. Der Trinker nimmt sie mit dem Bier zu sich. Sie ist dann zwar stark genug, um Unordnung in ihm hervorzurufen, aber nicht stark genug, um auch ihn unrein zu machen. Es ist, als spiele sich zwischen ihr und der Kraft des Menschen ein Kampf ab.

»Das Ferment der Unordnung, das die Verstorbenen in das Bier einsickern ließen, setzt den Trinker in Bewegung. Aber dessen Kraft leistet Widerstand und schließlich speit er die Unreinheit wieder aus.«

Der Trinker verscheucht das störende Element durch Worte, die zwar ungeordnet, aber wirksam sind.

»Er gibt die Unreinheit denen zurück, die sie ins Bier hineingetan haben; aber auch und vor allen denjenigen, die daran schuld sind, daß die Verstorbenen so lange auf ihre Altäre warten müssen.«

Diese Worte dringen über die Mauern, durch die Türen und erreichen die Säumigen. Ob sie unaufhörlich Worte herausstammeln, ob sie singen oder ob sie fluchen, die Männer, die durch die Gassen straucheln, werden von allen gehört, denn alle haben noch Trauerzeiten zu beenden, noch Totenrechnungen zu begleichen. Und selbst wenn sie nicht deutlich rufen, ihre Worte werden doch verstanden von den Sorglosen, deren Speicher noch nicht voll genug sind, um die Riten beginnen zu lassen, und von den Armen, deren Anstrengungen umsonst sind.

»Sie, die Toten, sterben vor Durst.«

Und wenn das Gewissen der Familie allzu belastet ist, dann werden alle Schwierigkeiten, alle ärgerlichen Zwischenfälle als der zweite spürbare, drängendere Aufruf derer betrachtet, die noch immer warten.

Die Leute, die krank werden, die Leute, deren Tiere umkommen, fragen den Seher, was sie tun sollen. Und da erfahren sie dann, daß sie die Trauerzeit beenden müssen, daß sie die Tongefäße aufstellen müssen, aus denen die Toten trinken können.

Denn sobald sein Kult eingerichtet ist, erhält der Verstorbene von den Seinen eine regelmäßige Hilfe, und mit dem ersten Opfer zieht er seine durch den Tod verstreuten Kraftparzellen wieder zusammen und vereinigt seine Kräfte. Aus dem unreinen Toten wird der lebende Ahn.

Die Trunkenheit ist also ein wirkungsvoller Zustand.

»Die Trunkenen schaffen durch ihre Worte eine der Aufstellung der Altäre günstige Bewegung, die die Verstorbenen befriedigt.«

»Deshalb muß man also im Übermaß Bier trinken?«

»Für die Alten ist es eine Pflicht, sich zu betrinken. Denn die Trunkenheit ist eine Unordnung, die der Wiederherstellung der Ordnung dient.«

Die lebendig Toten

Aber die Einrichtung des berauschenden Getränks, der religiösen Trunkenheit reichte noch nicht aus, um die Lebenden an ihre Pflicht gegenüber den Verstorbenen zu erinnern. Die Einrichtung der »Unreinen«, der Lebend-Toten, erlaubte hingegen, ständig die Regel zu erfüllen.

Als man den Körper des ersten Toten in die Höhle trug, hatte man ihn nachgebildet, indem man aus Holz eine große Schlange, die Große Maske, schnitzte und dabei das Kind, das der Verstorbene bezeichnet hatte, weihte, damit es sie mit mehreren Gefährten hüte.

Dadurch, daß man einen Kult einrichtete, daß ihm eine neue Stütze gegeben wurde, hatte sich der Verstorbene aus dem Unreinen, zu dem er durch den Bruch des Verbots geworden war, in einen lebendigen Ahn verwandelt. Obwohl er einem Totenkult vorstand, hatte er ein normales Schicksal erlitten.

Sein Zustand der Unreinheit hatte aber einen entscheidenden Einfluß auf die Persönlichkeit der jungen Initiierten, die dadurch selber diesen Zustand der Unreinheit erworben hatten. Die Tatsache, daß in der Folgezeit der Zustand der Großen Maske wechselte, hat die Lage dieser Knaben nicht verändert. Sie mußten ihr ganzes Leben lang im Zustand der »Unreinheit« bleiben, und das heißt in einem gewissen Sinne: sie blieben Tote.

»Die Initiierten«, sagte Ogotemmeli, »sind von der gleichen Wesenheit wie der Ahn der Großen Maske. Aber während dieser Ahn ein Lebender geworden ist, da man ihm einen Tongefäßaltar errichtete, sind die Eingeweihten ›unrein‹ geblieben, denn sie sind von dem Verstorbenen geprägt worden, als er noch unrein war.«

Und bei ihrem Tode mußten sie zu »Paten« der anderen Knaben werden. So enthält heute jede Familie eine größere Zahl »unreiner« Mitglieder, die von den meisten den anderen Menschen, den sogenannten Lebenden, auferlegten Verboten befreit sind. Sie spielen in allen Kulten eine wesentliche Rolle. Aber sie üben auch eine ständige Funktion aus, die sich aus ihrer Natur selbst ergibt.

»Die ›Unreinen‹ repräsentieren den ersten Toten jenes Zeitraums, da er noch keinen Altar hatte. Die ›Unreinen‹ und der ›unreine‹ tote Mensch, der zur Großen Maske geworden ist, dies ist alles eins. Deshalb sind sie auch die Stellvertreter aller Toten, die noch keinen Altar haben.«

Alles Gute, das man ihnen tut, kommt also den Toten zugute. Wenn man sie an den Opfern teilhaben läßt, ernährt man alle Verstorbenen, die auf der Suche nach Nahrung herumirren.

»Wenn die ›Unreinen‹ das Fleisch und das Bier der Opfer verzehren, so ist es, als ob die Toten, deren Altäre man noch nicht errichtet hat, äßen und tränken.«

Die »Unreinen« sind also gleichsam Tote, denen man Nahrung gibt, damit die unzufriedenen Verstorbenen die Dörfler in Ruhe lassen.

»Aber das ist eine Täuschung«, sagte Ogotemmeli. Er meinte damit, daß man sich nicht damit begnügen dürfe, die »Unreinen« zu speisen und zu tränken, und daß man schließlich denen, die nicht mehr sind und die unter ihrem unsicheren

Zustand leiden, tatsächlich die Altäre errichten müsse. Man müsse ihren Kult einrichten und den Ahnen ihre Würde geben.

»Was wird denn aus diesen ›Unreinen‹ nach ihrem Tode?«

»Sie sind wie alle anderen. Wenn die Familie ihren Altar aufgestellt hat, werden sie Ahnen.«

Diese Menschen, die wie alle anderen ihren Beschäftigungen nachgingen, sich auf den Märkten über zu hohe Fleischpreise beschwerten und sich auf den Feldern abrackerten, waren also Tote und tranken für die Toten.

Sie wurden erst zu Lebenden, wenn sie in den Rang der Ahnen versetzt waren und ihre Körper sich in den Totenstätten aufgelöst hatten.

28. Tag: Der Tanz

Im Verlauf der Gespräche hatte Ogotemmeli immer wieder vom Tanz gesprochen. Ob mit oder ohne Masken, der Tanz war in den verschiedenen Riten oft die Achse der religiösen Verrichtungen. Vor allem bei den Grabriten – bei der Beerdigung wie bei der Aufhebung der Trauer – erschien er als das Gebärdenspiel par excellence.

Sein Ursprung ging in die Urzeit der Welt zurück, als der Inzest der in eine Ameise verwandelten Erde den Schakal zum Herrn über den Lendenschurz aus Fasern und zum Feind Gottes gemacht hatte.

»Mit dem Lendenschurz bekleidet, hatte sich der Schakal auf die Terrasse seines Vaters begeben, den er tot glaubte.«

Der Vater des Schakals war Gott, und da Gott vorübergehend einschlief, glaubte sein Sohn, der auch sein Nebenbuhler war, daß er tot sei. Das Tier war auf die Terrasse seines Vaters gestiegen, um ihn zu beweinen, und zeichnete so eine der wesentlichen Handlungen der Bestattungsriten vor, welche die Menschen später als Ritus einsetzen sollten.

»Bekleidet mit den Fasern, die er seiner Mutter abgenommen hatte, tanzte der Schakal. Indem er tanzte, sprach er, denn die Fasern waren angefüllt mit der Feuchtigkeit des Wortes. Sie enthielten das erste Wort, das das Nommo der Erde enthüllt hatte. Dieses Wasser und dieses Wort ließen das Tier sprechen.«

Der Sohn Gottes sprach seinen Tanz, seine Schritte hinterließen im Staub der Terrasse Spuren, die den Sinn seines Wortes bezeichneten.

»Indem er tanzte«, sagte Ogotemmeli, »hinterließ er drei Längsspuren und drei Querspuren, die die Terrasse Gottes darstellten, das Innere vom Hause Gottes und den Schuppen, in den man den Totenaltar stellt. Er hat kleine Büsche gepflanzt, Steine hingelegt und Zeichen gezogen.«

Indem er das Gedächtnis seines Vaters, den er tot glaubte, feierte, gestikulierte und sprach der Sohn Gottes und zeichnete die Welt und ihr Schicksal auf.

»Er sprach das erste Wort und entschleierte die Zukunft der Welt. Im Zorn enthüllte er die Geheimnisse Gottes.«

Denn er verehrte und verspottete seinen Vater. Er hatte die Fasern seiner Mutter geraubt, die voller Wort waren und die Entwürfe der himmlischen Kräfte enthielten.

»Die Terrasse, auf der der Schakal tanzte, war der erste Orakeltisch. Die Menschen haben später rings um die Dörfer diesen Orakeltisch im Sande nachgeahmt.«

Ogotemmeli spielte auf die im Sande geglätteten Rechtecke an, in die die Wahrsager ihre Fragen einzeichneten und auf denen die Schakale, durch Köder angelockt, in der Nacht herumlaufen und so ihre Antwort einschreiben.

So war also der erste bezeugte Tanz ein Wahrsagetanz gewesen. Er hatte die Geheimnisse des Wortes in den Staub projiziert, das in den vom Tänzer getragenen Fasern enthalten war. Und der Tanz war auch ein Totentanz, denn der Schakal hatte ihn erfunden, um seinen scheinbar toten Vater zu ehren und zu verspotten.

Lange Zeitläufte waren dahingegangen. Die Menschen waren in Erscheinung getreten, und die Offenbarung des dritten Wortes hatte Himmel und Erde in Bewegung gesetzt. Ogotemmeli hatte bereits berichtet, wie im Rhythmus des Ambosses und der Blasebälge der Schmiede der Siebente Nommo sich vom Tode erhoben, wie er die Arme ausgestreckt und wieder zusammengelegt hatte und mit diesen Schwimmbewegungen in der unterirdischen Welt vorankam.

Dieser Auferstehungstanz hatte den Herrn des Wortes zum Grab des Ahns geführt, der das Wort darstellte. Er hatte zu einer Verschlingung geführt, auf die eine rhythmische Ausspeiung folgte, die in das Grab den Umriß des neuen Weltsystems entwarf.

Und alle diese Wunder hatten sich auf dem Urfeld abgespielt, das den himmlischen Speicher empfing und an dessen Nordseite die Schmiede eingerichtet war.

Und diese ganze Szenerie mit ihren Klängen und ihren Handlungen sollte sich im Leben der Menschen wiederfinden und mit neuen Bedeutungen und neuen Bewegungen angereichert werden.

Nachdem er den Urrhythmus der Wiederauferstehung erfunden hatte, erfand der Schmied weitere Rhythmen, die neuen Gestalten entsprachen. Bei diesem Werk waren Amboß und Blasebälge beteiligt, die bald aber symbolisch in die Gesamtheit der Grundinstrumente eingefügt wurden. Vom Siebenten Nommo offenbart, nahmen die Trommeln die Stelle der Blasebälge ein, die Eisenglocken traten an die Stelle des Ambosses und der Stab an die Stelle des Hammers. Ursprünglich schlugen nur die Schmiede auf die Trommelfelle. Nach und nach aber wurden sie durch andere Menschen ersetzt.

»Die Trommel schlagen«, sagte Ogotemmeli, »heißt den Blasebalg in Bewegung setzen, das Symbol der Sonne.«

Die Sonnentrommel schleudert wie das Gestirn Hitze und heißen, tönenden Wasserdampf über die Tänzer.

»Die Tänzer werden unter den Achseln angeheizt, die wie Nasen atmen. Hitze dringt in die Galle ein und verbreitet sich von dort über den ganzen Körper. Und um ihr Werk zu unterstützen, rufen die Umstehenden: ›Feurig! Feurig! Feurig!‹ Und diese Hitze ist auch das Wort der Ahnen, das die Trommel enthüllt. Der Schweiß, der aus den Achseln und Leibern hervorsickert, ist die überquellende Überfülle des Wortes der Ahnen.«

So in Glut gesetzt, werden die maskierten, in rote Fasern gegürteten Tänzer zu Bruchstücken der Sonne.

Bestimmte Bewegungen ahmen die Sonne nach. Der *Sommo*-Tanz ähnelt den Sonnenbewegungen am meisten. Dann folgt der *Gona*-Tanz. Wenn die hohe Maske, die man »Wohnhausmaske« nennt und die zugleich das Wohnhaus, die Totendecke und die Kette des Webstuhls symbolisiert, sich in der Horizontalen dreht, dann ist es die Sonne selbst, die ihre runde Form offenbart.

Und der Träger hat auch noch eine andere Gebärde. Er läßt sich auf die Knie nieder, das Gesicht nach Osten. Er senkt seinen Mast nach vorne, hebt ihn wieder hoch und wirft ihn nach hinten, nach Westen, als sei ihm der Hals gebrochen.

»Das Niedersenken und das Aufheben des Mastes bezeichnet den täglichen Weg von Osten nach Westen. Der Mensch ist die Kupferspirale, die die Bewegung in Gang setzt.«

Es liegt eine große Vollendung in diesen Urfiguren, die zugleich die einfachsten sind.

»Der Siebente Nommo selbst«, sagte der Blinde, »hat den Menschen den Tanz beigebracht.«

Zuerst hatte er ihnen die rhythmische Urbewegung wiederholt, durch die er sich in den unterirdischen Regionen bewegte.

Er tanzte mit dem Oberkörper, aufgerichtet auf seinem Schlangenschweif.

Ursprünglich tanzten die Menschen auf der Stelle, drehten sich um sich selbst oder ahmten die Schwimmbewegungen nach. Aber diese Bewegungen waren ermüdend. Nach und nach rührte man sich von der Stelle, indem man die Beine bewegte. Man ahmte den langsamen Gang des Chamäleons nach, das alle Farben des Nommo empfing, also den Regenbogen. Dann wurden die Bewegungen schneller.

»Die Gona-Figur erinnert an das Ausspeien des Nommo im Grab. Ein Tanz der Erleichterung, als ob man erbreche.«

Dann sprangen die Menschen und ließen ein Bein nach dem anderen schnellen.

»Das Bein, das man ausstreckt, während man sich in der Luft befindet, ist der Reptilschwanz, auf dem das Nommo sich aufgerichtet hatte.«

Und um sich an Ort und Stelle zu begeben, laufen die Tänzer im Gänsemarsch und bilden dabei eine Schlangenlinie aus gebrochenen Segmenten.

»Der Weg im Zickzack«, sagte Ogotemmeli, »symbolisiert den Weg des Nommo, also einen Bach voller Wasser, das dahinfließt.«

Die Tänze wurden zuerst auf dem Urfeld ausgeführt, vor der Schmiede, die das Orchester bildete. Dieses Feld war der erste große Tanzplatz.

»Heute ist der Tanzplatz der große Platz des Dorfes, der im

Norden liegt und an die Schmiede grenzt.«

So geben also die Gruppe der Tänzer, ihr Orchester und ihre Umgebung die Örtlichkeiten und die handelnden Personen des Ursprungs wieder. Um an die Einheit des hellen Eisentons und des dumpfen Keuchens des Blasebalgs zu erinnern, hat man die Glocken an den Trommeln aufgehängt. Und wenn der Stab, das Abbild des Hammers, das Fell schlägt, dann erinnern die Wirbel und Glockenschläge an den Lärm und die Geräusche der mythischen Werkstatt. Der Schlagsatz der Trommeln ist Blasebalg und Hammer, welche die tanzenden Bruchstücke der Sonne in Gang setzen und antreiben.

»Und die Gruppe der Tänzer, die Maskengesellschaft, ist das Abbild der ganzen Welt.«

Denn alle Menschen, alle Funktionen, alle Handwerke, alle Altersklassen, alle Fremden, alle Tiere werden als Masken geschnitzt oder in die Tanzkutten eingewebt.

»Die Maskengesellschaft ist die ganze Welt. Und während sie sich auf dem öffentlichen Platze regt, tanzt sie den Lauf der Welt, tanzt sie das Weltsystem.«

So ist die Gesamtheit von Orchester und Tanzgruppe auf dem großen Platz das Abbild der Schmiede, die der Bewegung des Universums den Rhythmus gibt.

»Aber«, sagte Ogotemmeli, »das Schauspiel auf dem großen Platz ist vergänglich.«

Er wollte jedoch in diesen belebten Szenen einen Vorteil sehen.

»Auf dem großen Platz«, sagte er, »ist das Weltsystem farbig und in Bewegung.«

Er fragte den Weißen, ob er es sich bei den Festen der Aufhebung der Trauer angesehen habe.

»Ja«, sagte der Fremde, »ich habe die Feste für Monse gesehen, den Jäger, der vor fünfzehn Jahren am 20. Oktober starb. Und ich habe seitdem noch viele weitere gesehen.«

Unvergeßliche Szenen auf dem Platz und auf den Totenterrassen zogen durch sein Gedächtnis. Er erinnerte sich an die Reihe der hundertfünfzig maskierten Tänzer der beiden Ogol, die aus dem von Luftspiegelungen zitternden Sandstein emportauchte und dann in den Staub der Pisten, die die Felder durchquerten, eindrang. Die Männer waren fast alle in scharlachrote Fasern gekleidet, die sich über leuchtend schwarzen oder strohgelben Fasern öffneten. Auf der Brust trugen sie falsche schwarze Brüste, über denen die Bänder von zusammengenähten Kaurimuscheln in grellem Weiß aufleuchteten. Ihre Gesichter verbargen sich unter den geflochtenen Kapuzen, von denen sich manche zu einem kurzen beigefarbenen Federbusch oder einer roten Helmzier aufblähten. Sie stellten die jungen Leute, die Schmiede, die Pöl, die Saman, die Schuster, die Trommler, die Maurer, die rituellen Diebe und die Jäger dar. Andere trugen die aus Holz geschnitzten und mit den drei Grundfarben Rot, Schwarz und Weiß bemalten Masken: Pferdeantilopen, Hirsche, Raubvögel, »Flügelspreiter des Busches« mit dem hohen, lothringischen Kreuz und schließlich die langen, hohen Masten, die man »Wohnhausmaske« nennt.

Alle hielten grüne Zweige in den Händen, eine Art Zeugnis ihrer Frische. Seit Monaten arbeiteten diese Männer in Felsenhöhlen und Dickichten, weit entfernt von den Frauen. Nur mit ihren Messern und Beilen versehen, waren sie ausgezogen. Sie hatten die Stämme geschnitzt, die Rinden zerquetscht und angesengt, die Fasern gewebt. Sie hatten die Farben zermahlen und sie mit Pinseln aus Eselhaaren aufgetragen. Sie hatten über die rote Farbe der Lendenschurze, die ihre Hände besudelte, ihre Scherze getrieben und sie mit dem Regelfluß der Frauen verglichen. Ausgezogen in ihren von Dornen zerfetzten, vom Gebrauch ausgefransten Bauernkleidern, kehrten sie leuchtend durch den glanzlosen Busch zurück, mit den Frisuren und dem Kopfschmuck und den Gesichtern aus der Welt der Toten geziert und mit dem scharlachroten Lendenschurz gegürtet, dem Symbol der Sonne.

Auf dem großen Platz von Unter-Ogol stürzten sie sich in kleinen Gruppen, die jeweils das gleiche Kostüm trugen, Fliegenwedel oder buntbemalte Krüge in den Händen, mitten in den Staub und führten ihre besonderen Figuren aus oder gesellten sich in die Gemeinschaftstänze, von Gesängen in Vulgärsprache und von den Deklamationen in der Sakralsprache angefeuert:

> »Vergießt die Tränen für meinen gestorbenen Vater!
> Das Wasser fällt, fällt mir aus den Augen!«

Und auf der Totenterrasse, zu der sie durch eingekerbte Baumstämme, die ihnen als Leiter dienten, gelangten, stampften sie ihren Tanz auf engstem Raum, wobei sich ihre roten und schwarzen Umrisse wechselweise verschoben, während im Gäßchen unten die Witwe mit nacktem Oberkörper und erhobenen Armen und feuchten Augen psalmodierte:

»Die Kolonne der Ameisen ist auf die Terrasse gestiegen.
Die Kolonne der Ameisen hat das Haus zerstört.
Ist auf die Terrasse gestiegen.
Die Ameisen haben das Haus des Vaters zerstört.«

Durch verschleierte und erlaubte Anspielungen erinnerte sie so an den Tanz des Schakals, des Sohnes Gottes, der sich in die Fasern gekleidet hatte, die er seiner in eine Ameise verwandelten Mutter raubte, und der auf der mythischen Terrasse den ersten Orakeltisch einzeichnete.

Auf dem großen Platz sah man, so hatte Ogotemmeli gesagt, das System der Welt in Farbe und in Bewegung.

Die Masken zeichneten, wie der Sohn Gottes, die Zukunft der Welt auf die Terrasse.

Aber diese Bewegungen und diese Farben waren vergänglich. Damit das Universum funktioniere, bedurfte es einer dauerhaften Stütze.

»Auf der Fassade der Binuheiligtümer«, sagte Ogotemmeli, »sehen Sie die weißen Gemälde von Sonne, Mond und Sternen, von Menschen, Tieren und Gegenständen. Diese Gemälde bleiben. Sie helfen ständig, daß die Welt weiterläuft.«

Denn auch diese Gemälde repräsentieren den Rahmen des Menschenlebens. Sie sind unbeweglich und weiß und geben doch die Bewegungen und die Farben wieder, welche den großen Platz und die Terrasse des Todes beseelen.

29. Tag: Der Feuerkult

Der Totenkult war für die Dogon nicht die einzige Gelegenheit, die mythischen Ereignisse symbolisch darzustellen. In einem geheimnisvollen Kult spielten gewisse Masken eine Rolle, die sich der Weiße nicht erklären konnte.

Wenn man die Felder oder die Geröllhalden durchstreift, sieht man auf der ebenen Erde oder auf den Felsen, die die Äcker überschauen, grob geschnitzte geschwärzte Holzfiguren mit einem Tierkopf und weit aufgerissenem Maul. Die einen sehen wie gewaltige Hähne aus, die sich kopfüber, so daß nur der Hals darüber emportaucht, mit offenem Schnabel auf das Getreide zu stürzen scheinen. Andere gleichen langen gewundenen Hunden mit drohenden Lefzen.

Nach dem Volksglauben wird jeder Mensch, der ein Feld oder einen von diesen schwarzen Figuren beschützten Baum bestiehlt, früher oder später vom Blitz erschlagen.

Die Figuren stammen vorzugsweise aus einem Heiligtum, das in einer Höhle von Dyamini liegt und in dem ein Priester den Dienst versieht, von dem man nichts weiß.

Schon in den ersten Gesprächen, als Ogotemmeli die Herabkunft des himmlischen Speichers beschrieben hatte, waren diese Holzfiguren aufgetaucht. Um den Diebstahl eines Stückchens Sonne zu bestrafen, den der Schmied begangen hatte, hatte das große Nommo-Paar das Gebäude mit Blitzen beschossen.

»Während des Sturzes«, sagte Ogotemmeli, »haben die himmlischen Nommo zwei Blitze geschleudert. Erst das weibliche einen, dann das männliche einen. Dadurch wurde der Sturz des Speichers beschleunigt. Deshalb gab es einen heftigen Aufschlag bei der Ankunft, und die Arme und Beine des Schmiedes wurden gebrochen.«

Zweimal fiel der Blitz nieder neben den Blasebalg, der das Stück Sonne enthielt.

»Der Schmied hat das Feuer mit dem Wasser aus seinem Schlauch gelöscht und die beiden geschwärzten Hölzer gefunden, deren Münder offenstanden. Das männliche Holz heißt Anakye, das weibliche Badu.«

Aber es gab noch einen anderen Grund für diese Blitzschläge. Da der Abstieg auf die Erde von den acht Nommo-Ahnen organisiert worden war, wollten die beiden großen Nommo, die Kinder Gottes, in den Kulten, die eingerichtet werden sollten, zugegen sein.

»Anakye und Badu sind die Symbole der beiden Geister. Der Schmied vertraute den Kult der Familie des vierten Ahns an.«

Später hatten noch andere Familien Nutzen davon.
»Aber weshalb der offene Mund?«
»Der Mund der Badu erinnert an den Diebesstock, mit dem der Schmied das Sonnenstück gepackt hatte.«
Er unterbrach sich.
»Sie sollten Aninyu, den Großvater des Anakye-Priesters, darüber befragen. Er weiß alles darüber.«
Der Weiße hatte Aninyu bereits befragt, einen verschlossenen Greis aus Ober-Ogol, und gerade nach diesem Besuch hatte er sich entschlossen, Ogotemmeli darüber zum Reden zu bringen. Ogotemmeli ging nicht weiter auf seinen Vorschlag ein, sondern fuhr fort, als spräche er zu sich selbst.
»Der Schmied ist mit seinem Diebsstock stehlen gegangen. Im Maul dieses Stockes hat das Feuer begonnen, das der Schmied der Welt gab.
Und er fügte hinzu:
»Und deshalb ist der rituelle Diebstahl zur Einrichtung geworden.«
Rituelle Diebstähle konnte man sowohl auf den Klippen wie in der Ebene beobachten. In Sanga war jeder Patriarch dazu befähigt, und in einer rauchigen Ecke des großen Hauses konnte man einen Diebsstab hängen sehen. Es war ein Stück Holz mit einer umgebogenen Krücke, die in ein weitgeöffnetes Maul auslief und in der Krümmung mit einem Paar spitzer Ohren versehen war. Den Griff entlang lief eine Zickzacklinie und bildete eine Art Mähne. Die Krücke erinnerte an einen stilisierten Pferdekopf.
Sie war eine Nachbildung des Stockes, mit dem der Schmied seinen Diebstahl ausgeführt hatte. Und der Patriarch, der selber zu alt war, um durchs Dorf zu laufen, wenn die rituellen Züge begannen, gab seine Macht an einen jüngeren weiter. Dieser mußte dann mit seinen Gefährten das Kleinvieh plündern gehen, das dann unter bestimmten Bedingungen gemeinsam verzehrt wurde.
Das Besondere an dieser Einrichtung war, daß sie nur beim Tod eines Mitgliedes dieses besonderen Rates in Gang gesetzt wurde. Augenblicklich setzte sich dann die Truppe der Stellvertreter in Bewegung, begab sich in ein benachbartes Dorf, um das schlechtbehütete Kleinvieh zu überraschen. Hatte man eine Ziege erwischt, brachte man sie zum Haus des Toten und

schlachtete sie auf der Terrasse, in der man ein Loch angebraucht hatte, das in das Zimmer führte, in dem die Leiche lag. Von ihrer Brust führte ein Hirsehalm senkrecht bis zu der Öffnung und leitete so den Weg des Blutes, das aus der aufgeschnittenen Kehle herausfloß. Durch diesen Kanal stieg ein Teil der Lebenskraft des Patriarchen in den Diebsstock des Verschiedenen zurück, den man an das Loch gelehnt hatte. Dann wurde dieser Diebsstab in das große Wohnhaus zu den Ahnenaltären zurückgebracht und wurde das Eigentum des Nachfolgers.

Es handelte sich also irgendwie um einen Kult der Rückkehr. Ogotemmeli sagte: »Wenn man Patriarch wird, empfängt man unter anderem ein Stück Lebenskraft aus dem Diebsstock, der bei den Altären steht. Dieser Stab erinnert an den Diebstahl des himmlischen Feuers.«

Aber der wertvolle Teil daran ist schließlich der Schmied selbst, der durch den Stab repräsentiert wird.

»In allen Familienaltären ist der Schmied, der Nommo-Älteste, der Erstgeborene aus der Sippe der acht Nachkommen des ersten menschlichen Paars, gegenwärtig. Er spendet dem neuen Patriarchen seine Kraft, der sie mit Hilfe des Stabes bei seinem Tode wieder zurückgibt.«

Der Patriarch ist also unter anderem während der Zeit seiner Herrschaft ein Repräsentant des Nommo-Schmiedes, des Feuerdiebes.

In jedem Dorf galt die Regel, daß die Truppe aus fünf Dieben bestehen mußte.

»Fünf Finger«, sagte Ogotemmeli, »hat die Hand, die stiehlt. Aber diese Zahl wurde schon immer überschritten. Es gab so viele Diebe wie Familien.«

Die Ursache für diesen Kult war, wie Ogotemmeli sagte, das Gedächtnis an die Handlung des Schmiedes, der unter Lebensgefahr das Feuer stahl, um es den Menschen zu bringen. Anstelle des Feuers stahl man nun Schafe oder Geflügel.

»Der Diebesstab gleicht einer Hyäne, die das frische, rote Fleisch frißt. Dieses Fleisch erinnert an die der Sonne gestohlene Glut.«

Um an die Glut und das Packen blutenden Fleisches zu erinnern, zeichnete man zuweilen Stäbe mit roten Gebissen auf die Fassaden der Heiligtümer.

»Die Zickzacklinie, die den Griff entlangläuft, ist der Weg des Nommo, über den der Schmied aus dem Himmel entfloh.«

Als sich der Kult weiterentwickelte, wurde die Technik der Verteidigung gegen den Diebstahl auf die beiden rächenden Donnerschläge aufgebaut, die der erste Schuldige empfangen hatte. Die Blitzschläge hatten sich in zwei geschnitzten Hölzern verkörpert, die dem Stab ähnelten. Sie hatten die gleiche Form wie das Corpus delicti. Sie wurden zwei Priestern anvertraut, die sie vervielfältigten und unter ihre Verwandtschaft verteilten, um die Plünderer von den Feldern und Bäumen fernzuhalten. Denn es handelte sich ja nicht mehr darum, wie der himmlische Schmied Feuergluten zu stehlen.

Sie glichen also erloschenen Feuern, die aber fähig waren, den Blitz auf die Schuldigen herabzuziehen. Unterstützt wurden sie zudem noch in ihrer Aufgabe durch rote Masken aus der Rinde der *Lannea acida,* die ebenso die erloschenen Feuer der Blitzschläge darstellten, die der Schmied abgewehrt hatte.

Mit seiner langen Kapuze, die seinen Kopf wie eine in ihrer Blätterhülle angeschwollene Maisähre aufblies, versetzte der Maskenträger bei seinem Lauf durch die Gärten Frauen und Kinder in Schrecken.

Alle diese erloschenen Feuer hatten in Sanga zwei Heiligtümer: eines für Badu lag im Westen von Dyamini, und eines für Anakye, das männliche Feuer, lag am Rande des Viertels Gendumman in Ober-Ogol.

Das Heiligtum Badus lag am Rande einer großen Höhle, die zum größten Teil mit Binuhäusern angefüllt war. Es war von einem niedrigen Mäuerchen aus getrockneten Steinen umgeben, in das eine Anzahl geschwärzter Hölzer eingelassen waren. Das Gebäude bestand aus einem Lehmwürfel, in dem sich ein Mensch nicht hätte ausstrecken können und auf dessen Oberfläche sich rote und weiße Zickzacklinien hinzogen.

Der Tempel Anakyes lag unter offenem Himmel in gleicher Höhe wie der leuchtende Felsen, der schief auf die Senke herabschaute, die die beiden Ogol trennte. Er bestand aus einem Zylinder von drei Ellen Durchmesser und drei Ellen Höhe und war mit einer Terrasse bedeckt. Seine Tür war hermetisch geschlossen und hatte sich ebensowenig wie die des Badutempels vor dem Europäer geöffnet.

Er hatte jedoch aus sicheren Quellen, deren Informationen

miteinander übereinstimmten, erfahren, daß der innere Altar dieser beiden Gebäude zwei Kugeln trug, die in Erdmörtel steckten. Dorthin goß der Priester die Opfergaben für das blitzeschleudernde, himmlische Nommo-Paar.

Und dorthin wurden auch alljährlich nach den Ernten die Schutzhölzer gebracht, damit sie im Laufe eines Ritus, dessen wesentlicher Teil die Szene des Feuerdiebstahls bildete, neue Kraft gewännen.

Wie in Ogol stellten auch in Dyamini zwei Masken das männliche und das weibliche Feuer dar. Ein Mann spielte die Rolle des Schmiedes und schwang eine Fackel, wobei er von zwei anderen Männern verfolgt wurde. In Dyamini wurde diese Szene in den Felsen zwischen einer Höhle und einem kleinen irdenen Topf aufgeführt, der mit trockenen Gräsern zugedeckt war. Der Flüchtende zündete die Gräser an, um daran zu erinnern, wie sich das Feuer des himmlischen Speichers nach der Berührung über die Erde ausgebreitet hatte.

In Ogol fand der Lauf zwischen dem Anakye-Heiligtum und einer Stelle am Rande von Unter-Ogol statt. Der Lauf führte also durch das Feld, das in der Affenbrotbaumniederung zwischen den beiden Dörfern lag.

Der Mann mit der Fackel verließ das Gebäude, sauste den schimmernden Hang hinab, rannte durch die Stoppelfelder und schwang dabei seinen Feuerbrand, aus dem ein Regen von kleinen Funken und Gluten herausfiel.

Denn der Schmied am Himmel lief und verlor Feuer, las es mit seinem Stab wieder auf, floh wieder und verlor es wieder.

Sobald der Läufer den Rand von Unter-Ogol erreichte, kehrte er den gleichen Weg zurück und stieg zum Heiligtum empor, von dem er sofort abermals wegrannte. Dies wurde dreimal wiederholt. Und während dieser Läufe verfolgten die beiden Masken den Flüchtigen mit gezückten Messern. Sie stellten die beiden Blitze dar, die die Nommo gegen den Schuldigen geschleudert hatten. Sie holten den Fackelträger aber nie ein, der bei seinem dritten Lauf das Heiligtum erreichte. Die Fackel schwingend, lief er dreimal darum herum.

»Diese drei Läufe«, sagte Ogotemmeli, »erinnern an den Lauf des Schmiedes, der in seiner Bedrängnis einen Weg suchte, um auf den Speicher zu steigen und die Gluten zu verstecken.«

Denn das runde Anakye-Heiligtum stellte in diesem Ritus

den himmlischen Speicher dar.

So fand die Verfolgung ihren Abschluß, die ein Schmied mit rhythmischen Schlägen seines Ambosses auf den Felsen begleitete.

Und das lebendige Feuer, das von den beiden erloschenen Feuern gehetzt wurde, gab allen Herden der Welt und den geschwärzten Hölzern, die die Ernten der Felder und der Bäume hüteten, neue Kraft.

30. Tag: Die Zwillinge und der Handel

»Ich«, antwortete Apurali mit breitem Lächeln, »ich habe nichts bekommen. Ich bin nicht aus dem Dorf gegangen, ich habe keine Zeit gehabt. Ich habe überhaupt nichts bekommen.«

»Und du?«

»Ich? Dreißig Franken«, sagte Ambara. »Ich habe dreißig Franken bekommen in der Familie meiner Mutter in Mendeli.«

»Und ich«, sagte Kogem, »bin nach Dyamini zur Familie meiner Mutter gegangen, die eine Dandulu ist. Ich habe vierhundert Kaurimuscheln und einhundertzehn Franken bekommen. Als ich ankam, sagte ich: ›Die Kuh hat zwei Kälber gehabt.‹«

Wegen der Zwillingskälber von Mendeli zog ein großer Teil des Dogonvolkes seit drei Monaten über die Pisten. Im September war das Ereignis eingetreten, und die Nachricht verbreitete sich im Lauffeuer von Dorf zu Dorf über die Ebene und die Geröllhalden. Es hat die Leute zutiefst beschäftigt. Alle kümmerten sich um das Wunder, die Alten und die Jungen, alle, die den Mund auftun und sagen konnten: »Die Kuh hat zwei Kälber gehabt.«

Denn eine solche Niederkunft löst eine außergewöhnliche Bewegung aus. Wer gehen und sprechen kann, begibt sich in die Familie seiner Mutter, um die Nachricht zu überbringen und ein Geldgeschenk zu erhalten. Früher hatte man nur die Frauen um ein Geschenk gebeten, und sie gaben dann Kaurimuscheln. Heute beteiligen sich alle Mitglieder der Gruppe und geben oft Geld. Die Greise, die sich nicht mehr auf den

Weg machen können, begnügen sich damit, die verheirateten Verwandten im Dorf zu besuchen oder wenigstens diejenigen abzufangen, die auf den Markt kommen.

Aber wenn man auch selbst über die weibliche Linie von jemandem abstammt, so stammt auch umgekehrt wieder jemand über die weibliche Linie von einem selbst ab, so daß man das Geld, das man erhält, nachdem man sich auf langen Pfaden abgemüht hat, schließlich wieder an diejenigen weitergeben muß, die von anderswoher kommen und einem die gleiche Nachricht überbringen.

»Man gibt das her, was man empfangen hat. Aber da man unterwegs noch Ausgaben hatte, ist das Ergebnis ein Verlust. Wer sich überhaupt nicht auf den Weg macht, verliert noch mehr, denn er gibt, ohne daß er empfangen hat. Aber so kommt das Geld in Umlauf.«

Wegen der Zwillingskälber lief also eine Menschenmenge über die Pfade, nahm Geld ein und gab Geld aus. Das diente nicht dazu, die Zwillingskälber selber zu ehren, sondern um die Zwillingsgeburt an sich zu feiern, deren Kult über ganz Afrika verbreitet ist.

Schon viele Gespräche mit Ogotemmeli hatten sich auf die Zwillinge bezogen, auf die Notwendigkeit, zu zweit zu sein, auf die Lebenskräfte, die das Doppel eines jeden bildeten.

Die ersten acht Ahnen waren in Wirklichkeit acht Paare.

»Die vier Männer und die vier Frauen«, sagte Ogotemmeli, »sind ihres Geschlechtes wegen acht doppelte. Die vier männlichen waren Mann und Frau, aber das Männliche war das Stärkere daran. Bei den Frauen war das Weibliche das Stärkere. Sie haben sich alle mit sich selbst gepaart. Jedes Weib eines jeden Paares ist schwanger geworden und hat Kinder zur Welt gebracht.«

Seither aber sind die Menschen vorwiegend einzeln auf die Welt gekommen. Die religiöse Organisation und die Metaphysik der Dogon begründen das mit dem Verlust der Zwillingsgeburt. Die himmlischen Mächte aber sind immer zu zweit und treten, wenn sie ins irdische Leben eingreifen, immer als Paare auf. Der Lebeh und der Siebente Nommo bilden ein lebendiges Paar. Die Ahnen der großen Masken und des Maskensitzes sind ein totes Paar. Man könnte denken – aber kein Dogon würde je eine solche Blasphemie ausstoßen –, daß das Urunglück im Ablauf des Weltgeschehens die Einzigkeit Gottes war.

Die Geburt von Zwillingen ist im täglichen Leben ein großartiges Ereignis. Sie ist irgendwie eine Erinnerung an die Urzeit, in der alle Wesen zu zweit erschienen als Symbole des göttlichen und menschlichen Gleichgewichts. Die Zwillingsgeburt wiederholt die Niederkunft der ersten Frau und die Verwandlung ihrer Klitoris in einen Skorpion. Der Skorpion mit den acht Beinen ist das Symbol der beiden Neugeborenen mit ihren acht Gliedmaßen. Er ist auch ihr Beschützer. Nichts kann sie anrühren, ohne sich seinem Stachel auszusetzen.

Die Zwillingsgeburt löst eine Reihe von außergewöhnlichen Ritualhandlungen aus. Erst nach acht Wochen (Zahl der Zwillinge) kommt die Gebärende aus ihrer Abgeschlossenheit hervor. Bei dem Erstlingsfest, das darauf folgt, werden die Kinder von erwachsenen Zwillingen rasiert, und die Verwandtschaft stellt im Familienaltar besondere Tonkrüge auf. Denn diese Kinder erhalten von ihrer Geburt an einen Kult, der in den Ahnenkult der Gruppe einbezogen ist.

Der Kult zeigt an, daß man den Zwillingen eine besondere Abstammung beimißt. Im Volk glaubt man, die Mutter sei während ihrer Schwangerschaft von einem Geist berührt worden, den man aber nicht Nommo zu nennen wagt, da der Begriff gefährlich ist, zu groß für einen menschlichen Mund. Die Zwillingskinder sind daher mit anderen Kindern nicht zu vergleichen.

Aber diese Tatsachen sind weltweit bekannt, und der Weiße war nicht darauf aus, auf alle Einzelheiten der bekannten Riten einzugehen. Im übrigen hatten die vorangegangenen Untersuchungen alle erwünschten Einzelheiten geboten. Deshalb wollte er mit Ogotemmeli nur eine materielle Einzelheit klären, die mit Bedeutungen überladen zu sein schien: die den Zwillingen bestimmten Tontöpfe.

Diese Töpfe haben eine besondere Form. Jeder davon besteht aus zwei runden Schalen von fünf bis sechs Zentimeter Durchmesser, die abgeflacht und am Rand wie eine vollkommen geöffnete, zweischalige Muschel zusammengefügt sind. Es gab diesen Gegenstand schon im himmlischen Speicher, wo er die übereinandergestellten Tonkrüge auf der Kreuzung der inneren Wände krönte. Er bedeckte da das kleine Gefäß für das persönliche Parfüm und schloß den Öltopf, das Symbol des Embryo, ab, der das große Gebärmuttertongefäß überragte.

So befand er sich in einer Atmosphäre der Zeugung und war gleichsam ein Aufruf zur Doppelzeugung, deren Symbol er darstellte.

»Die beiden aneinandergefügten Schalen«, sagte Ogotemmeli, »sind wie die Zwillinge gleich groß und gleich dick.«

Am Tag der Rasur der Kinder beschafft sich der Vater vier Doppelschalen, die er im Familienaltar aufstellt, und zwei kleine trapezförmige Lederstücke, auf deren jedes man acht Kaurimuscheln näht. Diese Gegenstände werden durch das Blutopfer von acht Hühnern geweiht. Die zwei Lederstücke werden dann zu Anhängern, die die Kinder als Zeichen ihrer Besonderheit am Hals tragen. Die Tongefäße erhalten ihre Opfer zunächst regelmäßig von den Eltern und später von den Betroffenen selbst.

»Die Doppelschale«, sagte Ogotemmeli, »ist das Symbol der Zwillinge. Sie haben die gleiche Größe, die gleiche Dicke, das gleiche Wort.«

Und wie die Schalen einander gleichen, so sind auch die Zwillinge austauschbar.

»Deshalb«, sagte Ogotemmeli, »hat durch sie der Handel begonnen.« Er betonte diesen Gleichheitsgedanken, der zum Handelsaustausch führte.

»Die Zwillinge haben das gleiche rechte Wort. Sie sind von gleichem Wert. Sie sind das gleiche Ding. Der Mensch, der verkauft, und der Mensch, der kauft, sind beide ein und dieselbe Sache. Sie sind Zwillinge.«

Von diesem Gedanken der austauschbaren Personen ging er zum Austausch der Dinge über.

»Der Handel«, sagte er, »der Kauf und Verkauf von verschiedenartigen Dingen, ist wie der Austausch von Zwillingen.«

Er meinte damit, daß die ausgetauschten Dinge den gleichen Wert haben und sich genau die Waage halten müßten, ohne daß das eine mehr sei als das andere, gleichgültig, ob dieser Handel ein Tauschhandel sei oder ein Vorgang, bei dem das Geld eine Rolle spiele.

»Die Zwillinge, die den Handel erfunden haben, entstammen der sechsten Familie. Sie wurden nach der Herabkunft des

Speichers, der das Weltsystem enthielt, als erste geboren. Ihr Vater hatte im Grab des Lebeh die Kaurimuscheln entdeckt, die dem Handel dienen sollten.«

Diese Muscheln lagen dort, wo sich die Finger des Toten befanden.

»Der Siebente Nommo hatte die Kaurimuscheln an die Stelle der Hände gelegt, denn die Menschen zählen mit den Fingern. Pro Hand legte er acht Kaurimuscheln hin, und zu Beginn des Handels zählte man bis acht.«

Über das Rechnen hatte Ogotemmeli seine Vorstellungen. Die Dogon gebrauchen das Dezimalsystem, denn von Anfang an benutzten sie die zehn Finger. In Wirklichkeit aber setzten sie acht als Grundzahl. Man trifft diese Zahl in dem, was man den Hunderter nennen würde, der aber der Zahl Achtzig entspricht. Achtzig bezeichnet das Ende einer Rechnung. Darüber beginnt die nächste Serie.

Man benutzt heute zehn solcher Serien, so daß der europäischen Tausend bei den Dogon die Achthundert entspricht.

Aber Ogotemmeli war der Ansicht, daß die Menschen ursprünglich in Achtern zählten – der Zahl der Kaurimuscheln in jeder Hand – und daß sie die zehn Finger benutzten, um zu achtzig zu kommen, und daß dann die Acht abermals erschien, um die sechshundertvierzig zu gelangen (8 x 10 x 8).

»Sechshundertvierzig«, sagte Ogotemmeli, »ist das Ende der Rechnung.«

Nach seiner Vorstellung gab es sechshundertvierzig Bündnissteine, die der Siebente Nommo ausgespien hatte, um im Grab des Lebeh den Umriß zu zeichnen.

Die vom Vater der Zwillinge in der Erde gefundenen Kaurimuscheln waren eine Vorankündigung des Handels. Die Kaurimuscheln hatten jedoch in den ersten Zeiten noch nicht als Tauschmittel gedient. Man begann damit, Stoffbahnen gegen Tiere und Gegenstände auszutauschen.

Der Stoff war das Geld. Die Einheit war die Spanne einer Bahn von zweimal achtzig Fäden Breite. Ein Schaf war acht Ellen von je drei Spannen wert. Ein kleines Maß Hirse war eine Spanne wert. Später wurde dann vom Siebenten Nommo, dem Herrn des Wortes, der Wert der Dinge in Kaurimuscheln festgesetzt. Ein Huhn war dreimal achtzig Kaurimuscheln wert. Ein Schaf oder eine Ziege dreimal achthundert. Ein Esel vierzigmal achthundert, ein Pferd achtzigmal achthundert, ein Ochse hundertzwanzigmal achthundert.

Aber zu Beginn gab es nur wenige Kaurimuscheln. Die zweiunddreißig Muscheln, die an den Händen und Füßen des Lebeh gefunden wurden, gab man den nach der Entdeckung geborenen Zwillingen. Von dieser Zahl benötigte jeder acht für den Lederanhänger, der seine Besonderheit anzeigte. Jedem blieben also noch acht Muscheln.

Nach einer anderen Überlieferung sollen diese Kaurimuscheln zuerst mit anderen Menschen gegen Hühner, vier Kaurimuscheln pro Tier, getauscht worden sein.

Dann sollen sich einerseits die Hühner und andererseits die Kaurimuscheln, die ja lebendige Wesen waren, in den Händen ihrer Besitzer vervielfältigt haben.

»Zu ihrem ersten Tausch setzten sich die Zwillinge auf einen Ameisenhügel. Der eine war der Verkäufer, der andere der Käufer. Die Ameise spielte den Zeugen. Man sagt aber auch, daß der erste Tausch Kaurimuscheln und Stoffbahnen betraf.«

Die erste Handelsaktion wurde also vor dem Geschlecht der Erde und vor der Ameise, der Verwandlungsform der Erde, abgewickelt. Und die Tauschgegenstände waren von Leben beseelt. Die Kaurimuscheln waren lebendige Muscheln, der Stoff war angefüllt mit dem Wort.

»Der siebente Nommo«, sagte Ogotemmeli, »hatte empfohlen, die Gegenstände einander gegenüberzustellen. Vor ihnen mußten die Tauschworte gesprochen werden. Es war, als ob die Gegenstände sprächen. Sie sprachen durch den Mund ihrer Besitzer, und sie verständigten sich untereinander über ihren Austausch.«

Der Blinde sprach mit lauter Stimme und saß aufrecht im Türausschnitt. Er war nicht in sich selbst zusammengesunken wie sonst, wenn das Gespräch religiöse Themen behandelte.

»Damit man sicher ist«, sagte er, »daß die Gegenstände auch einverstanden sind.« Offensichtlich war dies das wichtigste.

»Die Hauptsache beim Tausch oder beim Kaufen und Verkaufen ist das Wort, die Worte, die zwischen den beiden Teilen ausgetauscht werden, die Diskussion des Preises. Es ist, als ob der Stoff und die Kaurimuscheln sprächen. Die Waren verständigen sich durch den Mund der Menschen.«

Denn es gibt eine Übereinstimmung zwischen der Lebenskraft des Gegenstandes und der ihres Eigentümers. Die Lebenskraft der Kaurimuscheln kommt aus dem Lebeh, dessen Emanation sie sind, und der Lebeh teilt seine Lebenskraft den Menschen mit. Während der Weber, der seinen Stoff verkauft, das Wort der Ahnen in die Stoffbahn hineinknüpft, fügt er auch sein eigenes Wort hinzu. So ist das bei jedem Gegenstand, den der Mensch herstellt. Ein wenig seiner eigenen Kraft geht in das Werk seiner Hände über. Und der Akt des Besitzens fügt der Materie Kräfte zu, die in gewisser Weise den Eigentümer darstellen.

Hat man etwas geliehen, das man nicht zurückgeben kann, dann bringt die Kraft des Besitzers den Schuldner in Schwierigkeiten.

Da beim Kauf oder beim Tausch die Kraft kompensiert wird, schadet sie dem Besitzer nicht. Ja sogar die beiden Kräfte scheinen ausgetauscht zu werden. Die eine nimmt die Stelle der anderen ein, und so sind die neuen Besitzer nicht in Gefahr.

Ogotemmeli schloß das Gespräch mit einem rätselhaften Satz.

»Kaurimuscheln besitzen heißt Worte besitzen.«

31. Tag: Die Zwillinge und der Handel (Fortsetzung)

Auf dem leeren Marktplatz, auf dem der Christ gewisse Überprüfungen vornehmen wollte, erhob sich ein langer Stein. Er war in eine Spalte gesteckt und mit Sandsteinsplittern festgekeilt. Bevor er seine Untersuchung über den Handel fortsetzte, hatte er Erkundigungen über diesen Altar eingezogen, den man »Lebeh des Marktes« nannte und dessen Wächter ein gewisser Allegeh aus Barna war. Die Unterhaltungen mit dieser Persönlichkeit hatten zu einigen Zusammenstößen geführt, und die zweite Seite der Aufzeichnungen enthielt die kategorische Bemerkung:

Allegeh ist ein abgefeimter Lügner wie offenbar alle Leute aus Barna.

Allegeh trug die klassische, unter dem Knie festgeschnürte Hose, eine weite, auf den Seiten offene Jacke mit Ärmeln und eine Mütze mit zwei Spitzen, die bis auf die Wangen herabhingen. Der braune Stoff glich in der Dämmerung dem Lehm des Hauses, in dem sich die Unterhaltung abspielte. Von seinem Gesicht sah man nur eine Zahnreihe und von seinem Körper nur die hellen Handinnenflächen, wenn er sie öffnete, um etwas zu betonen.

Allegeh hatte zuerst behauptet, der Altarstein sei von selbst aus dem Boden herausgewachsen, ohne daß man wisse, wer ihn gesandt habe. Er glaubte mit dieser Neuigkeit die Neugier des Europäers zufriedenzustellen. Er hatte hinzugefügt, daß sich das gleiche Wunder im Viertel Bongo von Unter-Sanga abgespielt habe, dort aber nicht ganz gelungen sei.

»Auch Bongo hat einen Marktaltar besessen. Aber die Sache ist nicht gut ausgegangen. Schließlich hat man die beiden Steine auf dem Markt bei Barna vereinigt.«

Allegeh hätte sich gerne lang und breit über die dunklen Maßnahmen, Vorrechte und Machenschaften ausgelassen, die die Vereinigung der beiden Steine mysteriösen Ursprungs betrafen. Natürlich war der kleinere Stein derjenige aus Bongo. Die Anrechte Barnas waren viel beträchtlicher, und die Greise von Unter-Sanga waren nicht so dumm, zu glauben, sie hätten auch nur die geringste Chance, in dieser Sache zu siegen.

Solche Reden, die zuweilen zu gewichtigen Vorschlägen führten, wurden durch eine einzige Frage unterbrochen.

»Wenn man dem Lebeh des Marktes ein Tier schlachtet, wer kommt dann und trinkt das Blut?«

Dieser Satz genügte, um Allegeh in einen Abgrund des Nachdenkens fallen zu lassen. Und dabei blieb es denn auch.

Der Europäer hatte jedoch genügend erfahren, um die Erklärungen Ogotemmelis bestätigt zu sehen, die am Vorabend mit dem Satz geschlossen hatten:

»Kaurimuscheln besitzen heißt Worte besitzen.«

Der Handel hatte damit begonnen, daß man gegen Kaurimuscheln Stoffbahnen austauschte, das heißt die Worte der Ahnen und vor allem die des Siebenten, des Herrn des Wortes. Die Kaurimuscheln ihrerseits entstammten dem Lebeh, der aus dem achten Ahn hervorgegangen war, der die Zahl des Wortes trug.

Die Kaurimuscheln waren also unter dem Zeichen des Wortes erschienen. Sie waren selber Wort und stellten zudem Ziffern und somit ein Verständigungsmittel dar. Sie waren Ausdrucksmittel und haben vielleicht auch zu Beginn der menschlichen Beziehungen wie die gesprochenen Worte dazu gedient, Gedanken auszutauschen. Vielleicht ist durch jene, die den Dogon die Kaurimuscheln gebracht haben, ein Echo weit entfernter Kaurigebräuche zu den Dogon gedrungen.

Ogotemmeli erklärte über diese dunklen Zeiten:

»Am Anfang dienten die Kaurimuscheln dem Austausch sowohl der Worte wie auch dem Austausch der Ware. Wer keine Kaurimuscheln besaß, konnte nicht sprechen oder sprach weniger als die anderen.«

Es war nicht möglich, tiefer in diesen tausendjährigen Gedanken einzudringen, der in den Worten, die ihn überlieferten, abgenutzt war, aber hinter den erloschenen Augen Ogotemmelis noch lebte.

Die Kaurimuscheln waren das Wort, und sie mußten wie das Wort zwischen den Menschen zirkulieren. Ogotemmeli wiederholte, was er schon über das Opfer gesagt hatte.

»Das Wort ist für alle da. Deshalb muß man es austauschen, muß geben und nehmen.«

Und er nahm das Bild der Baumwollbahn wieder auf, die auf dem Webstuhl entsteht. Ihre Kette stellt die noch wüsten Landstriche dar. Ihr Schuß ist das Wort, das Licht und die Feuchtigkeit, die sie durchdringen.

»Das Nommo hat gesagt, wenn man Kaurimuscheln anbietet, um eine Ware zu kaufen, dann stirbt der Verkäufer, wenn er sich weigert. Es besteht ein Zwang zum Austausch. Wie sich die Stoffbahn während des Webens verlängert, wie das Kulturland unter dem Eisen des Bauern sich ausdehnt, so müssen auch die Kaurimuscheln hin und her gehen.«

Die Kaurimuscheln tragen die Kraft dieses Gesetzes in sich, und diese Kraft wirkt auf die Kraft der Waren ein wie auch auf die Kraft der Menschen. Die weiße Farbe der Kaurimuscheln zieht das Auge des Menschen an und verführt es. Ihre Kraft dringt in die Kraft des Menschen ein und vergrößert seinen Wunsch zu handeln.

Zweifellos trugen die Zwillinge deshalb den Anhänger mit den acht Kaurimuscheln auf ihrer Brust, um den ständigen Aufruf zum Handel auszudrücken. Und umgekehrt führte die Tatsache, daß die Zwillinge an den Handel und an sein Geldzeichen gebunden waren, dazu, daß sie zu ausgezeichneten Händlern wurden.

Sie haben daher den Ruf, daß ihnen die Handelsgeschäfte, die sie unternehmen, besser als allen anderen gelingen, und man scheut sich oft, mit ihnen zu handeln, da man sicher ist, daß alle Vorteile im voraus schon auf ihrer Seite liegen.

»Wenn sie nach Mopti gehen und ihre Zwiebeln in Begleitung eines Zwillings verkaufen, dann können Sie sicher sein, daß die Käufer dessen Ware vorziehen, selbst wenn sie weniger schön ist. Sein Geldhaufen vergrößert sich mehr als der Ihre. Und wenn Sie schlechte Geschäfte machen, so liegt das daran, daß Ihre Kaurimuscheln zu dem Zwilling gegangen sind.«

Kein Mensch zweifelte daran, daß die Güter eines Zwillings sich viel schneller vervielfältigen als die anderer Leute. Und der Grund hierfür war höchst einfach.

»Sie können auf ihrem Achtschalenaltar ein Opfer darbringen, das gewöhnliche Leute nie bewirken können. Sie sagen zu den acht Ahnen: ›Hier ist euer Tier! Schönen Dank für gestern! Möge der Rest morgen gelingen!‹«

Sobald sie zwei oder drei Lebensjahre erreicht hatten, kauften ihnen ihre Eltern Tiere von den Kaurimuscheln, die die mütterlichen Tanten ihrer Mutter übergeben hatten und mit denen man sich Öl der *Lannea acida* verschafft hatte. Mit diesem aus dem Nommo-Baum herausgezogenen Öl salbt man sie von Kopf bis Fuß, um die dauerhafte Feuchtigkeit darzustellen, die zum Gedeihen nötig ist. Auch die Tiere, die diesem Öl verbunden sind, vervielfältigen sich.

»Solche Tiere braucht niemand zu hüten. Sie werden von selber fett und vermehren sich, während die anderen in Gefahr sind.«

Und dieses Vorbestimmtsein zum Gelingen ergreift auch die Angehörigen. Bevor sie sich auf den Markt begibt, stellt sich die Mutter der Zwillinge vor deren Altar und bittet die acht Ahnen um Schutz und Glück. »Ihr Zwillingsahnen«, spricht sie, »kommt und führt mich, lauft vor mir her.«

Da sie diese Praktik kennen, wagen es nur wenige Frauen, einer solchen Mutter über die Pfade, die zum Markt führen, zu folgen. Die meisten entfernen sich und wählen Umwege und sind sicher, daß die andere aus allen guten Geschäften Nutzen ziehen wird.

Das Vorrecht der Zwillingsgeburt wird auch noch dadurch in stofflichen Gewinn umgesetzt, daß jeder, der einem Zwilling etwas verkauft, etwas gratis dazulegen muß. Diese Zulage, die heute nur von geringem Wert ist, war ursprünglich sehr beträchtlich, denn der Verkäufer mußte für den gleichen Preis das Doppelte der verlangten Ware übergeben.

Und wenn man einem Zwilling ein Geschenk macht, dann muß man es ihm in zwei gleichen Teilen übergeben, sonst darf er es nicht annehmen.

Aus diesen Sitten und Bräuchen folgt, daß der Zwilling nach allgemeinem Glauben eine gefährliche Anziehungskraft auf die Reichtümer ausübt. Und doch weigert sich niemand, mit ihm in Beziehung zu treten. Im Gegenteil, jeder bringt ihm gern Geschenke dar.

»Man beschenkt die Zwillinge«, sagte Ogotemmeli, »damit man auch ein wenig an ihrem Glück teilhat. Man glaubt, daß man mit der Zeit mehr wiederbekommt, als man gegeben hat.«

Bei der Zeremonie der Aufstellung ihres Altars erhalten die Zwillingskinder auf feierliche Weise die Kaurigaben der gesamten weiblichen und männlichen Verwandtschaft, die sich so einen Kontakt mit dem Glück verschafft. Im Hof des väterlichen Hauses wird die große Familiendecke mit den schwarzen und weißen Vierecken, in die man die Toten einwickelt, auf Matten zur Schau ausgelegt. Die Mutter und die Tochter, die ihr hilft, nehmen darauf Platz, und jede hält eines der Kinder. Im sogenannten »Rhythmus der Häuptlingschaft«, den ein Handtrommler aufspielt, ziehen alle Verwandten vorbei und legen ihre Gaben in zwei Haufen nieder. Der rechte ist für die Hausfrau, der linke für ihren Ehemann.

Und jeder spendet auf beiden Seiten, wobei er seinem unmittelbaren Verwandten eine größere Spende hinlegt.

»Die beiden Haufen müssen gleich groß werden, denn sie stellen rechts einen Käufer und links einen Verkäufer dar. Und die Totendecke, auf der sie sitzen, ist zugleich das Symbol des Handels. Denn die Zwillinge, die den Tauschhandel begannen, saßen schon darauf, und sie ist aus gleich großen schwarzen und weißen Vierecken von gleicher Anzahl hergestellt. Die Geschäfte des Kaufmanns, der eine Totendecke trägt, gehen gut.«

Aber obwohl sie mit dem Handel verbunden ist, ist die Decke

kein Geld. Sie ist der repräsentativste aller Reichtümer und darf nicht den Besitzer wechseln. Es gibt für eine Familie keine größere Schande, als die Totendecke zu verkaufen. Und wer keine besitzt, leiht sie sich heimlich für seine Bestattungen aus, damit niemand auf den Gedanken käme, die Gruppe besitze keine.

Während das Gesetz der Kaurimuscheln die Beweglichkeit ist, ist die Decke starr und unbeweglich. Sie ist gleichsam das Ziel des Wirtschaftsstrebens einer Familie, die letzte Etappe zur Bildung des Reichtums. Und mit Stolz und Begeisterung breitet die Familie bei den Beerdigungen ihre Totendecken über die Fassade des Hauses und stellt so ihren unveräußerlichen Besitz aus.

So sitzt die Mutter auf dem Kapital der Familie, wenn sie die Zwillingskinder zur Schau stellt und der symbolischen Handelshandlung vorsitzt, bei der zwei Geldhaufen von gleichem Wert einander gegenüberstehen.

»Und sie sitzt auf dem Symbol der angebauten Erde mit ihrer Vielzahl von Vierecken, wenn sie über die Vermehrung der Kaurimuscheln präsidiert, nachdem sie eine außergewöhnliche Tat der Fruchtbarkeit vollbracht hat.«

Selbst wenn das eine der Kinder verschwunden ist, vollzieht sich die Feier in der gleichen Anordnung.

»Man sagt niemals, daß ein Zwilling tot ist. Man sagt, er habe seinen Schwung genommen, er sei davongeflogen.«

In diesem Fall ist nur die Mutter mit dem Überlebenden zugegen. Und wenn das Zwillingspaar tot ist, dann wird die Feier für das nach ihm geborene Kind veranstaltet, das als mit seinen zwei Vorgeborenen verbunden gilt.

»Es gilt als der Rückstand der Zwillinge«, sagte der Blinde. »Man nennt es ›Menschenasche‹.«

Denn es ist wichtig, die wiedergefundene Zwillingshaftigkeit zu bezeugen und der ganzen Gruppe den Segen des Urzustandes deutlich zu machen, selbst wenn er nur vorübergehend ist.

Nachdem sie der Mittelpunkt der Vervielfältigung der Kaurimuscheln gewesen sind, werden die Kinder, von Handel und Fülle durchdrungen, zur Mittagszeit auf den Markt getragen, wenn der Marktplatz voll ist und der Lärm der Menschenmenge ihren Höhepunkt erreicht.

»Das laute Stimmengewirr ist die Stimme der Wassergeister, die sich in menschliche Personen verwandelten und ihre Einkäufe tätigen wollen.«

Es ist die Stunde, zu der die schönen Mädchen, die niemand kennt, die geschäftigen Gruppen aufspalten und dann wieder, ohne eine Spur zu hinterlassen, verschwinden. Es ist die Stunde, zu der in den Körben der Händler, ohne daß jemand daran zweifelt, die Nommo sich in einheimische Tomaten verwandeln.

In diesem günstigen Augenblick werden die Zwillinge der Menge und den Unsichtbaren vorgestellt. Die Gruppe bleibt vor dem Marktaltar stehen, um die Kinder dem Lebeh und den acht Ahnen zu weihen.

»Dem Lebeh des Marktes vertrauen wir diese Zwillinge an. Möge er sie beschützen, möge er sie leiten!«

Dann geht die Verwandtschaft dreimal mit ihnen um den ganzen Platz herum und schließt so die Gruppen von Menschen ein, die aus allen Gegenden auf diesen segensreichen Platz gekommen sind, auf dem Lebensmittel und Geld allenthalben zirkulieren.

Den Mittelpunkt dieser Geschäftigkeit bildet der Steinaltar, der jenem Lebeh errichtet wurde, dessen vom Nommo ausgespiener Umriß aus den acht Ahnen geformt ist, den acht Ahnenpaaren, den Schutzherren der Zwillinge. Sie trinken das Blut der Opfer. Und mit ihnen kommen die gestorbenen Zwillinge aller Zeiten, darunter die beiden ersten, die Erfinder des Handels. Und es kommt auch das oberste Paar der nie Fleisch gewordenen Nommo.

Denn den Platz des Tauschhandels haben die Menschen unter das dauerhafte Zeichen der irdischen und himmlischen Zwillingsgeburt gestellt.

32. Tag: Die Tierkreiszeichen

Während der von Gesprächen mit Ogotemmeli und hundert anderen Arbeiten angefüllten Tage, während der Nächte des Nachdenkens und Überarbeitens hatte der Europäer zuerst umrißhaft, dann immer deutlicher gewisse Einzelheiten der Kosmologie erkannt, deren Gesamtheit ihn überraschte. Die

Rolle der Zwillinge fand er nicht erstaunlich, denn er hatte schon viele Beispiele der Doppelgeburt in den Ländern Schwarzafrikas kennengelernt. Die Erscheinung des mit einer Sonnenkalebasse geschmückten Widders aber, die auch noch durch einen ebenso geschmückten Stier verdoppelt wurde, hatte ihn beunruhigt, denn die Widder mit einem Kreis auf dem Haupt, die in die Felsen Nordafrikas eingeritzt sind, hatten schon viel Tinte fließen lassen. Die einen behaupteten, sie seien aus Ägypten gekommen, die anderen vertraten eine entgegengesetzte Verbreitungsrichtung. Viele hatten erkannt, daß der Kreis zwischen den Hörnern die Sonne darstellt. Alle diese Spekulationen, die jedoch Hypothesen blieben, erschienen plötzlich in einem neuen Licht. Eine Klärung zeichnete sich ab, und zwar in Landstrichen, die bisher zu einem solchen Problem keine Beziehung zu haben schienen.

Soweit stand der Christ vor Fragen, die schon ein Problem sind. Die Sache mit dem Skorpion, der das Ergebnis der Exzision war, stürzte ihn aber in Verblüffung. Sie lag außerhalb des Gewöhnlichen. Zwillinge, Widder, Stier, Skorpion – der Weiße dachte an den Tierkreis. Aber er behielt den Gedanken für sich. Er wollte, daß das System bruchlos von selber hervortrete in den Gesprächen auf der Schwelle, auf die der Meister sich niederließ.

Jeden Tag fragte er sich, welche Offenbarungen wohl noch aus diesem Greis hervorkämen, der da, in den Eingang geklemmt, sich deutlich vom dunklen Hintergrund abhob. Durch ihn brachte ihm jeder Tag neue Begeisterung und neue Freude, wie er sie in seiner Forscherlaufbahn noch nie erlebt hatte. Der Gedanke an den Tierkreis war in diesem Zusammenhang nur ein Spiel unter tausenden, aber er hatte eine besondere Würze. Hatten die Schwarzen etwa ein zusammenhängendes System der Erklärung der Tierkreiszeichen, während die Bewohner des Mittelmeeres demgegenüber nur kindliche Vorstellungen besaßen? Denn man kann doch nicht im Ernst annehmen, daß die Menschen der Antike am Himmel einen Skorpion, Zwillinge, Fische gesehen haben und daß die Stellung der Sterne ihnen zwölf schnurrige Zeichen herunterdiktiert habe, bei denen eine Jungfrau einer Waage, ein Krebs einem Löwen benachbart war.

Zwillinge, Widder, Stier, Skorpion. Der Weiße hatte sich

eines Tages gefragt, ob die zwölf Zeichen nicht vielleicht in dem himmlischen Speicher anwesend waren, den der Schmied den Regenbogen entlangtrug.

Dieser Speicher war mit dem Sternensystem verbunden. Er bestand selbst aus Himmel, Mond und Sonne. Andererseits stand jede Treppe in Beziehung zu einer Haupthimmelsrichtung und einer Sternengruppe.

Die Zwillinge waren im Speicher vorhanden durch die Tatsache, daß der Schmiedeahn doppelt war, daß er das Männliche und der Speicher das Weibliche darstellte, das mit aufgestellten Armen und Beinen den Himmel stützte.

Der Widder und der Stier besetzten die Stufen des Südens. Der Skorpion die Unterseite der Decke, die die Sonne darstellte. Was das Nay, das heißt »Sonne«, genannte Tier betraf, handelte es sich nicht um einen Krebs, sondern um eine Eidechse von besonderer Form. Sie hielt sich neben dem Skorpion auf.

Der Löwe hatte seinen ordentlichen Platz auf der Westtreppe auf der neunten Stufe, der Ziffer des Häuptlingtums. Ogotemmeli bestand auf der Tatsache, daß der Löwe als Zwilling geboren sei, daß er die Urvorteile noch nicht verloren hatte – wie übrigens auch der Skorpion.

Die Jungfrau gab es nur in der Form der weiblichen Kalebasse, die auf dem Kopf des Widders oder des Stiers saß. Man muß dazu noch bemerken, daß das Einhorn, das oft mit diesem Zeichen verknüpft wird, eine seltsame Entsprechung in der Form des Widders fand, dessen zweites Geschlecht sich zwischen seinen Hörnern aufrichtete und die Kalebassenjungfrau befruchtete.

Die Waage, so schien es dem Weißen lange Zeit, war nicht vorhanden. Nach den Aussagen aller Dogon war das ein ganz neues Wirtschaftsgerät. Keine Spur davon fand sich im Speicher. Die Untersuchung über die Zwillinge führte aber auf eine klare Spur. Die Doppelschale mit den zwei gleichen Hohltellern, die zwei vertauschbare Werte darstellten, war ein Waagesymbol. Sie stand in der Mitte des Gebäudes auf der Säule der Tongefäße.

Der Schütze war offensichtlich: Der Schmied, der Dieb der Sonne, schoß seine Pfeile nicht nur, um sich zu verteidigen, sondern auch um seinen Herabstieg zu bewirken. Er hatte ein

Geschoß ins Himmelsgewölbe geschossen und ein anderes in die Terrasse des Speichers.

Der Steinbock könnte buchstäblich durch die Ziege der Südtreppe vertreten sein. Aber das war wenig zufriedenstellend, um so mehr, als die Ziege des Tierkreises oft einen Fisch als Schwanz hat.

Der Wassermann war in dem abgerollten Faden der gewaltigen Spindel, die der Speicher bildete. Er befreite sich in einer Schraube, die Ogotemmeli mit einer Zickzacklinie verglich.

Was die Fische betraf, so hingen sie am Nabel ihrer Zwillinge als Männer und Frauen über der Südtreppe.

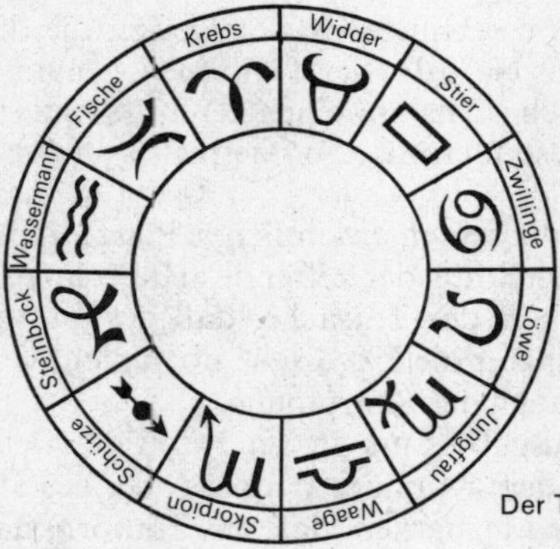

Der Tierkreis

Es schien dem Weißen also, daß die Kosmologie und die Metaphysik der Dogon dem größten Teil dieser Zeichen zumindest einen Platz bot, ohne jedoch das im Tierkreis enthaltene System zu bilden. Dieser Platz war gewiß in dem Weltsystem zu erkennen, das unter der Führung des Schmiedes vom Himmel gekommen war. Aber in den Einrichtungen selbst wurde es noch deutlicher. Daher hatte der Europäer während des letzten Arbeitstages mit seinem Initiator im Verlauf einer allgemeinen Rekapitulation die Frage auch auf diesen Punkt bringen wollen.

Er war nämlich zu der Überzeugung gelangt, daß der Symbolismus der Tierkreiszeichen zwei Grundprinzipien ausdrückte: das des Wassers als Essenz der Wesen und das der Zwillingsgeburt.

Die beiden Prinzipien waren seit der Urzeit miteinander verbunden. Das Nommo-Paar, die Geister aus Wasser, die ersten Kinder, die Gott gelungen waren, waren aus Wasser geformt. Der Samen Gottes, der aus Wasser bestand, hatte nach einem ersten Mißgeschick, das ein einziges, also unvollständiges Wesen hervorgebracht hatte, das himmlische Paar gezeugt, das zum Monitor der Welt werden sollte.

»Wenn das Nommo-Paar nicht gewesen wäre«, sagte Ogotemmeli, »dann hätte niemand die Welt neu ordnen können.«

Die Rolle dieser Zwillinge war im Verlauf der Gespräche in ihrer ganzen Fülle hervorgetreten. Gewaltige Einrichtungen ließen sich auf sie zurückführen. Aber um auf den Tierkreis zurückzukommen, hatte der Weiße versuchsweise das Viereck oder Rechteck zu deuten versucht, das oft die Zwillinge darstellte. Diese Figur mit den vier Seiten drückte wahrscheinlich die vierfache Persönlichkeit des Paares aus, von dem jeder Teil bei der Geburt mit zwei Seelen versehen ist. Diese Zahl ist dazu noch die der Weiblichkeit, das heißt die der Fruchtbarkeit. Ogotemmeli hatte oft gesagt, daß das ideale Paar aus zwei weiblichen Wesen und der Ziffer Acht bestand, der gleichen Ziffer wie für das schöpferische Wort.

Aber wenn die Zwillinge aus Wasser bestanden, war dann das Wasser doppelt?

Man muß dazu bemerken, daß auch die Wassermänner des Tierkreises gewöhnlich zwei sind. Die Dogon benutzen oft eine einzelne Zickzacklinie. Auf den Fassaden der Heiligtümer, auf den Spulen des Webstuhls, auf den Holzgefäßen, auf den Masken, auf dem Diebsstab, auf den Türen des Speichers ist fast immer eine einzige Zickzacklinie. Auch in dem Tanz, der »Zickzackweg« heißt, ist es nur eine Linie wie auch in der Kette des Stoffes, wo sie den Weg des Wortes und des Wassers darstellt.

Aber ihre tiefe Rolle erscheint auf gewissen Heiligtümern und Masken. Sie trennt und vereint zugleich zwei Zonen, die oft in verschiedenen Farben gemalt sind, und sie schließt zwei gezahnte Linien ein. Vor allem aber in der Urgebärde des Webers offenbart sie ihr Geheimnis als die Vereinigung von Rechts und Links, die immer ausgeglichen ist und unaufhörlich sich auf der Kette fortsetzt.

Man mußte aber noch weiter gehen. Die Zickzacklinie des Schusses, das Symbol des Fortschreitens der Feuchtigkeit in den noch unbebauten Gebieten, führte zu einer Bahn aus gleichen schwarzen und weißen Vierecken. Acht Bahnen formten die Totendecke. Und auf einer Totendecke hatten die Zwillinge den Handel eingeleitet, wobei zum Austausch gleiche Handelswaren zugegen waren, so wie in Zahl und Oberfläche die schwarzen und die weißen Vierecke einander gleichen.

Zwillingshaftigkeit und Wasser waren also in ihrem Wesen und in ihren Symbolen, den Zwillingen und den Wassermännern, miteinander verbunden.

Der Europäer ließ nach diesen letzten Rekapitulationen die verschiedenen Figuren und Einrichtungen in seinem Geiste vorbeiziehen, die für das mittelmeerische Tierkreissystem einen Schlüssel boten, obwohl – und das ist ein hervorstechendes Detail – dieses System ebenso unbekannt war wie das der Dogon. Und er fand in der Mehrzahl der Zeichen den Ausdruck der beiden großen Prinzipien, auf die sich ihre Gedankenwelt zum großen Teil gründete.

Der Widder, die Verwandlungsform des großen männlichen Nommo, ist von einer Sonnenkalebasse gekrönt, der Verwandlungsform des großen weiblichen Nommo. Seine Blesse ist der männliche Mond, und durch seine Kupfermähne ist er auch eine Emanation der Sonne. Er ist also in Wirklichkeit ein Paar. Und man kann sogar sagen, daß er das symbolisch sogar zwiefach darstellt: Er zeigt zwei männliche Geschlechtsorgane, und er ist zwiefach weiblich durch die Sonnenscheibe auf seinem Haupt und durch das Vlies, mit dem er bedeckt ist.

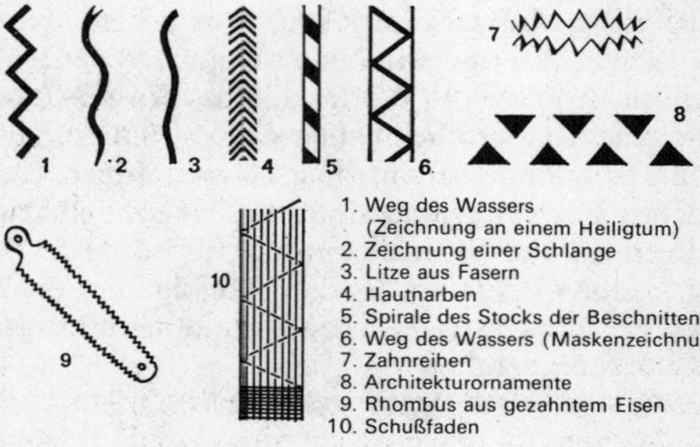

1. Weg des Wassers (Zeichnung an einem Heiligtum)
2. Zeichnung einer Schlange
3. Litze aus Fasern
4. Hautnarben
5. Spirale des Stocks der Beschnittenen
6. Weg des Wassers (Maskenzeichnung)
7. Zahnreihen
8. Architekturornamente
9. Rhombus aus gezahntem Eisen
10. Schußfaden

Er stößt auch auf doppelte Weise Samenwasser hervor: Einerseits befruchtet er die Weiblichkeit zwischen seinen Hörnern, andererseits uriniert er den Regen auf die Welt. Sein Fell ist aus Kupfer, also aus Wasser, und unter seinem in einen Schlangenkopf auslaufenden Schweif richtet sich eine Hirseähre auf. Er ist die Feuchtigkeit der Vegetation.

Wenn er auch heute nicht mehr in seiner Ganzheit auf den Fassaden der Heiligtümer dargestellt wird, so ist er zumindest auf dessen Stirn gegenwärtig in der Form des Doppelhakens seiner Hörner, an denen die Regenwolken hängenbleiben.

Der Stier, das Double des Widders, erklärt sich auf die gleiche Weise. Was die Ziege betrifft, so ist sie die Verwandlungsform des Wassergeistes für die unheilvollen Werke. Der Fischschwanz des Steinbocks erklärt sich vielleicht durch die Tatsache, daß es sich um ein Tier handelt, das immer im Wasser auftritt.

Dem Krebs entspricht die »Sonne«, eine Art Eidechse, die Verwandlungsform der Vorhaut, die Stütze der weiblichen Seele, der Zwilling des einzeln geborenen Menschen. Dieses Tier ist übrigens selbst wieder doppelt. Sein kurzer Schwanz wird mit seinem Kopf verglichen und symbolisiert den männlichen Penis, während die Gesamtheit des Körpers die Verwandlungsform der weiblichen Vorhaut ist. Dazu muß man noch bemerken, daß der Krebs des Tierkreiszeichens durch ein Doppelzeichen dargestellt wird, dessen Teile so Kopf bei Fuß liegen, wie es einer solchen Eidechse zukäme. Er ist andererseits das Gegenstück zum Skorpion, dem männlichen Zwilling des Weibes.

Der Skorpion, der als Zwilling geboren sein soll, ist der Beschützer der Zwillinge, und seine Beine, acht an der Zahl, symbolisieren deren Gliedmaßen. Er ist zwiefach mit dem Wasser verknüpft. Er hat in seinem Stachel das Fruchtwasser der Niederkunft der ersten Frau gesammelt, und er ist wie die Eidechse die Verwandlungsform eines feuchten Sexualorgans.

Der Löwe soll wie der Skorpion einer Zwillingsgeburt entstammen. Er hat seinen Platz auf der neunten Stufe der Westtreppe des Weltsystems, weil er das Häuptlingtum symbolisiert, dessen Zahl neun ist. Das Häuptlingtum ist dem Lebeh anvertraut, dem Regenspender, dem Monitor der Vegetation.

Die Jungfrau verkörpert sich auf dem Widder in der Gestalt

der Sonnenkalebasse. Das entsprechende Tierkreiszeichen, eine Art M, dessen letzter Abstrich abgeteilt ist, könnte mit dem des Skorpions in Beziehung gebracht werden, dessen letzter Abstrich im Gegenteil dazu oft in eine Spitze ausläuft. Das erste Zeichen würde eine exzisierte Jungfrau darstellen, das zweite das Ergebnis der Exzision, nämlich das mit einem Stachel bewaffnete Tier, dessen Stachel an das abgeschnittene Organ erinnert.

Die Doppelschale, die wie die beiden Waagschalen einer Waage aussieht, ist das Symbol der vertauschbaren Zwillinge. Sie ist dazu bestimmt, das Blut und das Wasser der Trank- und Schlachtopfer aufzunehmen.

Der Schütze erinnert an den mit dem Bogen bewaffneten und auf dem himmlischen Speicher aufgerichteten Schmied, der auch sein alle viere zum Himmel streckender Zwilling ist, eine Art auf den Kopf gestelltes Reittier, das den Himmel stützt. Er ist mit dem Wasser verbunden, denn er ist Nommo, und mit dem Wasser seines Schlauchs hat er die Brände gelöscht, die auf ihn geschleudert wurden.

Das entsprechende Tierkreiszeichen, der Pfeil mit der Kugel in der Mitte des Schaftes, ist ohne Zweifel die Spindel, die den Wirtel durchbohrt. Die Pfeile, die der Schmied in den Himmel und in den Speicher schoß, waren Spindeln. Diejenige, die das Himmelsgewölbe traf, diente als Aufhängepunkt für den Faden, an dem er herabstieg und der sich von der auf der Terrasse

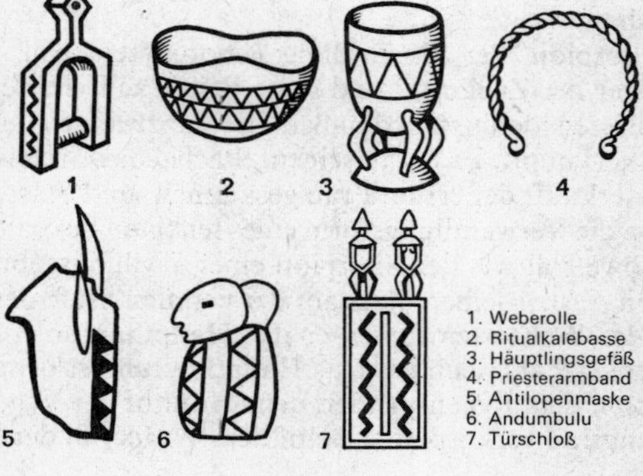

1. Weberolle
2. Ritualkalebasse
3. Häuptlingsgefäß
4. Priesterarmband
5. Antilopenmaske
6. Andumbulu
7. Türschloß

des Gebäudes befestigten Achse abspulte. Und dieses Gebäude selbst war ein enormer Wirtel, der dem Pfeil als Zielscheibe gedient hatte.

Die Fische des Tierkreiszeichens sind Zwillinge, die durch einen Riemen oder durch eine Röhre, die aus ihrem Mund kommt, miteinander verbunden sind, und sie symbolisieren ebenfalls das Wasser. Sie treten auf der Südtreppe des himmlischen Speichers auf und sind mit den Boso verknüpft. Fische und Menschen sind Zwillinge, und der Boso selbst ist das Symbol des Wassers als erster Fischer des Niger und Herr des Flusses. Der Boso, der mit dem Dogon das unterhält, was man eine Gefälligkeitsverwandtschaft nennt, wird vom Dogon traditionsgemäß behandelt als ein »Fisch, der in der Ebene spazierengeht«.

Es scheint also, als lasse sich der mediterrane Tierkreis durch die Metaphysik und die Kosmologie der Dogon erklären. Aber der Weiße gab sich über die Aufnahme, die eine solche Argumentation bei den angesehenen Spezialisten erlesener Zirkel der Gelehrsamkeit finden könnte, keinen Illusionen hin. Gewiß, es gab da tröstliche Ausnahmen. Brillante Geister, die sich vor allem den klassischen Studien widmeten, öffneten sich den fernen Zivilisationen mit Erstaunen und Wohlwollen. Hellsichtige Amateure, die durch die Kunst zu den Schwarzen gelangten, darunter viele Philosophen, die zu ungewöhnlichen Spekulationen vordrangen, beschäftigten sich leidenschaftlich mit diesen Problemen. Aber sie gingen in der Menge unter.

Hatte man sich nicht ein für allemal darüber geeinigt, daß die Schwarzen zur Zivilisation nichts beigetragen hätten und daß sie nicht einmal fähig seien, über die antiken Formen des Weltverständnisses nachzudenken? Hatte man sie nicht zu allen Zeiten auf den Platz des Sklaven verwiesen? »Sehen Sie sich die Basreliefs der großen Zivilisationen der Antike an! Wo finden sie die Neger? Wo sie hingehören! Unter den bedeutungslosen Leuten! Und welchen Einfluß wollen Sie ihnen zugestehen? Es kann sich doch nicht um einen Einfluß handeln, den sie ausgeübt haben, sondern nur um einen Einfluß, den sie empfangen und allenfalls bewahrt haben.«

Es ist eine unnütze Diskussion. Man muß sich schon glücklich schätzen, wenn es sich vermeiden läßt, daß der Forscher samt seinem Studienobjekt einer hochmütigen Verachtung anheimfällt. Denn dieser unbewußte Haß wird immer wieder deutlich.

Wenn er an dieses absichtliche Unverständnis dachte, an dieses Sichweigern, etwas kennenzulernen, dann befiel den Weißen vor dem höflichen Blinden, den er am folgenden Tag verlassen mußte, ein Gefühl der Scham. Er wollte diesem Mann, der das Licht nicht sehen konnte, dessen Wort aber Licht war, seine Hochachtung ausdrücken.

Aber in dem Hof, in dem die Schatten der Speicher emporstiegen, lag die Heiterkeit Ogotemmelis außerhalb der Zeit des Weißen und außerhalb solcher Gewissensbisse.

Er beunruhigte sich bereits über die Abreise seines Freundes, über dessen Luftreise in dem Gegenstand, den er »Alpilani« nannte. Er hätte gern dessen Gefahren kennengelernt, um sie in Gedanken mit dem Christen zu teilen, der mit ihm das Stroh des Hauses geteilt hatte. Er mahnte ihn zur Vorsicht wie einen der Seinen, der auszieht, um die Arbeit auf den Feldern zu verrichten.

»Wenn wir auf die Felder gehen«, sagte er, »finden wir Dornen, Schlangen und widrige Winde.«

Ein Küken piepste in seiner Nähe. Er schob es mit einer Handbewegung von sich.

Dann richtete er sich in seinen Lumpen zu seiner ganzen Höhe auf und sprach den Gruß des Abends.

33. Tag: Abschied von Ogotemmeli

Die Sonne des letzten Arbeitstages ging auf. Am andern Tag um dieselbe Zeit würde die Unterkunft bereits leer sein.

Der Weiße begab sich nicht zu Ogotemmeli, wie er das sonst an jedem Morgen tat. Er war durch die letzten Vorbereitungen in Anspruch genommen, durch die letzten Kontakte mit den Leuten der Gegend.

Die Expedition hatte eine unerwartet reiche Ernte eingebracht. Die sprachliche Dokumentation, die durch Unterhaltungen, Besuche und stoffliche Untersuchungen geduldig aufgebaut worden war, ließ eine reiche, konkrete, unendlich nuancenreiche Sprache in Erscheinung treten. Die subtilsten Verrichtungen des Wassergeistes drückten sich in klaren

Bildern aus. In allen Gegenden wurde die Eleganz der Redeweise gepriesen, in jedem Bezirk staffelte man die Dörfer nach der Flüssigkeit ihrer Sätze und den Feinheiten ihres Vokabulars. In den Dörfern scherzte man in jedem Wohnviertel über den Akzent des Nachbarn, über die kleinste Dialektverschiedenheit. Und in einer bestimmten Familie galt stets ein bestimmter Mensch als Muster gewählter Ausdrucksweise.

Die mit der Linguistik beauftragte junge Europäerin hatte, als sie ihre besten Informanten aufspürte, entdeckt, daß Ogotemmeli vor allem deshalb geachtet war, weil er von allen Leuten in Ober-Sanga, bei denen die Leute von Unter-Sanga bereits als Bauerntölpel galten, die reinste Sprache besaß.

Die Untersuchungen der Gebietsorganisation der Familien, der landwirtschaftlichen Riten, der Ahnenkulte hatte auf diesen verschiedenen Gebieten zu neuen Einsichten geführt.

Übrigens hatten auch die Arbeiten über die Bambara die Entdeckung neuer Kosmologien und Metaphysiken erbracht. Auch dort waren das Wort und das Wasser die Grundlage des geistigen und religiösen Lebens. Auch dort boten zusammenhängende Mythen den Schlüssel zu den Einrichtungen und Sitten, und aus vielen Hinweisen konnte man darauf schließen, daß unter den vielfältigen Erscheinungsformen ihrer Riten und ihres Verhaltens die verschiedenen schwarzen Bevölkerungen dieser Gebiete in großen Linien der gleichen Religion anhingen und die gleichen Gedanken darüber hatten, wie die Welt und die Menschen geordnet seien.

Auf jeden Fall stellte die Expedition einen Wendepunkt der Afrikaforschung dar. Ihre Ergebnisse waren der Dank für fünfzehn Jahre zielstrebiger Untersuchung. Sie waren harmonisch aufeinander aufgebaut, und der Schlußstein des Systems erschien durch die Schuld des Krieges mit sechsjähriger Verspätung.

So zog der Europäer Bilanz und begab sich am späten Nachmittag auf den üblichen Weg zu Ogotemmeli, der ihm am Abend zuvor einen preiswerten Hahn für ein Abschlußopfer angeboten hatte, an dem alle Fremden teilnehmen sollten. Mit beklommenem Herzen trat er zum letztenmal vor die kleine Tür, die wie ein Gong dröhnte. Als er die Schwelle überschritten hatte, befand er sich in dem Hof, der in einem Zustand höchster Wachsamkeit zu sein schien. Ogotemmeli saß auf dem hohlen Stein, aus dem die Hühner zu trinken pflegten. Er schulmeisterte in die Kulissen, jedoch ohne Leidenschaft. Seine Frau war auf einen Mörser geklettert und blickte über das Mäuerchen, das zwei Speicher trennte, in den Hof des Hogon. Sein Bruder beobachtete auf der Nordseite das Kommen und Gehen der Tiere auf dem großen Platz.

»Der Hahn ist ausgerissen«, sagte eine Stimme.

Diese schlimme Angelegenheit sollte den Abschied überlagern. Der Weiße war darüber nicht unzufrieden, denn sie brachte etwas Fröhlichkeit in die peinlichen Minuten des Abschieds. Denn wenn man sich von einem Dogon verabschiedet, weiß man nicht, ob man ihn je wiedersieht. Das Leben der Menschen ist so hinfällig in diesen Gegenden.

Ogotemmeli saß auf seinem Stein, die Hände auf den Knien, das Gesicht der Sonne zugekehrt. Mit leiser Stimme befahl er seinem Bruder, er solle ein anderes Huhn nehmen. Die Europäer hatten sich, dem Gäßchen zu, die Mauer entlang aufgereiht. Kein Neugieriger blickte durch die Risse im Lehm oder durch den Einschnitt der Mauer. Man wußte, daß bei Ogotemmeli geopfert werden sollte, und die Leute gingen, ohne den Kopf zu drehen, vorbei, denn man achtete die religiösen Handlungen des Nachbarn.

Auf einem alten Türflügel, der auf dem Boden lag, befanden sich Halsbänder aus dunklem Leder und zwei längliche schwarze Hämmer. Sie waren zweifellos ein Teil des Jägeraltars, den Ogotemmeli von seinem Vater geerbt hatte und der durch die sukzessive Verpflanzung von Erdklumpen von dem Uraltar abstammte, der dem Ahn, der die Jagd erfand, als Grab gedient hatte.

Ogotemmeli hatte dem Fremden über diesen Altar Informationen geliefert. Aber es war schwer, über diesen Gegenstand, den man zum erstenmal sah, weitere Einzelheiten herauszulocken. Schon reichte der Greis seinem Bruder das Messer, um das sittsame graue Huhn zu schlachten, das den schönen Hahn ersetzte.

Dem Unsichtbaren machte der Unterschied nichts aus. Blut ist immer Blut, das Leben ist immer das Leben, ob es aus einem dürren Huhn herausfließt oder aus einem Menschen oder aus einem fetten Stier. Nur auf der menschlichen Ebene war es unangenehm, denn die Flucht des Opfers hinderte einen daran, den Fremden so zu ehren, wie er es verdiente.

Ogotemmeli sprach die Gebete. Er rief die Himmel an, bereitete den gnädigen Kräften tönende Wege. Er entledigte sich seiner Schuld gegenüber den Wesen des Wassers, über die er vielleicht dem Fremden aus den nördlichen Gefilden zuviel gesagt hatte. Er bat auch um ein glückliches Ende des langen Weges, den dieser Fremde nun in umgekehrter Richtung unternehmen sollte. Er wandte das Gesicht nach Norden zu den Ländern, in denen die Weißen leben, wie man sagt. Es war die günstige Stunde, in der der Schatten in die Höfe steigt und die feinsten Ränder der Terrassen hervorhebt, die günstige Stunde, in der eine sanfte Sonne nicht so schnell wie die Seelen das vergossene Blut auftrinkt.

Schon hatte der Opferer, nachdem er den Altar mit Blut bedeckt hatte, das Opfer auf den Boden geworfen. Dort starb es schweigend und bezeichnete das Ende der Arbeiten. Alle dachten an diesen Tod eines grauen Huhns, das man getötet hatte, weil man nichts Besseres besaß, und dessen Tod doch soviel wert war wie jeder andere Tod.

Der Bruder Ogotemmelis öffnete geräuschlos die Tür des großen Hauses. Über die vertraute Schwelle, auf der der Blinde jeden Morgen gesessen hatte, wies er mit der Hand im Halbdunkel auf den Käfig, aus dem der Opferhahn entflohen war. So verhielt er einige Augenblicke, um den Weißen in dieser feierlichen Stunde die ersten Ursachen, die höchsten Gründe des nur zur Hälfte ehrenvollen Opfers in die Augen fallen zu lassen. Er deutete auf den wurmstichigen Korb, dessen Prototyp in den Zeiten der Mythen dem Weltsystem als Modell gedient hatte.

Übersicht der Entsprechungen

Zahlen	1	2	3
Qualität	Schmied	Schuster	Sänger
Geschlecht	männlich ungerade	männlich gerade	männlich ungerade
Lage	rechts	links	rechts
Körper	unten	unten	oben
Glieder	oben	oben	oben
Speicher	unten rechts vorne Nordwest	unten rechts hinten Südwest	unten links hinten Südost
Lebewesen	Menschen u. Wildtiere u. Pflanzen	Wildtiere u. Pflanzen u. Haustiere	Haustiere u. Vögel
Sternbilder	Plejaden u. Großer Bär	Großer Bär u. Orion	Orion u. Venus
Organe	Magen	Vormagen	Herz
Körner	kleine Hirse	weiße Hirse	Schattenhirse
Farben	gelb	rot + weiß	rot
Trommeln	Kunju	kleine Achsel- trommel	Achsel- trommel
Trommelform	Frauenbrust	Mann u. Frau	Mann u. Frau
Sprachen	Toro 1	Toro 2	von Mendeli
Blasinstrumente Formen d. Blasinstrumente	Mirliton Geister	Horn Kan Esel	Horn Kan tolo Ochse
Geschlechtsteile	dicker Penis	eidechsen- köpfiger Penis	langer Penis
Form der Geschlechtsteile	klöppelförmig	lanzenförmig	
Finger	Mittelfinger	Zeigefinger	Daumen
Pfeiler des Ratsdaches	Nordwest links vorne	West links Mitte	Südwest links hinten
Bezirke	Daga	Ende	Mendeli
Techniken	Schmiede u. Töpferei Gelenke	Färben	Dichtung Gesang

4	5	6	7	8
			Herr des Wortes	Wort
männlich gerade	weiblich ungerade	weiblich gerade	weiblich ungerade	weiblich gerade
links	rechts	links	rechts	links
oben	unten	unten	oben	oben
oben	unten	unten	unten	unten
unten links vorne Nordost	oben rechts vorne Nordwest	oben rechts hinten Südwest	oben links hinten Südost	oben links vorne Nordost
Vögel u. Menschen	Menschen u. Wildtiere u. Pflanzen	Wildtiere Pflanzen Haustiere	Haustiere Vögel	Vögel Menschen
Venus u. Plejaden	Plejaden u. Großer Bär	Großer Bär u. Orion	Orion u. Venus	Venus u. Plejaden
kleine Leber	Milz	Eingeweide	große Leber	Galle
weibliche Hirse	Bohne	Sauerampfer	Reis	Fingerhirse
weißlich	bronze	schwarz	rosa	grün + weiß
kleine	mittlere	Kalebasse	Trommel	große
kleine Männer	Löwe	Gebärende	Leguan	Kuh
von Sanga	Toro 3	Bamba	von Ireli	für alle
Horn Kan Kulu Gazelle	? ?	? ?	? ?	? ?
?	Pobu-Gebärmutter	Antilopenfuß-gebärmutter	Gespaltene Gebärmutter	Brust-Gebärmutter
	eiförmig	dreieckig	schiffchenförmig	trapezförmig
Ringfinger	kleiner Finger	Daumen	Zeigefinger	Mittelfinger
Südost rechts hinten	Ost rechts Mitte	Nordost rechts vorne	Nord Mitte vorne	Süd Mitte hinten
Sanga	Yanda	Bamba	Ireli	alle
Tanz?	Schnitzerei Malerei Tod	Handel	Weben Musik Schmuck Sprache	Landwirtschaft

September 1947

Dieses Buch, das im vergangenen Juli vollendet wurde, enthält das Wesentliche über die Lehre der Dogon. Nach dem Willen des Autors sollte es auch Zeugnis ablegen über dessen erste Begegnung mit Ogotemmeli, und ihm sollten noch andere Werke folgen, deren Stoff neue Gespräche hätten liefern sollen.

Doch es hat nicht sein sollen.

Am Anfang dieses Monats erhielt der Autor aus Sanga einen Brief vom 10. August. Hier die wesentlichen Abschnitte:

»Dieser Brief wird Sie erstaunen und Sie sehr traurig stimmen. Derjenige, in dem Sie den ergebensten, den offensten, aufrichtigsten und gelehrtesten Kenner unserer Dogonkultur getroffen haben, ist in ewigen Schlaf gefallen. Es ist Ihr alter Ogotemmeli.

Er starb am Dienstag, dem 29. Juni 1947, gegen zwei Uhr nachmittags. Es war Markttag in Sanga. Vor seinem Tod hat eine kleine Trockenheit unsere Hirsepflanzen heimgesucht. Und am Tage seiner Beerdigung fiel ein mittlerer Regen, der unsere Saaten rettete. Sie wissen, warum. Er besaß nämlich einen Regenstein, den Sie gewiß gekannt haben.

So rechnen Sie also nicht mehr damit, ihn das nächste Mal wiederzusehen. Möge sein Name in Ihren Arbeiten unsterblich bleiben.«

Dieser Tod ist ein harter Verlust für die Kulturwissenschaft, nicht etwa weil der Blinde als einziger die Lehren seines Volkes gekannt hätte. Auch andere Notabeln bewahren die großen Prinzipien. Neue Eingeweihte fahren fort, sich zu informieren. Aber er war einer von denen, die am besten die Bedeutung der Untersuchungen verstanden, die die Weißen unternahmen.

Vielleicht hat er die lebendigen Worte zurückgelassen, die es anderen erlauben werden, den Faden der Enthüllungen neu zu knüpfen. Er hatte so viel Einfluß, daß vielleicht andere seinem Beispiel folgen wollen.

Aber was auch geschehen wird, niemand wird diesen noblen Gang, diese tiefe Stimme, dieses traurige und lichtvolle Gesicht von Ogotemmeli besitzen, dem großen Jäger von Unter- Ogol.

Zum Thema Schwarzafrika
erschien als suhrkamp taschenbuch

Mongo Beti, Perpétue und die Gewöhnung ans Unglück. Roman. Aus dem Französischen von Heidrun Beltz. Mit einer Nachbemerkung von Renate Brandes. 1980. *suhrkamp taschenbuch* Band 612

suhrkamp taschenbücher

st 564 Jorge Semprun
Der zweite Tod des Ramón Mercader
Roman
Aus dem Französischen von Gundl Steinmetz
392 Seiten
Diese Spionagegeschichte dient dazu, die politische Gegenwart aus der inneren Perspektive von Menschen vorzuführen, für die Existieren und politisches Engagement gleichbedeutend sind.
»Man kommt von der Lektüre nicht los. Denn Sempruns Erzählweise, die Leuchtkraft und Treffsicherheit seiner bildstarken Sprache überzeugen und reißen jeden Leser bis zum dramatischen Ende der Geschichte mit.«
Peter Jokostra

st 565 Dorothea Zeemann
Einübung in Katastrophen
Leben von 1913–1945
168 Seiten
»Vom Widerstand als Begriff oder Kategorie, von Schuld und Gewissen mag ich nicht reden. Es ging bei uns um die Praxis des Überlebens ... Das Problem war: Überleben – und neugierig war ich auch. Neugierig bin ich noch immer auf das, was ich erlebt habe, denn ich weiß noch immer nicht, wie es zuging: Das ist es, was mich zum Schreiben zwingt.«

st 566 Wolfgang Utschick
Die Veränderung der Sehnsucht
Erzählung
168 Seiten
Die Geschichte eines in der Nachkriegszeit Aufgewachsenen wird zur Biographie einer Generation, die seit den studentischen Unruhen dem patriarchalischen Alptraum zu entkommen versucht. Utschick ist in dem Kampf um die Wahrnehmung anderer Welten und um die Rettung der eigenen die Phantasie nicht ausgegangen. Diesen Kampf, von dem *Die Veränderung der Sehnsucht* in einer schönen Verbindung von Eigensinn und Einsicht erzählt, lesend zu verfolgen, macht Spaß – und Mut.

st 567 Karin Struck
Lieben
Roman
452 Seiten
Dies ist ein Buch über die Liebe und ihre Nähe zum Tod – ein Bericht über erotische Erfahrungen von Menschen und ein Roman der Entwicklung einer Frau im dreißigsten Jahr. ». . . ein Psychogramm gegenwärtiger Umbrüche im Selbstverständnis der Frauen – ein Psychogramm der rebellischen Unruhe. Deshalb wird sich *Lieben* vielleicht in absehbarer Zeit schon wie ein Dokument für den weiblichen Aufbruch der siebziger Jahre lesen lassen.«
Beatrice von Matt, Neue Zürcher Zeitung

st 568 Bernard von Brentano
Berliner Novellen
Mit Illustrationen nach Linolschnitten von Clément Moreau
96 Seiten
In dieser 1934 erstmals erschienenen Sammlung erzählt der Autor die Geschichte des sechsjährigen Rudi, eines angeblichen Attentäters, er erzählt die Geschichte eines außerordentlichen Mädchens (»Von der Armut der reichen Leute«), eines Straßenmusikanten (»Der Mann ohne Ausweis«). Er sieht Zusammenhänge dort, wo Zeitungen Berichte bieten. Arbeiter, Arbeiterinnen, Bettler treten auf, aber auch das Berlin der Bankhäuser und des Geldes. Klaus Michael Grüber entdeckte die Novelle »Rudi« für eine Inszenierung durch die *Schaubühne am Halleschen Ufer* im Berliner *Hotel Esplanade.*

st 569
Der große Charlie
Eine Biographie des Clowns
von Robert Payne
Deutsch von Jakob Moneta und Werner Koch
Mit einem Nachwort von Werner Koch
276 Seiten
Woher kommt der Clown? Wohin geht er? Was bedeutet seine Maske? Welche Räume hat er durchstreift, um auf die Erde zu kommen? »Clown sein«, sagt Chaplin, »ist eine Sache, über die man verzweifeln kann.«
»Dieses Buch gehört zu den besten, die bisher über Charlie Chaplin geschrieben wurden.«
Saturday Review of Literature

st 570 Stanisław Lem
Der Schnupfen
Kriminalroman
Autorisierte Übersetzung aus dem Polnischen von Klaus Staemmler
Phantastische Bibliothek Band 33
202 Seiten
Eine Serie von mysteriösen Todesfällen beschäftigt die italienische Polizei. In einem süditalienischen Badeort verschwinden oder sterben fast ein Dutzend Kurgäste. Sie alle sind Ausländer, es sind ausnahmslos Männer mittleren Alters. Den Verdacht auf Selbstmord muß man nach genauem Aktenstudium und Befragen der Angehörigen in den meisten Fällen ausklammern. Und was soll man davon halten, wenn ein ehemaliger Champion im Crawlen im seichten Strandgewässer ertrinkt?

st 571 ›Quarber Merkur‹
Aufsätze zur Science-fiction und Phantastischen Literatur
Herausgegeben von Franz Rottensteiner
Phantastische Bibliothek Band 34
262 Seiten
Aus dem ›Quarber Merkur‹, einer der unbekanntesten wie einflußreichsten Amateurzeitschriften zur Science-fiction, werden hier die interessantesten Artikel vorgestellt. Neben literaturtheoretischen Abhandlungen und Übersichten stehen Einzeldarstellungen zu wichtigen Autoren der utopisch-phantastischen Literatur wie George Orwell, Jean Ray, Stanisław Lem u. a. Einige der scharfsinnigsten Aufsätze von Stanisław Lem, wie z. B. »Roboter in der Science-fiction«, sind ebenfalls in dem Band enthalten.

st 572 Hermann Broch
Gedichte
Kommentierte Werkausgabe, herausgegeben von Paul Michael Lützeler
Band 8
232 Seiten
»Die Motive der menschlichen Aufrüttelung, Verwandlung und Läuterung durch den lebenbegleitenden Tod sind kennzeichnend für Brochs lyrische Dichtung. Die Spannweite der Formen reicht dabei vom karikaturistischen Couplet bis zur gehobenen Elegie.« *Erich von Kahler*

st 574 Materialien zu Rainer Maria Rilkes
›Duineser Elegien‹
Herausgegeben von Ulrich Fülleborn und Manfred Engel
Erster Band: Selbstzeugnisse
416 Seiten
Dieser Teil einer dreibändigen Materialsammlung zu den *Duineser Elegien* belegt umfassend die krisenreiche äußere und innere Entstehungsgeschichte von Rilkes lyrischem Hauptwerk und enthält alle Selbstdeutungen des Dichters. Die folgenden beiden Bände der *Materialien* werden die allgemeine und wissenschaftliche Rezeption der *Duineser Elegien* bis zur Gegenwart dokumentieren.

st 575 Christiane Rochefort
Eine Rose für Morrison
Roman
Aus dem Französischen von Eugen Helmlé
230 Seiten
Eine Rose für Morrison – das heißt nichts anderes als eine Huldigung für Norman Morrison, der sich aus Protest gegen den Krieg in Vietnam vor dem Pentagon in Washington verbrannte. Der Roman handelt vom Aufstand der Jugend gegen eine Welt, die das Falsche, das Gemeine, das Verbrecherische von ihr verlangt.
»Das Buch stellt einen imponierenden Versuch dar, die Materialien der Zeitstimmung in den Roman einzubringen. Und zugleich plädiert er für das elementare Recht des Jungen, des Neuen, des Kommenden, sich zu verwirklichen.« *Heinrich Vormweg*

st 576 Felix Philipp Ingold
Literatur und Aviatik
Europäische Flugdichtung 1909–1927
Mit einem Exkurs über die Flugidee in der modernen Malerei und Architektur
Mit zahlreichen Abbildungen
510 Seiten
Der vorliegende Band will für den Zeitraum, der durch Blériots Kanalüberquerung und Lindberghs Ozeanflug markiert ist, die Wechselbeziehungen zwischen den »zwei Kulturen«, zwischen den »geistigen« und den »praktischen Erneuerern« (Musil) aufzeigen, belegen und deuten.
»Anordnung und Präsentation des Stoffes sind in ebenso geschickter wie überzeugender Weise bewerkstelligt. Der

Autor ist zu seinem Werk zu beglückwünschen, das vom Thema her als völlig neu gelten darf und dessen Materialfülle immens ist.« *Robert Minder*

st 577 Fritz Rudolf Fries
Das nackte Mädchen auf der Straße
Erzählungen
186 Seiten
Der Band versammelt eine Auswahl der besten Erzählungen von Fritz Rudolf Fries aus den fünfzehn Jahren, von 1959 bis 1974. »Die Geschichten dieses ungewöhnlich phantasiebegabten, an Jean Paul und Marcel Proust geschulten Autors sind nachträgliche Entfaltungen kleiner, im allgemeinen Getriebe kaum oder gar nicht beachteter Begebenheiten, in denen wie in jedem Menschen ein Kern von Unverwechselbarkeit steckt. Jede dieser Geschichten hebt einen solchen ungeschliffenen Diamanten und bringt ihn, geschliffen, zum Glänzen ans Licht.«
Gisela Lindemann, Norddeutscher Rundfunk

st 578 E. Y. Meyer
Die Rückfahrt
Roman
428 Seiten
»E. Y. Meyers Roman *Die Rückfahrt* ist ein Werk von außerordentlicher Gedankenfülle und Gedankendichte, eines der wenigen Bücher der Gegenwartsliteratur, die man zwei- und dreimal wird lesen wollen.«
Aargauer Tagblatt

st 579 Arthur Koestler
Die Nachtwandler
Die Entstehungsgeschichte unserer Welterkenntnis
Einzig berechtigte Übertragung aus dem Englischen von Wilhelm Michael Treichlinger
Deutsche Fassung vom Autor überarbeitet und genehmigt
560 Seiten
In dieser Darstellung der Geschichte der Astronomie entwickelt Koestler ein Bild der sich im Laufe der Jahrhunderte wandelnden Anschauungen des Menschen vom Weltall und vermittelt gleichzeitig einen Überblick über die Geschichte des menschlichen Denkens schlechthin. Damit wird ein Thema von größter Aktualität aufgegriffen, nämlich die Suche nach den Ursachen des geistigen Dilemmas unserer Zeit, wie es sich in dem immer ausgepräg-

teren Antagonismus zwischen wissenschaftlichem und philosophischem Denken manifestiert.

st 580 Hans Eppendorfer
Der Ledermann spricht mit Hubert Fichte
Nachwort von Herbert Jäger
224 Seiten
Als Hubert Fichte Hans Eppendorfer das erste Mal traf, war Eppendorfer gerade aus dem Gefängnis entlassen. Mit 17 Jahren hatte er eine Frau umgebracht. Warum? Jahre, nachdem Eppendorfer das Gefängnis verlassen hat, spricht Fichte erneut mit ihm.
»Ohne den unerschrockenen Versuch, in das große Dunkelfeld der Erkenntnis menschlicher Grausamkeit, ihrer Ursachen und Erscheinungsformen, hineinzuleuchten, wird es kaum möglich sein, mit Aggressivität differenziert umgehen zu lernen und Grausamkeit wirklich einzudämmen.« *Herbert Jäger in seinem Nachwort*

st 581 Alexander Trocchi
Die Kinder Kains
Aus dem Englischen übersetzt von Wulf Teichmann
232 Seiten
Das Buch von Joe, dem Junkie, der auf einem Schleppkahn im New Yorker Hafen lebt, dessen Welt sich bevölkert mit all denen, die die Gesellschaft exiliert hat. Einzige Verbindung zur »Gesellschaft« ist die Polizei. *Die Kinder Kains* ist neben *The Naked Lunch* von William Burroughs das bedeutendste Zeugnis der jüngeren amerikanischen Rauschgiftliteratur.

st 583 Jörg Steiner
Ein Messer für den ehrlichen Finder
Roman
196 Seiten
José Claude Ledermann – genannt Schose – sucht früh den Ausweg aus den häuslichen Verhältnissen. Er möchte Radfahrer werden, aber ein Unfall macht die Hoffnungen zunichte. Aus dem Krankenhaus entlassen, muß er erleben, daß ein Schulkamerad sein Rad verkauft hat. Schose sticht ihn mit dem Taschenmesser nieder und muß für Jahre in die Erziehungsanstalt. Nach seiner Entlassung findet er Arbeit auf einem Frachtkahn. Aber es bleibt ungewiß, ob es ihm gelingt, endlich Fuß zu fassen.

st 584 Manuel Scorza
Trommelwirbel für Rancas
Eine Ballade
Aus dem Spanischen von Wilhelm Plackmeyer
276 Seiten
Eine Ballade, die von der Macht der Mächtigen und der Ohnmacht der Armen in Peru erzählt. Scorca führt den Leser in die grausigen Verhältnisse ein, in die in den Zentral-Anden gelegenen Dörfer, die auf keiner Karte verzeichnet sind, es sei denn auf denen der Militäreinheiten, die im Sinne ihrer Befehlshaber das Elend bestimmten und schließlich die Dörfer auslöschten um eines Reingewinns willen.

st 585 Herbert W. Franke
Zone Null
Roman
Phantastische Bibliothek Band 35
190 Seiten
Stellen Sie sich vor: Zwei Supermächte haben sich nach einem atomaren Konflikt in völlige Isolation zurückgezogen. Nach Jahrhunderten bricht eine Expedition auf, stößt durch das verseuchte Niemandsland – die Zone Null – in das Gebiet des ehemaligen Gegners vor. Die fremdartige Umwelt übt auf die Expeditionsteilnehmer eine seltsame Faszination aus. Es gibt keine Brücke mehr zueinander für die beiden Kulturen, es sei denn um den Preis der Selbstaufgabe.

st 587 Dieter Kühn
Josephine
Aus der öffentlichen Biographie der Josephine Baker
Mit Abbildungen
164 Seiten
»Über das ›schwarze Idol‹ Josephine Baker entstand mit Kühns straffer und kluger Sprache ein Porträt, dessen eindeutig abenteuerliche Züge nicht der leisen Tragik entbehren. Kühn läßt die ›öffentliche Biographie‹ dieses Erfolgsgirls und die kritischen Fragen im Zusammenhang damit ein formal und stilistisch raffiniertes Mosaik werden. Der Leser wird keinen Augenblick aus dieser vergnüglich-ernsten Spannung entlassen.« *Imprint*

st 588 José Maria Arguedas
Die tiefen Flüsse
Roman
Aus dem Spanischen übertragen von Susanne Heintz
296 Seiten
»Der Erzähler Ernesto, ein Sohn von Weißen, ist unter Indios aufgewachsen und später in die Welt der Weißen zurückgekehrt. Er paßt sich nicht an, bleibt Einzelgänger und evoziert so die tragische Opposition zweier Welten, die sich nicht kennen, ablehnen und nicht einmal in seiner eigenen Person schmerzlos miteinander leben können.«
Mario Vargas Llosa

st 589 Basis. Jahrbuch für deutsche Gegenwartsliteratur
Band 10
Herausgegeben von Reinhold Grimm und Jost Hermand
272 Seiten
Mit Beiträgen von Jost Hermand, Horst Denkler, Helga Geyer-Ryan, Wolfram Malte Fues, Dieter Kafitz, Frank Trommler, Ulrich Profitlich, Ralf Schnell, Peter Uwe Hohendahl, u. a. Ohne methodisch festgelegt zu sein, sucht *Basis* eine Literaturbetrachtung zu fördern, die an der materialistischen Grundlage orientiert ist.

st 590 Reinhold Schneider
Die Hohenzollern
Tragik und Königtum
Herausgegeben mit einem Nachwort von
Wolfgang Frühwald
Mit Abbildungen
304 Seiten
Es geht in diesem Buch nicht um den Anspruch der Hohenzollern, sondern um einen unbezweifelbaren Auftrag an ein Geschlecht, eine Landschaft, eine Zeit. Anliegen dieses Buches ist: Ehrfurcht vor der Geschichte, dem Gewesenen überhaupt.

st 591 Milan Kundera
Abschiedswalzer
Roman
Aus dem Tschechischen von Franz Peter Künzel
248 Seiten

Der Blick fällt auf ein Badestädtchen, dessen Reichtum die Quellen sind, die Frauen von Unfruchtbarkeit heilen. Ružena ist das Mißgeschick passiert, das für die übrigen Kurgäste das langersehnte Glück wäre: sie ist schwanger. Figuren verschlingen sich, Paare lösen sich auf und gehen neue, unerwartete Verbindungen ein.
»*Abschiedswalzer* ist nichts anderes als eine brillante Prosakomödie, eine Mischung aus Feydeau und Schnitzlerschem *Reigen,* von satirischer Groteske und ideologiekritischer Scharfsichtigkeit.«

Der Tagesspiegel, Berlin

st 593 Zehn Gebote für Erwachsene
Texte für den Umgang mit Kindern
Zusammengestellt und mit einem Nachwort versehen von Leonhard Froese
224 Seiten
Diese Sammlung geht von zehn Postulaten aus, die der Herausgeber zum *Internationalen Jahr des Kindes* der Öffentlichkeit übergeben hat. Sie ordnet diesen Postulaten bedeutende Aussagen namhafter Autoren und Schriften der Antike, des Mittelalters und der Neuzeit zu. Dabei fällt auf, daß Äußerungen weit auseinanderliegender Zeiten und Räume häufig nicht nur dem Wortsinn, sondern gelegentlich auch der Aussageform nach übereinstimmen.

st 594 Jan Józef Szczepański
Vor dem unbekannten Tribunal
Fünf Essays
Aus dem Polnischen übersetzt und erläutert
von Klaus Staemmler
160 Seiten
»... was ich jetzt schreibe, ist ein weiterer Versuch, das Schweigen zu durchbrechen, in das uns unsere kleingläubige Schwäche versetzt hat.« Dieses Zitat aus Szczepańskis »Brief an Julian Stryjkowski« könnte als Motto über den fünf Essays stehen, die dieser Band versammelt. Das Schweigen (aus Feigheit oder Dummheit) läßt Unrecht und Unmenschlichkeit zu. Jede Stimme, die es zu durchbrechen sucht, ist ein nicht zu überhörender Appell und ein Nachweis der Humanität.

st 595 Ödön von Horváth
Geschichten aus dem Wiener Wald
Ein Film von Maximilian Schell
Mit zahlreichen Abbildungen
160 Seiten
Zur Uraufführung des Maximilian-Schell-Films »Geschichten aus dem Wiener Wald« nach dem Volksstück von Ödön von Horváth liegt dieser Band mit dem Drehbuch von Christopher Hampton und Maximilian Schell und zahlreichen Fotos des 1978 in Wien und Umgebung entstandenen Films vor, der den Entstehungsprozeß des Films dokumentiert.

st 596 Hans-Georg Gadamer, Jürgen Habermas
Das Erbe Hegels
Zwei Reden aus Anlaß des Hegel-Preises
104 Seiten
»Niemand sollte für sich in Anspruch nehmen, ausmessen zu wollen, was alles in der großen Erbschaft des Hegelschen Denkens auf uns gekommen ist. Es muß einem jeden genügen, selber Erbe zu sein und sich Rechenschaft zu geben, was er aus dieser Erbschaft angenommen hat.«
Hans-Georg Gadamer

st 597 Wilhelm Korff
Kernenergie und Moraltheologie
Der Beitrag der theologischen Ethik zur Frage
allgemeiner Kriterien ethischer Entscheidungsprozesse
104 Seiten
Die vorliegende Studie ist einer konkreten Herausforderung entsprungen. Im Entscheidungskonflikt um das Projekt eines Kernkraftwerks in Wyhl/Oberrhein wurde der theologische Ethiker um eine Stellungnahme angegangen. Da die gegenwärtige ethische Theorie wenig Strategien hinlänglicher Leistungsfähigkeit bereitstellt, wandte sich der Verfasser den tradierten Modellen zu, um ihnen mögliche Gesichtspunkte abzugewinnen.

st 628 Georg W. Alsheimer
Eine Reise nach Vietnam
224 Seiten
Alsheimer kehrt in seine »Wahlheimat« zurück. Die Narben des amerikanischen Alptraums sind noch allgegen-

wärtig. So gerät die Konfrontation des Damals mit dem Heute zunächst zu einem Verfolgungswahn. Erst als er durch das Vertrauen seiner Freunde das Damals mit dem Heute verknüpfen kann, verwandeln sich in dieser Krise seines politischen Credos die gläubigen Visionen in einen gemäßigten, kritischen Optimismus. Den Prozeß, der zu dieser Einsicht führte, protokolliert Alsheimer in diesem Reisetagebuch. Alsheimers *Vietnamesische Lehrjahre* liegen als st 73 vor.

st 629 Wie der Teufel den Professor holte
Science-fiction-Erzählungen aus POLARIS 1
Phantastische Bibliothek Band 37
132 Seiten
Der Band enthält Erzählungen von Stanisław Lem, Gérard Klein, Kurd Laßwitz, Fitz-James O'Brien, Vladimir Colin.

st 630 Das Mädchen am Abhang
Science-fiction-Erzählungen aus POLARIS 2
Phantastische Bibliothek Band 38
178 Seiten
Der Band enthält Erzählungen von Wadim Schefner, Sewer Gansowski, Arkadi und Boris Strugatzki, Ilja Warschawski.

st 631 Der Weltraumfriseur
Science-fiction-Erzählungen aus POLARIS 3
Phantastische Bibliothek Band 39
144 Seiten
Der Band enthält Erzählungen von Josef Nesvadba, Gerd Ulrich Weise, Sven Christer Swahn, Vladimir Colin, Frigyes Karinthy.

st 632 Die Büßerinnen aus dem Gnadenkloster
Phantastische Erzählungen aus PHAÏCON 2
Herausgegeben und mit einem Vorwort von
Rein A. Zondergeld
Phantastische Bibliothek Band 40
122 Seiten
Der Band enthält Erzählungen von Joseph Sheridan Le Fanu, Erckmann-Chatrian, Jean-Louis Bouquet, Julio Cortázar, Manfred Wirth, Jörg Krichbaum.

Alphabetisches Gesamtverzeichnis der suhrkamp taschenbücher

Achternbusch, Alexanderschlacht 61
– Die Stunde des Todes 449
– Happy oder Der Tag wird kommen 262
Adorno, Erziehung zur Mündigkeit 11
– Studien zum autoritären Charakter 107
– Versuch, das ›Endspiel‹ zu verstehen 72
– Versuch über Wagner 177
– Zur Dialektik des Engagements 134
Aitmatow, Der weiße Dampfer 51
Alegría, Die hungrigen Hunde 447
Alfvén, Atome, Mensch und Universum 139
– M 70 – Die Menschheit der siebziger Jahre 34
Allerleirauh 19
Alsheimer, Eine Reise nach Vietnam 628
– Vietnamesische Lehrjahre 73
Alter als Stigma 468
Anders, Kosmologische Humoreske 432
v. Ardenne, Ein glückliches Leben für Technik und Forschung 310
Arendt, Die verborgene Tradition 303
Arlt, Die sieben Irren 399
Arguedas, Die tiefen Flüsse 588
Artmann, Grünverschlossene Botschaft 82
– How much, schatzi? 136
– Lilienweißer Brief 498
– The Best of H. C. Artmann 275
– Unter der Bedeckung eines Hutes 337
v. Baeyer, Angst 118
Bahlow, Deutsches Namenlexikon 65
Balint, Fünf Minuten pro Patient 446
Ball, Hermann Hesse 385
Barnet (Hrsg.), Der Cimarrón 346
Basis 5, Jahrbuch für deutsche Gegenwartsliteratur 276
Basis 6, Jahrbuch für deutsche Gegenwartsliteratur 340
Basis 7, Jahrbuch für deutsche Gegenwartsliteratur 420
Basis 8, Jahrbuch für deutsche Gegenwartsliteratur 457
Basis 9, Jahrbuch für deutsche Gegenwartsliteratur 553
Basis 10, Jahrbuch für deutsche Gegenwartsliteratur 589
Beaucamp, Das Dilemma der Avantgarde 329
Becker, Jürgen, Eine Zeit ohne Wörter 20
Becker, Jurek, Irreführung der Behörden 271
– Der Boxer 526
Beckett, Das letzte Band (dreisprachig) 200
– Der Namenlose 536
– Endspiel (dreisprachig) 171
– Glückliche Tage (dreisprachig) 248
– Malone stirbt 407
– Molloy 229
– Warten auf Godot (dreisprachig) 1
– Watt 46
Das Werk von Beckett. Berliner Colloquium 225
Materialien zu Becketts »Godot« 104
Materialien zu Becketts »Godot« 2 475
Materialien zu Becketts Romanen 315
Benjamin, Der Stratege im Literaturkampf 176
– Illuminationen 345
– Über Haschisch 21
– Ursprung des deutschen Trauerspiels 69
Zur Aktualität Walter Benjamins 150
Bernhard, Das Kalkwerk 128
– Der Kulterer 306
– Frost 47
– Gehen 5
– Salzburger Stücke 257
Bertaux, Mutation der Menschheit 555
Bierce, Das Spukhaus 365
Bingel, Lied für Zement 287
Bioy Casares, Fluchtplan 378
– Schweinekrieg 469
Blackwood, Besuch von Drüben 411
– Das leere Haus 30
– Der Griff aus dem Dunkel 518
Bloch, Spuren 451
– Atheismus im Christentum 144
Börne, Spiegelbild des Lebens 408
Bond, Bingo 283
– Die See 160
Brasch, Kargo 541
Braun, Das ungezwungne Leben Kasts 546
– Gedichte 499
– Stücke 1 198
Brecht, Frühe Stücke 201
– Gedichte 251
– Geschichten vom Herrn Keuner 16
– Schriften zur Gesellschaft 199
Brecht in Augsburg 297
Bertolt Brechts Dreigroschenbuch 87
Brentano, Berliner Novellen 568
– Prozeß ohne Richter 427
Broch, Barbara 151
– Dramen 538
– Gedichte 572
– Massenwahntheorie 502
– Philosophische Schriften 1 u. 2 2 Bde. 375
– Politische Schriften 445
– Schlafwandler 472
– Schriften zur Literatur 1 246
– Schriften zur Literatur 2 247
– Schuldlosen 209
– Tod des Vergil 296
– Unbekannte Größe 393
– Verzauberung 350
Materialien zu »Der Tod des Vergil« 317
Brod, Der Prager Kreis 547
– Tycho Brahes Weg zu Gott 490
Broszat, 200 Jahre deutsche Polenpolitik 74
Brude-Firnau (Hrsg.), Aus den Tagebüchern Th. Herzls 374
Büßerinnen aus dem Gnadenkloster, Die 632
Bulwer-Lytton, Das kommende Geschlecht 609
Buono, Zur Prosa Brechts. Aufsätze 88
Butor, Paris–Rom oder Die Modifikation 89
Campbell, Der Heros in tausend Gestalten 424
Carossa, Ungleiche Welten 521
Über Hans Carossa 497
Carpentier, Explosion in der Kathedrale 370
– Krieg der Zeit 552
Celan, Mohn und Gedächtnis 231
– Von Schwelle zu Schwelle 301
Chomsky, Indochina und die amerikanische Krise 32
– Kambodscha Laos Nordvietnam 103
– Über Erkenntnis und Freiheit 91
Cioran, Die verfehlte Schöpfung 550
– Vom Nachteil geboren zu sein 549
Claes, Flachskopf 524